Wolfhard Kohte/Ulrich Faber

Arbeits- und Gesundheitsschutz an Schulen

Leitfaden für Personalräte und Schulleitungen

aktiv im Personalrat

Wolfhard Kohte/Ulrich Faber

Arbeits- und Gesundheitsschutz an Schulen

Leitfaden für Personalräte und Schulleitungen

2., aktualisierte Auflage

BUND
VERLAG

Bibliografische Information der Deutschen Nationalbibliothek
Die Deutsche Nationalbibliothek verzeichnet diese Publikation in der Deutschen Nationalbibliografie; detaillierte bibliografische Daten sind im Internet über *http://dnb.d-nb.de* abrufbar.

2., aktualisierte Auflage 2024

Umschlag: Bernd Adam, Weinheim
Satz: Dörlemann Satz, Lemförde
Druck: CPI books GmbH, Birkstraße 10, 25917 Leck
ISBN 978-3-7663-7384-7

www.bund-verlag.de

Vorwort

Lehrkräfte sind die Säulen unseres Bildungssystems und ihr Wohlbefinden hat einen direkten Einfluss auf die Qualität der Bildung, die sie bieten können. Sie spielen eine Schlüsselrolle in der Bildung und Entwicklung von Schülerinnen und Schülern und sind gleichzeitig in vielerlei Hinsicht täglichen Herausforderungen ausgesetzt. Dieses Buch dient als Erinnerung an die Verpflichtung, die Sicherheit und Gesundheit der Lehrkräfte an Schulen zu gewährleisten, um eine erfolgreiche Bildungsumgebung zu schaffen. Mit der Veröffentlichung des Leitfadens »Arbeits- und Gesundheitsschutz an Schulen« im Bund-Verlag hat die Fachöffentlichkeit im Schulbereich leichter Zugang zu den rechtlichen Grundlagen und den Instrumenten einer wirksamen Arbeitsschutzorganisation.
Gesetzliche Vorschriften zum Arbeits- und Gesundheitsschutz in den Bildungseinrichtungen werden seit Jahren ignoriert oder unzureichend umgesetzt. Zu diesem Ergebnis kommen die Autoren auch in der vorliegenden 2. Auflage des Leitfadens. Gleichzeitig stimmen viele Rahmenbedingungen im Bildungsbereich nach wie vor nicht: Angefangen beim Fachkräftemangel, über die immer stärkere Ausweitung ohnehin zu hoher und entgrenzter Arbeitszeiten bis hin zu Problemen, die die Digitalisierung mit sich bringt. Auch im Schulbereich ist eine umfassende Arbeitsschutzorganisation erforderlich, vor allem durch die Bestellung von Betriebsärztinnen und Betriebsärzten, Fachkräften für Arbeitssicherheit und Sicherheitsbeauftragten sowie durch die Einrichtung von Arbeitsschutzausschüssen. Die Mehrzahl der Bundesländer bleibt qualitativ und quantitativ hinter diesen Anforderungen zurück, wie sich gerade in der Covid-19-Pandemie deutlich gezeigt hat. Diese Probleme sind seit Langem bekannt und wurden schon in der Vergangenheit vielfach kritisiert, auch von der GEW. Unter Pandemiebedingungen sind die Mängel und die vielerorts unzureichende Umsetzung des Arbeits- und Gesundheitsschutzes noch stärker ersichtlich geworden.
Die GEW hat 2007 eine Vorreiterrolle eingenommen, als sie gemeinsam mit der Hans-Böckler-Stiftung des DGB und der Max-Traeger-Stiftung

der GEW bei Dr. Wolfhard Kohte, Professor an der Martin-Luther-Universität Halle und Dr. Ulrich Faber, Rechtsanwalt Bochum/Köln, ein Rechtsgutachten zum Arbeits- und Gesundheitsschutz an Schulen in Auftrag gab. Die Autoren haben damit das Grundlagenwerk für den Schulbereich erarbeitet, das 2015 als Veröffentlichung beim Bund-Verlag erschienen ist und von Personalvertretungen und GEW-Landesverbänden seit Jahren erfolgreich genutzt wird. Die vorliegende aktualisierte und erweiterte 2. Auflage vermittelt die arbeitsschutzrechtlichen Grundlagen für die Organisation des Arbeits- und Gesundheitsschutzes an Schulen. In dem Leitfaden fließen die Erfahrungen aus der aktuellen Arbeitsschutzpraxis in acht Bundesländern ein.

Im Zentrum des Buches stehen die Handlungsmöglichkeiten von Personalräten beim Arbeits- und Gesundheitsschutz in der Schule. Personalräte stellen ein unverzichtbares Element des Arbeits- und Gesundheitsschutzes dar und verfügen über wichtige Beteiligungsrechte, die in dem vorliegenden Leitfaden vermittelt werden. Auf diesem Weg sollen die Personalvertretungen in ihrer Arbeit gestärkt und Schulleitungen sowie Schulverwaltungen erreicht werden. In den letzten Jahren sind die Fortschritte im Arbeits- und Gesundheitsschutz weitgehend durch die Nutzung des Initiativrechts aktiver Personalräte mit gewerkschaftlicher Unterstützung erfolgt. Dafür möchten wir uns bei euch, liebe Kolleginnen, liebe Kollegen, bedanken!

Auch bei den Autoren möchte ich mich für die langjährige gute Zusammenarbeit, für ihre rechtlichen Ausarbeitungen, für ihren Einsatz bei Schulungen und Konferenzen herzlich bedanken. Mein besonderer Dank gilt Anne Jenter und Frauke Gützkow, die das Erscheinen dieses Buches vor zehn Jahren initiiert haben, Daniel Merbitz, der die Umsetzung wesentlich befördert hat sowie den engagierten Kolleginnen und Kollegen der Arbeitsgruppe »Arbeits- und Gesundheitsschutz« beim GEW Hauptvorstand, deren Erfahrungen und Praxisberichte in das Buch einfließen. Herzlichen Dank auch an meine Kollegin Albena Chipkovenska, die das Erscheinen der erweiterten Neuauflage initiiert und koordiniert hat.

Die Anerkennung und Unterstützung im Bereich Arbeits- und Gesundheitsschutz ist ein zentraler Schritt, um eine effektive und nachhaltige Bildung zu gewährleisten. Für die GEW bleibt daher der Arbeits- und Gesundheitsschutz an Schulen eine Zukunftsaufgabe.

Annett Lindner
Mitglied des Geschäftsführenden Vorstands der GEW,
verantwortlich für Arbeits- und Gesundheitsschutz

Inhaltsverzeichnis

Abkürzungsverzeichnis

Abs.	Absatz
ABlEG	Amtsblatt der Europäischen Union
Abschn.	Abschnitt
a. E.	am Ende
a. F.	alte Fassung
allg.	Allgemein
Anh.	Anhang
Anm.	Anmerkung
AP	Arbeitsrechtliche Praxis (Zeitschrift)
ArbG	Arbeitsgericht
ArbMedVV	Arbeitsmedizinische Vorsorge-Verordnung
ArbR	Arbeitsrecht
ArbSchG	Arbeitsschutzgesetz
ArbSchR	Arbeitsschutzrecht
ArbStättV	Arbeitsstättenverordnung
Art.	Artikel
ASA	Arbeitsschutzausschuss
ASiG	Arbeitssicherheitsgesetz
Aufl.	Auflage
AÜG	Gesetz zur Regelung der gewerbsmäßigen Arbeitnehmerüberlassung (Arbeitnehmerüberlassungsgesetz)
Ausg.	Ausgabe
AVEM	Arbeitsbezogene Erlebnis- und Verhaltensmuster
Az.	Aktenzeichen
AZUrlASchVO BW	Arbeitszeit-, Urlaubs- und Arbeitsschutzverordnung Baden-Württemberg
BAAM	Verfahren zur Beurteilung von Arbeitsinhalten, Arbeitsorganisation, Mitarbeiterführung und sozialen Beziehungen

BAD	Berufsgenossenschaftlicher Arbeitsmedizinischer und Sicherheitstechnischer Dienst Gesundheitsvorsorge und Sicherheitstechnik GmbH
BAG	Bundesarbeitsgericht
BArbBl.	Bundesarbeitsblatt
BAuA	Bundesanstalt für Arbeitsschutz und Arbeitsmedizin
Bbg	Brandenburg
BBG	Bundesbeamtengesetz
Bd.	Band
bearb.	Bearbeitet
BeLA	Belastungsanalyse
BEM	Betriebliches Eingliederungsmanagement
bes.	besondere/s; besonders
betr.	betreffend
BetrSichV	Betriebssicherheitsverordnung
BetrVG	Betriebsverfassungsgesetz
bez.	bezüglich
BGB	Bürgerliches Gesetzbuch
BGBl.	Bundesgesetzblatt
BGM	Betriebliches Gesundheitsmanagement
BGV	Berufsgenossenschaftliche Vorschriften
BImSchV	Bundes-Immissionsschutzverordnungen
BioStoffV	Biostoffverordnung
BIT	Berufsforschungs- und Beratungsinstitut für interdisziplinäre Technikgestaltung (BIT e. V.)
BKK	Betriebskrankenkasse
BMAS	Bundesministerium für Arbeit und Soziales
BPersVG	Bundespersonalvertretungsgesetz
BPersVR	Bundespersonalvertretungsrecht
BSG	Bundessozialgericht
Bsp.	Beispiel
bspw.	beispielsweise
BT-Drs.	Drucksache des Deutschen Bundestages
Buchst.	Buchstabe
bugis	beteiligungsgestützte und umsetzungsorientierte Gefährdungsbeurteilung in Schulen
BVerfG	Bundesverfassungsgericht
BVerfGE	Entscheidungssammlung des Bundesverfassungsgerichts
BVerwG	Bundesverwaltungsgericht

BVerwGE	Entscheidungssammlung des Bundesverwaltungsgerichts
bzgl.	bezüglich
bzw.	beziehungsweise
ca.	circa
COPSOQ	Copenhagen Psychosocial Questionnaire – Mitarbeiterbefragung zu psychischen Belastungen am Arbeitsplatz
DÄBl	Deutsches Ärzteblatt (Zeitschrift)
DAK	Deutsche Angestellten Krankenkasse
DB	Der Betrieb (Zeitschrift)
dB(A)	Dezibel (Maß für Lärmimmissionen)
DGUV	Deutsche Gesetzliche Unfallversicherung
d. h.	das heißt
DIPF	Deutsches Institut für Internationale Pädagogische Forschung
Diss.	Dissertation
ebd.	ebenda
EDV	Elektronische Datenverarbeitung
EG	Europäische Gemeinschaft
EG-Richtlinie 89/391/EWG	Richtlinie 89/391/EWG des Rates über die Durchführung von Maßnahmen zur Verbesserung der Sicherheit und des Gesundheitsschutzes der Arbeitnehmer bei der Arbeit
entspr.	entsprechend
et. al.	et alii (und andere)
etc.	et cetera
EU	Europäische Union
EuGH	Europäischer Gerichtshof
e. V.	eingetragener Verein
evtl.	eventuell
EWG	Europäische Wirtschaftsgemeinschaft
FAG	Finanzausgleichsgesetz
FASS	Fragebogen zur Arbeitssituation an Schulen
f., ff.	folgend, folgende
FFAS	Freiburger Forschungsstelle Arbeits- und Sozialmedizin

FOSIS	Förderung von Schutzfaktoren in der Schule
Fn.	Fußnote
FS	Festschrift
GA	Generalanwalt am Europäischen Gerichtshof
GBl.	Gesetzblatt
GDA	Gemeinsame Deutsche Arbeitsschutzstrategie
geänd.	geändert
GefStoffV	Gefahrstoffverordnung
gem.	gemäß
GEW	Gewerkschaft Erziehung und Wissenschaft
GewArch	Gewerbearchiv (Zeitschrift)
GewO	Gewerbeordnung
GG	Grundgesetz
ggf.	gegebenenfalls
GHWRGS	Grund-, Haupt-, Werkreal-, Real-, Gemeinschafts- und Sonderschulen
GRCh	Charta der Grundrechte der Europäischen Union
grdl.	grundlegend
grds.	grundsätzlich
GUV-V	Unfallverhütungsvorschrift eines Gemeindeunfallversicherungsverbands
GVBl BY	Gesetz- und Verordnungsblatt Bayern
HaKo	Handkommentar
HaKo-ArbSchR	Handkommentar zum gesamten Arbeitsschutzrecht
HGrG	Haushaltsgrundsätzegesetz
h. M.	herrschende Meinung
HmbPersVG	Hamburgisches Personalvertretungsgesetz
HPR	Hauptpersonalrat
Hrsg.	Herausgeber:in
Hs.	Halbsatz
IAB	Institut für Arbeitsmarkt- und Berufsforschung
IAG	Institut für Arbeit und Gesundheit der Deutschen Gesetzlichen Unfallversicherung
i. d. F.	in dieser Fassung
i. d. R.	in der Regel
i. d. S.	in diesem Sinne
ILO	Internationale Arbeitsorganisation
inkl.	inklusive

insb.	insbesondere
insg.	insgesamt
i. S. v.	im Sinne von
i. V. m.	in Verbindung mit
JbRSoz	Jahrbuch für Rechtssoziologie
jurisPR-ArbR	jurisPraxisReportArbeitsrecht
JZ	JuristenZeitung (Zeitschrift)
Kap.	Kapitel
Komm.	Kommentar
KMK	Kultusminister-Konferenz
LAG	Landesarbeitsgericht
LAGE	Entscheidungssammlung des Landesarbeitsgerichts
LärmVibrationsArbSchV	Lärmvibrationsarbeitsschutzverordnung
Lit.	Literatur
lit.	litera
Losebl.	Loseblatt
LPVG	Landespersonalvertretungsgesetz
LSA	Land Sachsen-Anhalt
m. Anm.	mit Anmerkung(en)
MAS	Medical Airport Service
mind.	mindestens
Mio.	Million
Mitt.	Mitteilung(en)
m. w. N.	mit weiteren Nachweisen
n. F.	neue Fassung
NJW	Neue Juristische Wochenschrift (Zeitschrift)
No.	Number (Nummer)
Nr.	Nummer(n)
NRW	Nordrhein-Westfalen
NVwZ	Neue Zeitschrift für Verwaltungsrecht
NWVBl.	Nordrhein-Westfälisches Verwaltungsblatt
NZA	Neue Zeitschrift für Arbeitsrecht

o.	oben
o. a.	oben angeführt/angegeben
o. Ä.	oder Ähnliche(s)
o. g.	oben genannt
OVG	Oberverwaltungsgericht
PersR	Der Personalrat (Zeitschrift)
PersV	Die Personalvertretung (Zeitschrift)
PersVG	Personalvertretungsgesetz
PISA	Programme for International Student Assessment
PSA-BenutzV	PSA-Benutzungsverordnung (= Verordnung über Sicherheit und Gesundheitsschutz bei der Benutzung persönlicher Schutzausrüstungen bei der Arbeit)
RdJB	Recht der Jugend und des Bildungswesens (Zeitschrift)
RiSU	Richtlinie zur Sicherheit im Unterricht
RL	Richtlinie
Rn.	Randnummer(n)
Rs.	
Rsp	Rechtssache
respektive	
Rspr.	Rechtsprechung
S.	Seite
s.	siehe
s. a.	siehe auch
SchG	Schulgesetz
s. i. s.	sicher ist sicher (Zeitschrift)
s. o.	siehe oben
s. u.	siehe unten
Seveso-III-Richtlinie 2012/18/EU	Richtlinie zur Beherrschung von Gefahren schwerer Unfälle mit gefährlichen Stoffen
SGb	Die Sozialgerichtsbarkeit (Zeitschrift)
SGB	Sozialgesetzbuch
SGB I	Sozialgesetzbuch Erstes Buch: Allgemeiner Teil
SGB V	Sozialgesetzbuch Fünftes Buch: Gesetzliche Krankenversicherung
SGB VII	Sozialgesetzbuch Siebtes Buch: Gesetzliche Unfallversicherung

SGB IX	Sozialgesetzbuch Neuntes Buch: Rehabilitation und Teilhabe von Menschen mit Behinderungen
Slg.	Sammlung
SLIC	Senior Labour Inspectors Committee – Ausschuss hoher Arbeitsaufsichtsbeamter in der Europäischen Union
sog.	sogenannt(e)
StörfallV	Störfall-Verordnung
TAS	Technischer Arbeitsschutz
TVG	Tarifvertragsgesetz
TzBfG	Teilzeit- und Befristungsgesetz
u. a.	unter anderem
u. Ä.	und Ähnliche(s)
ukh-inform	Magazin der Unfallkasse Hessen (UKH)
urspr.	ursprünglich
u. U.	unter Umständen
UVV	Unfallverhütungsvorschrift
Verf.	Verfasser:in
VG	Verwaltungsgericht
VGH	Verwaltungsgerichtshof
vgl.	vergleiche
VO	Verordnung
VO (EG)	Verordnung der Europäischen Gemeinschaft
Vol.	Volume
WissR	Wissenschaftsrecht (Zeitschrift)
WSI	Wirtschafts- und Sozialwissenschaftliches Institut
z. B.	zum Beispiel
ZESAR	Zeitschrift für europäisches Sozial- und Arbeitsrecht
z. T.	zum Teil
ZTR	Zeitschrift für Tarifrecht

Literaturverzeichnis

Altvater, Lothar u. a., Bundespersonalvertretungsgesetz mit Wahlordnung und ergänzenden Vorschriften, Kommentar für die Praxis, 11. Aufl., Frankfurt am Main 2023

Anzinger, Rudolf/Bieneck, Hans-Jürgen, Kommentar zum Arbeitssicherheitsgesetz, Heidelberg 1998

Anzinger, Rudolf/Wank, Rolf (Hrsg.), Entwicklungen im Arbeitsrecht und Arbeitsschutzrecht: Festschrift für Otfried Wlotzke zum 70. Geburtstag, München 1996

Avenarius, Hermann/Hanschmann, Felix, Schulrecht, 9. Aufl. Köln 2019

BAuA (Hrsg.), Gefährdungsbeurteilung psychischer Belastung, Berlin 2014

BAuA (Hrsg.), Lehrergesundheit, Tagungsbericht 141, Dortmund 2005

Bauer, Joachim, Die Freiburger Schulstudie zur Lehrergesundheit 2004, im Internet unter: *www.psychotherapie-prof-bauer.de*

Bauer, Joachim et. al., Working conditions, adverse events and mental health problems in a sample of 949 German teachers, International Archives of Occupational and Environmental Health, Vol. 80, No. 5, 2007, S. 442ff.

Bieback, Hans-Jürgen (Hrsg.), Strukturwandel des Arbeitsschutzes, Opladen 1999

Bieler, Frank u. a., Landespersonalvertretungsgesetz Sachsen-Anhalt, Losebl.

Blume, Andreas, Prävention durch Gefährdungsbeurteilung, in Festschrift für Kohte, 2016, S. 383ff.

Brandl, Sebastian, Stelzl, Bernhard, Arbeitsbedingungen und Belastungen im öffentlichen Dienst, Arbeitspapier Nr. 290, Hans-Böckler-Stiftung, Düsseldorf 2013

Bücker, Andreas, Von der Gefahrenabwehr zur Risikovorsorge und Risikomanagement im Arbeitsschutzrecht: eine Untersuchung am Beispiel der rechtlichen Regulierung der Sicherheit von Maschinen unter dem Einfluss der europäischen Rechtsangleichung, Berlin 1997

Bücker, Andreas/Feldhoff, Kerstin/Kohte, Wolfhard, Vom Arbeitsschutz zur Arbeitsumwelt: europäische Herausforderungen für das deutsche Arbeitsrecht, Neuwied 1994

Büge, Joachim, Personalvertretung und demokratisches Prinzip – Ein Wunsch nach Ende der Debatte, PersR 2003, S. 171 ff.

Cecior, Alfred/Vallendar, Willi/Lechtermann, Dirk, Das Personalvertretungsrecht in Nordrhein-Westfalen, Kommentar, Losebl.

Faber, Ulrich, Die arbeitsschutzrechtlichen Grundpflichten des § 3 ArbSchG: Organisations- und Verfahrenspflichten, materiellrechtliche Maßstäbe und die rechtlichen Instrumente ihrer Durchsetzung, Berlin 2004

Faber, Ulrich, Personalratsarbeit in angemieteten Dienstgebäuden, PersR 2013, 358 ff.

Faber, Ulrich, Kollektivvereinbarung zur Suchtprävention, Gute Arbeit 9/2023, 13 ff

Faber, Ulrich/Kiesche, Eberhard, Mitbestimmung-konkret – Betriebs- und Dienstvereinbarungen zum Betrieblichen Eingliederungsmanagement, in: Feldes, Werner/Niehaus, Mathilde/Faber, Ulrich (Hrsg.), Werkbuch BEM, 2. Aufl. 2021, S. 270 ff.

Fischer, Alfred/Goeres, Hans-Joachim, Personalvertretungsrecht des Bundes und der Länder: erläutert auf der Grundlage des Bundespersonalvertretungsgesetzes unter Einbeziehung des Personalvertretungsrechts der Länder, Losebl.-Ausg.

Germelmann, Claas-Hinrich/Binkert, Gerhard, Personalvertretungsgesetz Berlin mit Wahlordnung, 3. Aufl., Frankfurt am Main 2010

Haas, Diana, Die Partizipation der Beschäftigten im Arbeitsschutzrecht, Baden-Baden 2017

Heumann, Victoria/Sons, Meike/Heinze, Stefanie/Herr, Caroline, Qualitätssicherung sicherheitstechnischer Begehungen an staatlichen Schulen in Bayern, Umweltmed-Hygiene-Arbeitsmed 2022, S. 132 ff.

Hundeloh, Heinz, Lehrergesundheit – ein Handlungsfeld der gesetzlichen Unfallkassen, DGUV-Forum 2012 Nr. 11, S. 10 ff.

Ilbertz, Wilhelm/Widmaier, Ulrich, Bundespersonalvertretungsgesetz: mit Wahlordnung unter Einbeziehung der Landespersonalvertretungsgesetze, 15. Aufl., Stuttgart 2023

Jenter, Anne/Faber, Ulrich, Arbeits- und Gesundheitsschutz der Lehrkräfte, PersR 2008, 58 ff.

Jenter, Anne/Faber, Ulrich, Fachkräfte für Arbeitssicherheit im Schuldienst, PersR 2010, 432 ff.

Jenter, Anne, Arbeits- und Gesundheitsschutz in der Praxis – am Beispiel der Lehrkräfte an öffentlichen Schulen, in Festschrift für Kohte, 2016, S. 475ff.

Kiel, Heinrich/Lunk, Stefan/Oetker, Hartmut (Hrsg.), Münchener Handbuch zum Arbeitsrecht, 5. Aufl. 2021

Kiesche, Eberhard, Die Fachkraft für Arbeitssicherheit im öffentlichen Dienst, PersR 2010, 328ff.

Köckeritz, Hagen, Arbeitsschutz und dessen Überwachung im Bereich des öffentlichen Dienstes, Frankfurt am Main, 2013

Kohte, Wolfhard, Arbeits- und Gesundheitsschutz in der Schule, RdJB 2008, S. 198ff.

Kohte, Wolfhard, Betriebliche Gesundheitsförderung – vom Stahlwerk in die Schule, Festschrift für Wolfgang Slesina, 2008, S. 193ff.

Kohte, Wolfhard, DGUV-Vorschrift 2 im öffentlichen Dienst, PersR 10/2016, 9

Kohte, Wolfhard, Arbeitsschutzrahmenrichtlinie in Oetker, Hartmut/ Preis, Ulrich (Hrsg.), EAS B 6100, 2023

Kohte, Wolfhard/Faber, Ulrich, Novellierung des Arbeitsstättenrechts – Risiken und Nebenwirkungen einer legislativen Schlankheitskur, DB 2005, S. 224ff.

Kohte, Wolfhard/Faber, Ulrich/Busch, Dörte (Hrsg.), Handkommentar zum gesamten Arbeitsschutzrecht, 3. Aufl., Baden-Baden 2023

Kohte, Wolfhard/Kaufmann, Susanne, Lotsen und Netzwerke – Entwicklungen in der betrieblichen Gesundheitspolitik, RPR 3/2023, S. 5ff.

Kollmer, Norbert/Klindt, Thomas/Schucht, Carsten (Hrsg.), Arbeitsschutzgesetz, Kommentar, 4. Aufl., München 2021

Kollmer, Norbert/Vogl, Markus, Das Arbeitsschutzgesetz: Darstellung der Rechtslage für Arbeitgeber, Beschäftigte und Fachkräfte für Arbeitssicherheit, 2. Aufl., München 1999

Lorenz, Georg, Anm. zu *VG Göttingen*, Beschluss vom 7.3.2001, Mitbestimmung des Personalrats beim Arbeitsschutz (Az.: 7A 7003/95), PersR 2002, 38f.

Lorenzen, Uwe (Hrsg.), Bundespersonalvertretungsgesetz, Loseblatt, Heidelberg 2014

Maue, Jürgen, Akustische Gestaltung von Klassenzimmern. Sicherheitsingenieur 6/2012, 26ff.

Melzer, Uwe, Neufassung des LPVG in Baden-Württemberg, PersR 2014, 201ff.

Nebe, Katja in Feldes, Werner/Niehaus, Mathilde/Faber, Ulrich (Hrsg.), Werkbuch BEM, 2. Aufl. 2021, Arbeitsschutz und Betriebliches Eingliederungsmanagement, S. 212ff.

Neubert, Roland, Das Personalvertretungsgesetz NRW, 11. Aufl., Essen 2012

Niederfranke, Annette/Löbel, Lea-Maria, Beseitigung von Gewalt und Belästigung in der Arbeitswelt, AuR 2021, 392ff.

Nitsche, Detlev, Mitbestimmungsrechte von Personalräten bei der Gefährdungsanalyse nach § 5 ArbSchG, PersR 2005, 345ff.

Nübling, Matthias/Stößel, Ulrich/Michaelis, Martina, Messung von Führungsqualität und Belastungen am Arbeitsplatz, in Fehlzeiten-Report 2009, Heidelberg 2010, S. 253ff.

Nübling, Matthias/Lincke, Hans-Joachim, Psychosoziale Faktoren im Lehrberuf, Gute Arbeit 4/2013, 11ff.

Oeynhausen, Manfred/Birnbaum, Christian, Schulrecht Nordrhein-Westfalen: Handbuch für die Praxis, 2. Aufl., Stuttgart 2005

Oppolzer, Alfred, Gesundheitsmanagement im Betrieb, 2. Aufl., Hamburg 2010

Pieper, Ralf, Arbeitsschutzrecht (ArbSchR), 7. Aufl., Frankfurt am Main 2022

Plog, Ernst (Begr.), Kommentar zum Bundesbeamtengesetz, Losebl., Neuwied 2013

Rabe-Rosendahl, Cathleen/Kohte, Wolfhard, Die neue Vertrauensperson im betrieblichen Eingliederungsmanagement nach § 167 Abs. 2 S. 2 SGB IX, in RP Reha 1/2023, S. 38ff.

Richardi, Reinhard/Dörner, Hans-Jürgen/Weber, Christoph (Hrsg.), Personalvertretungsrecht, 6. Aufl., München 2024

Ritschel, Andrea, Arbeitnehmerpartizipation im Arbeitsschutz, Baden-Baden 2022

Rooseboom, Ralf/Stammsen, Sebastian, Gewaltprävention in Bildungseinrichtungen, DGUV-Forum 3/2023, S. 47ff.

Rothländer, Das neue Hessische Personalvertretungsgesetz, PersV 2023, 375ff.

Rudow, Bernd, Die Arbeit des Lehrers: zur Psychologie der Lehrertätigkeit, Lehrerbelastung und Lehrergesundheit, Bern u.a. 1994

Schmidt, Ingrid, Der Beschluss des Bundesverfassungsgerichts zum Mitbestimmungsgesetz Schleswig-Holstein aus der Sicht der Arbeitsgerichtsbarkeit, PersR 1996, 472ff.

Schönwelder, Hans-Georg/Berndt, Jörg/Ströver, Frauke/Tiesler, Gerhart, Belastung und Beanspruchung von Lehrerinnen und Lehrern, Dortmund 2003

Unterbrink, Thomas et. al., Burnout and effort-reward-imbalance in a sample of 949 German teachers, International Archives of Occupational and Environmental Health, Vol. 80, No. 5, 2007, S. 433ff.

Veigel, Bernd, Das niederländische Arbeitsschutzrecht und die Umsetzung der Rahmenrichtlinie in den Niederlanden, Baden-Baden 2002

von Roetteken, Torsten, Verfassung und Personalvertretungsrecht, NVwZ 1996, 552ff.

Wank, Rolf, Kommentar zum technischen Arbeitsschutz (TAS), München 1999

Weber, Andreas/Weltle, Dieter/Lederer, Peter, Frühinvalidität im Lehrerberuf: Sozial- und arbeitsmedizinische Aspekte, Deutsches Ärzteblatt vom 26.3.2004, S. A 850ff.

Welkoborsky, Horst/Baumgarten, Birger/Berg, Peter/Schmid, Saskia, Landespersonalvertretungsgesetz Nordrhein-Westfalen, 9. Aufl., Frankfurt am Main 2022

Wilrich, Thomas, Verantwortlichkeit und Pflichtenübertragung im Arbeitsschutzrecht, DB 2009, 1294ff.

Winkelmüller, Michael/Finster, Cornelia, Geplante Verschärfungen des Arbeitsschutzes bei Asbest-Arbeiten, ARP 2022, S. 339ff.

Wlotzke, Otfried, Ausgewählte Leitlinien des Arbeitsschutzgesetzes, in Festschrift für Wolfgang Däubler, 1999, S. 654ff.

Zimolong, Bernhard (Hrsg.), Management des Arbeits- und Gesundheitsschutzes, Wiesbaden 2001

Zimolong, Bernhard/Kohte, Wolfhard, Integrativer und kooperativer Arbeits- und Umweltschutz in der Metallindustrie IKARUS: Organisatorische, rechtliche und psychologische Perspektiven, Kröning 2006

A. Arbeitswissenschaftliche Grundlagen

Der im Dezember 2006 vorgelegte Bericht der Bundesregierung über den Stand von Sicherheit und Gesundheit bei der Arbeit und über das Unfall- und Berufskrankheitengeschehen der Bundesrepublik Deutschland im Jahr 2005[1] wies erstmals aus, dass die Arbeitsunfähigkeitsrate in pädagogischen Berufen nach Art und Umfang über dem Durchschnitt aller Beschäftigten in der Bundesrepublik Deutschland (also unter Einschluss der Beschäftigten in Industrie und Bau) lag.[2] Damit setzte sich ein Trend fort, der bereits im Bericht der Bundesregierung über den Stand von Sicherheit und Gesundheit bei der Arbeit im Jahr 2004 deutlich zu erkennen war.[3] Folgerichtig ist im Bericht 2005 ausdrücklich von der Bundesregierung festgehalten worden, dass die 672 000 hauptberuflichen Lehrkräfte in allgemeinbildenden Schulen eine wichtige und umfangreiche Zielgruppe im Bereich betrieblicher Prävention darstellen. Trotz korrigierender versorgungsrechtlicher Maßnahmen ist weiterhin eine beachtliche Quote vorzeitiger Dienstunfähigkeit festzustellen. Arbeitsmedizinische Analysen[4] von amtsärztlichen Gutachten in Bayern zeigen, dass fachärztlich hinreichend deutlich festgestellte psychische Störungen und psychosomatische Krankheiten bei Lehrkräften – vor allem bei Lehrerinnen – mit weit über 50 % die Hauptdiagnose beim vorzeitigen Ausscheiden sind. Auch andere medizinische und arbeitswissenschaftliche Untersuchungen haben vergleichbare Ergebnisse gezeigt, sodass die Bundesregierung wirksame Maßnahmen für betriebliches Stressmanagement und zum Schutz bei psychischer Fehlbeanspruchung für erforderlich hält. Inzwischen wurden erste Modellprojekte eingeführt, die Kompetenztraining durch den schulpsychologischen Dienst, das Eindämmen des Stressors Lärm, einen

1 BT-Drs. 16/3915.

2 Dazu die Tabellen in BT-Drs. 16/3915, S. 120, 192.

3 Dazu BT-Drs. 16/319, S. 46, 54, 184.

4 *Weber/Weltle/Lederer*, DÄBl 2004, A 850 ff.

besseren Umgang mit innerschulischen Belastungsfaktoren und andere Maßnahmen der betrieblichen Gesundheitsförderung einleiteten.[5]
Diesen Aussagen, die mit ihrer Aufnahme in den Sicherheits- und Gesundheitsbericht eine gewissermaßen »regierungsoffizielle« Anerkennung gefunden haben, ging eine mehr als zehn Jahre dauernde arbeitswissenschaftliche, arbeitsmedizinische und arbeitspsychologische Diskussion voraus, in der Beobachtungen aus verschiedenen Schulen sowie aus der internationalen Diskussion zusammengetragen worden waren. Eine Zusammenfassung und Bündelung hatte diese Diskussion in einem Workshop der Bundesanstalt für Arbeitsschutz und Arbeitsmedizin im Jahr 2004 in Berlin gefunden. Exemplarisch war z. B. im Projekt Lehrergesundheit Rheinland-Pfalz festgestellt worden, dass die vorzeitige Dienstunfähigkeit von Lehrkräften deutlich höher liegt als diejenige der anderen Berufsgruppen der Landesverwaltung in Rheinland-Pfalz.[6] Auch weitere Untersuchungen in der Folgezeit dokumentierten zunächst, dass weniger als 20 % der Lehrkräfte bis zum Erreichen der Altersgrenze beschäftigt werden konnten.[7] Wenige Jahre später lag diese Quote bei ca. 30 %.[8] Inzwischen hat sich diese Belastung stabilisiert.[9] Für das Jahr 2019 wurde festgestellt, dass die Berufsgruppe »Erziehung und Unterricht« bei über 20 Berufsgruppen in der Quote der Arbeitsunfähigkeitszahlen an dritter Stelle lag – hinter der Metallindustrie und noch vor der Chemieindustrie.[10] Für das Jahr 2021 wurde die gleiche Reihenfolge festgestellt.[11] Im Jahresbericht 2021 ist in einem speziellen Abschnitt herausgearbeitet worden, dass Interaktionsarbeit – zu denen die Lehrtätigkeit gehört – spezifische Gesundheitsgefährdungen vermittelt und besondere arbeitsorganisatorische Gestaltungen erforderlich macht.[12] Dies macht deutlich, dass der gesundheitliche Verschleiß von Lehrkräften ein reales Problem sowohl für die Betroffenen als auch für die Länderfinanzminister ist.[13]

---

5 BT-Drs. 16/3915, S. 84 ff.

6 *Heyse* in BAuA (Hrsg.), Lehrergesundheit, 2005, S. 91, 94; ähnlich die bayerischen Ergebnisse bei *Weber/Weltle/Lederer*, DÄBl 2004, A 850, 858.

7 *Kohte*, RdJB 2008, 198, 199.

8 Statistisches Bundesamt, Fachserie 14 Reihe 6.1, Versorgungsempfänger des Öffentlichen Dienstes 2013, S. 101.

9 Eine differenzierte Aufstellung der Arbeitsunfähigkeitszeiten im Bereich Erziehung und Unterricht dokumentieren *Meyer/Wiegang/Schenkel* in Fehlzeiten-Report 2020, S. 445, 520 ff.

10 BT-Drs. 19/25420, S. 61.

11 BT-Drs. 20/4975, S. 154.

12 *Holler/Dörflinger* in BT-Drs. 20/4975, S. 47 ff.; *Dörflinger u. a.*, Interaktionsarbeit gestalten, BAuA Projekt F 2488, 2020.

13 Dazu auch *Brandl/Stelzl*, S. 59 ff.

Zu den Ursachen gehören hohe psychische Belastungen im beruflichen Alltag ebenso wie belastende Arbeitsbedingungen und Defizite in der Arbeitsumwelt, wie z. B. physische Belastungen durch Lärm und nicht hinreichend renovierte und gepflegte Arbeitsstätten.

Ein so hohes Maß an Belastungen verlangt eine für diese Herausforderungen besonders aufmerksame und engagierte Organisation und Personalführung, die die Ressourcen, die den einzelnen Lehrkräften zur Verfügung stehen, fördert und unterstützt. Bis vor wenigen Jahren war eine solche Förderung der Ressourcen noch nicht einmal Gegenstand der Programmatik der jeweiligen Landesregierungen. Obgleich im Öffentlichen Dienst die zentralen Arbeitsschutzrichtlinien der Europäischen Gemeinschaft im Wesentlichen bis zum 31. 12. 1992 umzusetzen waren, wurde bis zum Ende der 1990er Jahre in den meisten Bundesländern noch nicht einmal die schulbezogene arbeitsmedizinische und sicherheitstechnische Beratungs- und Unterstützungsorganisation nach § 16 ASiG regelgerecht installiert.

Erst in den letzten Jahren ist – auch im Zusammenhang mit den PISA-Diskussionen in der Öffentlichkeit – deutlich geworden, dass eine Schule nur dann eine erfolgreiche Schule sein kann, wenn sie für alle Beteiligten eine gesunde Schule ist. Dieses Ziel ist nur zu erreichen, wenn auch die Gesundheit der beschäftigten Lehrkräfte gefördert und unterstützt wird. Daher wurden in mehreren Bundesländern Projekte zur »gesunden Schule« eingeleitet, die sich allerdings teilweise stärker auf die Situation der Schülerinnen und Schüler konzentrierten, als auf die der Lehrerinnen und Lehrer. Eine aktive Rolle spielten und spielen hier auch einige Krankenkassen, die im Rahmen einer stärker präventiven und aktivierenden Nutzung des Sozialrechts Aktionen zur »gesunden Schule« anregten und unterstützten.[14] Weitere Organisationen der gesundheitlichen Selbsthilfe sind hier aktiv; allein in Sachsen-Anhalt konnten zwischen 2004 und 2023 über 80 Schulen als gesunde Schule zertifiziert werden.[15] Die Unfallkassen, bei denen die Schülerinnen und Schüler sowie ein Teil der Lehrkräfte versichert sind, widmeten der Schule in den letzten Jahren eine große Aufmerksamkeit. Wichtige Informationen enthält das erstmals im August 2006 ins Netz gestellte Handbuch »Lehrergesundheit – Baustein für eine gute gesunde Schule«, das der Bundesverband der Unfallkassen in einem

---

14 Z. B. der Leitfaden des Landesverbands für Gesundheit Sachsen-Anhalt e. V. und Schwabe, Audit gesunde Schule, Magdeburg 2013; *https://www.barmer.de/unsere-leistungen/leistungen-a-z/praeventionangebote/weg-zur-gesunden-schule-1003194* und *https://www.tk.de/lebenswelten/gesundheit-foerdern/gesunde-schule-2070294.*

15 *https://www.lvg-lsa.de/beratungsstellen/audit-gesunde-schule/#1580746799983-3a1e9872-3e243bec-6a5b.*

gemeinsamen Projekt mit der DAK erarbeitet hatte und das 2012 in der 2. Auflage erschienen ist.[16]

Zentrale Ergebnisse dieser Aktivitäten sind 2019 zusammengefasst worden in der Branchenregel Schule (DGUV-Regel 102–619), die von der Deutschen Gesetzlichen Unfallversicherung veröffentlicht worden ist. Sie enthält eine Zusammenstellung von einschlägigen Rechtsvorschriften, technischen Normen und vor allem von gesicherten arbeitswissenschaftlichen Erkenntnissen, die als arbeitsschutzrechtliches Knowhow nach § 4 ArbSchG von jedem Arbeitgeber im Schulbereich zu beachten ist. Die Erstellung der Regel beruhte auf einem intensiven Kommunikationsprozess aller beteiligten Gruppen, von der KMK und den Unfallkassen der Länder, den kommunalen Spitzenverbänden bis zu den Gewerkschaften des öffentlichen Dienstes und der Vereinigung der kommunalen Arbeitgeberverbände. Das ist ein neuer und wichtiger Ansatz.[17] Die Branchenregel enthält 19 Arbeitsschritte, die in der Zusammenarbeit von Schulleitung, Schulträger und Interessenvertretungen umzusetzen sind.

Die seit 1996 eindeutig bestehende, den jeweiligen Dienstherrn/Arbeitgebern zugewiesene elementare Aufgabe der Gefährdungsbeurteilung nach § 5 ArbSchG an jedem Arbeitsplatz ist nicht flächendeckend vorgenommen worden. Diese Situation hat konzeptionelle und organisatorische Ursachen. Organisatorische Defizite (auf die in den nächsten Abschnitten ausführlich eingegangen wird) ergeben sich bereits aus der nicht hinreichend entwickelten Organisation der Arbeitssicherheit, die mit minimalen Einsatzzeiten und personellen Ressourcen weit hinter den Anforderungen zurückbleibt, die in den Unfallverhütungsvorschriften statuiert worden sind. Konzeptionelle Defizite ergeben sich aus der Tatsache, dass für eine realistische und zeitgerechte Gefährdungsbeurteilung, die neue arbeitswissenschaftliche Erkenntnisse zum Schulalltag berücksichtigt, neue Instrumente zu erstellen waren. Inzwischen liegt eine Reihe von solchen Instrumenten vor, mit denen diese Aufgabe nachhaltig gefördert werden kann. Eine Aufgabe der so zu realisierenden Gefährdungsbeurteilungen besteht darin, die bisher vorhandenen Modelle und Konzepte im Hinblick auf ihre praktische Bewährung zu überprüfen und auf diese Weise herauszufinden, welche Instrumente am besten geeignet sind. Hierbei muss die Theorie mit der Praxis kommunizieren.

---

16 Vollständig dokumentiert bei *www.dak.de/content/dakkundenservice/lehrergesundheit.html* sowie *www.unfallkassen.de;* jetzt *http://www.handbuch-lehrergesundheit.de/downloads/Handbuch-Lehrergesundheit.pdf.*

17 Dazu *Kohte*, E+W 1/2020, S. 2 Editorial.

Als gesicherte Erkenntnis lässt sich inzwischen festhalten, dass zu den spezifischen Belastungsfaktoren für Lehrerinnen und Lehrer die Interaktivität des Bildungs- und Erziehungsauftrags gehört, die in aller Regel mit arbeitspsychologisch bedenklichen längerfristigen simultanen Mehrfachanforderungen verbunden ist.[18] Der auf Gegenseitigkeit angelegte Bildungs- und Erziehungsprozess birgt ein beachtliches Konflikt- und Störungsrisiko[19] auf der Arbeits- und Beziehungsebene, denn das Erfüllen dieses Auftrags setzt auf der Seite der Schülerinnen und Schüler Mitarbeit und aktive Bereitschaft zum Lernen voraus, sodass der Erfolg von Lehrerinnen und Lehrern auch von der Mitwirkung der Schülerschaft abhängig ist. Ihr Lern- und Sozialverhalten ist allerdings nicht unabhängig von den fachlichen, pädagogischen und sozialen Kompetenzen der jeweiligen Lehrkraft.

Dieser interaktive Prozess vollzieht sich unter spezifischen äußeren und organisatorischen Rahmenbedingungen, die sowohl durch die Größe und Zusammensetzung der Klassen als auch durch die jeweilige Schulorganisation und die Schulumgebung nachhaltig beeinflusst werden. Bereits die vor 2020 vorgenommenen Gefährdungsbeurteilungen zeigten, dass in einem nicht geringen Ausmaß auch die Hygiene in der Arbeitsstätte, Lärm[20] sowie organisatorische Rahmenbedingungen eine große Rolle spielen.[21] In der Covid-19-Pandemie ist die Bedeutung der Arbeitsbedingungen noch stärker hervorgetreten. Eine aktuelle Untersuchung des IAB hat ermittelt, dass bei den Beschäftigten in den Schulen – im Unterschied zu den Hochschulen – eine überdurchschnittliche Infektionsquote zu konstatieren war.[22] Die quantitativ und qualitativ unzureichende Organisation der Arbeitssicherheit spielte hier eine wichtige Rolle, denn z. B. die für die Unterweisung bei Gefährdungen durch Viren erforderliche arbeitsmedizinische Beratung konnte hier ebenso wenig realisiert werden wie die betriebsnahe Aufstellung und Umsetzung von Hygieneplänen.[23]

Moderner Arbeitsschutz nutzt auch die neueren Erkenntnisse der Salutogenese (Gesamtheit der gesundheitsfördernden und -erhaltenden Faktoren/Gesundheitsentstehung), die auf die Stärkung der jeweiligen persönlichen Ressourcen der Beteiligten setzt, sodass innerbetriebliche Ko-

18 *Heyse* in Lehrergesundheit, S. 91, 100; *Brandl/Stelzl*, S. 60ff.

19 Dazu auch *Nieskens* in Handbuch Lehrergesundheit, 2006, S. 19, 37ff.; grundlegend bereits *Rudow*, Die Arbeit des Lehrers, 1994, S. 37ff.

20 Ausführlich *Schönwälder* u. a., Belastung und Beanspruchung von Lehrerinnen und Lehrern, 2003, S. 57ff.

21 *Heyse* in Lehrergesundheit, S. 91, 101.

22 IAB Kurzbericht 16/2023.

23 Dazu *Kohte*, jurisPraxis-Report 40/2020 Anm. 3.

operation, Partizipation und Unterstützung eine zentrale Rolle spielen. In den aktuellen Diskussionen um psychische Belastungen am Arbeitsplatz sind diese Erkenntnisse seit längerer Zeit akzeptiert; es wird angestrebt, diese auch mit den Methoden betrieblichen Gesundheitsmanagements entsprechend zu fördern.

Daneben zeigen die bisherigen Gefährdungsbeurteilungen aber auch, dass in der heutigen Schule in beachtlichem Umfang ebenfalls klassische Arbeitsschutzaufgaben zu bewältigen sind. Neuere Untersuchungen zur akustischen Ergonomie der Schule[24] dokumentieren, dass in Schulen breit angelegte Maßnahmen des technischen und organisatorischen Lärmschutzes erforderlich und möglich sind. Sowohl durch eine ergonomieorientierte akustische Sanierung der Schulräume als auch durch eine Änderung der Unterrichtsorganisation war es möglich, die Beanspruchungen der Lehrkräfte sowie der Schülerinnen und Schüler durch Lärm im Unterricht signifikant zu senken.[25] Das Projekt »Flüsterndes Klassenzimmer«,[26] das in Hessen zusammen mit dem GEW Ortsverband Darmstadt durchgeführt worden ist, ist in der 1. Auflage unseres Textes auf S. 39 ausführlich dargestellt worden. Inzwischen wurde dieses Projekt von der DGUV übernommen und erweitert in *www.ergonomisches.klassenzimmer.de.*[27]

Die von der Bundesregierung 2007 beschlossene Lärmvibrationsarbeitsschutzverordnung (LärmVibrationsArbSchV), mit der die EG-Lärmschutzrichtlinie RL 2003/10/EG umgesetzt wurde, ist daher nicht nur für klassische Industriebetriebe, sondern auch für Schulen[28] von nachhaltiger Bedeutung. Dies setzt bei den für die Schule Verantwortlichen allerdings ein entsprechendes Problembewusstsein voraus. Darüber hinaus muss eine hinreichend differenzierte, organisatorische Infrastruktur bestehen bzw. geschaffen werden, die die einzelnen dazu erforderlichen Schritte mit Sachkunde, Beharrlichkeit und Effizienz umsetzen kann. Da somit in jeder Schule eine Gefährdungsbeurteilung nach § 3 LärmVibrationsArbSchV erforderlich ist, die ebenso wie die jeweiligen Messungen nach § 5 LärmVibrationsArbSchV nur von fachkundigen Personen durchgeführt werden darf, ist eine deutliche Erhöhung der Zahl der Fachkräfte für Arbeitssicherheit im Schulbereich geboten. Diese Notwendigkeit

---

24 *Oberdörster/Tiesler*, Akustische Ergonomie der Schule, 2006.

25 Dazu *Kohte*, Gute Arbeit 4/2013, S. 15ff. zum Projekt »Flüsterndes Klassenzimmer«.

26 Dazu auch UKH-inform 3/2005, S. 23 und 2/2006, S. 8.

27 *Einzelheiten* in DGUV-Report 2/2013 sowie IAG 11/2013; ebenso *Maue*, Akustische Gestaltung von Klassenzimmern, sicherheitsingenieur 6/2012, S. 26ff.

28 Ebenso für Kindertagesstätten *Seibt/Khan*, Gesundheitsförderung und Arbeitsfähigkeit in Kindertagesstätten, 2005.

wurde bestätigt und bestärkt durch die Neufassung des Anhangs 3.7. der Arbeitsstättenverordnung im Jahr 2010, mit dem das generelle Gebot der Lärmminderung für alle Arbeitsstätten ausdrücklich fixiert und der Anschluss an die aktuellen gesicherten arbeitswissenschaftlichen Erkenntnisse gefunden wurde.[29]
Die seit 2006 schrittweise eingeleiteten Gefährdungsbeurteilungen in mehreren Bundesländern bestätigten diese arbeitswissenschaftlichen Erkenntnisse. Statistisch repräsentativ sind vor allem die Ergebnisse der Befragung von über 50 000 Lehrkräften in Baden-Württemberg, mit denen sowohl die erhöhten emotionalen Anforderungen an Lehrkräfte als auch die Bedeutung klassischer Arbeitsschutzthemen (wie Lärmbelastung in einem Teil der Schulen) bestätigt wurden.[30] Ebenso hat eine 2022 veröffentliche Untersuchung des Arbeitsmedizinischen Instituts der Schulen in Bayern (AMIS-Bayern) dokumentiert, dass in 96 % der Schulen Mängel der Arbeitsstätte festzustellen waren.[31]
Es war daher konsequent, dass im Rahmen der Gemeinsamen Deutschen Arbeitsschutzstrategie (GDA) bereits 2008 ein erstes »Arbeitsprogramm Schulen« vereinbart wurde. Dieses Programm mit dem Titel »Sensibilisierung von Schülerinnen und Schülern zum Thema Sicherheit und Gesundheitsschutz in Schulen« sollte sowohl einen Beitrag zur Förderung einer gesellschaftlichen Präventionskultur als auch zur Sicherung und Stärkung der Gesundheit der Lehrkräfte leisten. Bereits die Vereinbarung dieses Programms zeigte, dass die auch von uns geteilte Einschätzung, dass der Arbeitsschutz an Schulen dringend verbesserungsbedürftig ist, im Kreis der Expertinnen und Experten des Arbeitsschutzes Zustimmung findet.
In der allgemeinen Bestandsaufnahme der GDA wurde festgestellt, dass in 69 % der Einrichtungen in »Erziehung und Unterricht« die Präventionskultur unterentwickelt ist.[32] Die Ministerien können sich zwar darauf berufen, dass die Werte in Landwirtschaft (90 %) und Baugewerbe (86 %) schlechter sind, aber in anderen Branchen sind sie deutlich besser, sodass auch insoweit eine Notwendigkeit zu handeln an Schulen bestätigt wurde. Im Rahmen des »Arbeitsprogramms Schule« war zunächst als erstes Teilziel eine Verzahnung der Akteure und eine Basisinformation für alle Be-

29 *Pieper*, ArbSchR, 7. Aufl. 2022 ArbStättV Anh. 3.7. Rn. 5; *Faber*, HaKo-ArbSchR 2023 ArbStättV Rn. 59.
30 *Nübling/Lincke*, Gute Arbeit, 4/2013, S. 11 ff.; ähnlich zu den Belastungen im Kita-Bereich *Rudow*, Gute Arbeit, 4/2013, S. 18 ff.
31 *Heumann* u. a., Umweltmed – Hygiene – Arbeitsmed, Qualitätssicherung sicherheitstechnischer Begehungen an staatlichen Schulen in Bayern, 2022, S. 132–143.
32 Abschlussbericht Evaluation GDA 2008–2012, S. 116.

teiligten angestrebt worden. Hier konnte ein Teilerfolg festgestellt werden: Eine gemeinsame Internetplattform (*www.gda-schulen.de*) enthielt erste Basisinformationen für alle Beteiligten. In einem zweiten Schritt sollte die formelle und informelle Kooperation der Beteiligten auf Landesebene durch »Runde Tische« verbessert werden, um auf diese Weise konkrete Maßnahmen zu initiieren. Im Abschlussbericht des Arbeitsprogramms Schule wurde selbstkritisch festgestellt, dass eine Initiierung konkreter Maßnahmen nur in wenigen Fällen erfolgte.[33] Wird berücksichtigt, dass in Deutschland circa 720 000 Lehrkräfte beschäftigt werden, zeigt sich hier also ein deutlicher Nachholbedarf. Dementsprechend empfahlen die Akteure des GDA-Arbeitsprogramms Schule, diese Arbeit kontinuierlich fortzusetzen, doch war dies im Rahmen der GDA nicht erfolgreich. Ebenso strebten die Unfallkassen an, ihren Internetauftritt *www.sichere-schule.de* fortzusetzen und auszubauen. Dieses Vorhaben war erfolgreich; die Homepage *www.sichere-schule.de* ist bis 2023 regelmäßig erweitert worden. Eine Erneuerung der DGUV Vorschrift 81 – Schulen – aus dem Jahr 2002 ist bisher noch nicht erfolgt.
Eines der wenigen konkreten GDA-Projekte im Schulbereich war ein Pilotprojekt zur Sanierung von Schulgebäuden, weil in nicht wenigen Fällen grundlegende Mängel dieser Arbeitsstätten – Lärm, fehlender Hitzeschutz, hygienische Defizite, bauliche Unfallgefahren – zu verzeichnen sind. In diesem Projekt wurden systematische Schritte zur planmäßigen Ermittlung und Gefährdungsbeurteilung sowie zur effektiven Sanierung der Gebäude formuliert, die vor allem für Schulverwaltungen und Schulträger hilfreich sein werden. Obgleich im Abschlussbericht dieses wichtigen Pilotprojekts[34] auch der Begriff der Partizipation genannt wird, fehlen wichtige Akteure wie »Personalrat« und »Sicherheitsbeauftragte« vollständig.[35] Dies belegt die Notwendigkeit unseres Leitfadens, mit dem die Anforderungen an einen partizipativen Arbeits- und Gesundheitsschutz an Schulen nach den Leitbildern des heutigen Unionsrechts erörtert werden.

---

33 Abschlussbericht AP Schule auf *www.gda-portal.de*.

34 Ministerium für Umwelt, Klima und Energiewirtschaft Baden-Württemberg, Energieeffiziente, energetisch nachhaltige und lernförderliche Sanierung von Schulgebäuden, Heidelberg 2013.

35 Ebenso fehlt die für eine Gebäudesanierung unverzichtbare Kategorie der Barrierefreiheit.

B. Ausgangslagen der Länder für die Gestaltung von Sicherheit und Gesundheit der Lehrkräfte in Schulen

Schulrecht ist Ländersache. Es gibt daher in Deutschland keine einheitlichen schulrechtlichen und personalvertretungsrechtlichen Grundlagen. Dies hat zur Konsequenz, dass die rechtlichen Rahmenbedingungen für den Arbeits- und Gesundheitsschutz der Lehrkräfte je nach Bundesland variieren.

In der 1. Auflage dieses Leitfadens haben wir Beispiele erfolgreicher Praktiken und Konfliktlagen aus verschiedenen Bundesländern zusammengetragen, um die unterschiedlichen Herangehensweisen an den Arbeits- und Gesundheitsschutz in ausgewählten Bundesländern durch konkrete Praxisbeispiele zu erfassen. Die aufgezeigten Ressourcen für Sicherheit und Gesundheit wie auch die aufgezeigten Problemlagen haben an Relevanz nichts eingebüßt.

Bereits im Dezember 1989 hatte der Hauptpersonalrat für Pädagoginnen und Pädagogen an Gesamtschulen in NRW auf Anregung der GEW beim Kultusministerium die Mitbestimmung eines bereits veröffentlichten Runderlasses verlangt, der die Umsetzung der Gefahrstoffverordnung für den Schulbereich vorsah. In seiner Antwort bat das damalige Kultusministerium nachträglich, dem Erlasstext zuzustimmen. Das Verfahren endete im Sommer 1990 vor der Einigungsstelle, die dem Entwurf des Ministeriums ihre Zustimmung gab. Mit diesem Verfahren hatte das damalige Kultusministerium Nordrhein-Westfalen erstmals die Mitbestimmung der Personalräte bei Fragen des Arbeits- und Gesundheitsschutzes in der Schule anerkannt.

Intensivere Verhandlungen wurden ab 1998 aufgenommen, als für alle Beteiligten erkennbar war, dass mit dem Arbeitsschutzgesetz eine neue Rechtslage mit neuen Herausforderungen eingetreten war. 1999 begann ein langwieriges Mitbestimmungsverfahren um die Beteiligung der Personalvertretungen bei der Bestellung eines überbetrieblichen arbeitsmedizinischen und sicherheitstechnischen Dienstes. Die Landesregierung hatte ein Mitbestimmungsrecht abgelehnt, doch bestätigten das Verwaltungsgericht Düsseldorf und das OVG Münster 2001 und 2003 die Gel-

tung eines damals zumindest eingeschränkten Mitbestimmungsrechts. In weiteren Verfahren wurden dann auch Wege gefunden, wie Gefährdungsbeurteilungen im Schulbereich geregelt werden können.
In vergleichbarer Weise erfolgten in Baden-Württemberg entsprechende Initiativen, vor allem von Personalräten zum Thema Arbeits- und Gesundheitsschutz. Schon 1998 hatte die GEW ein erstes arbeitswissenschaftliches Fachgutachten zur Gefährdungsbeurteilung der Arbeitstätigkeit und -plätze von Lehrerinnen und Lehrern vermittelt.[1] Auf der Grundlage eines Einigungsstellenverfahrens wurde 2001 eine erste Dienstvereinbarung zur Gefährdungsbeurteilung der Arbeitsplätze der Lehrkräfte im Grund-, Haupt-, Real- und Sonderschulbereich erstellt. Später folgten Dienstvereinbarungen zum Arbeitsschutz an den Gymnasien und an den beruflichen Schulen in Baden-Württemberg.
Auf dieser Basis wurden von 2002 bis 2005 in einer ersten Testphase in rund 600 Schulen bei 19 000 Lehrkräften Gefährdungsbeurteilungen vorgenommen. So war es möglich, auch die damaligen Fragebögen und Testverfahren weiter auszuarbeiten und nach einer weiteren Pretestphase eine flächendeckende Befragung zwischen 2008 und 2011 an allen Schulen und Schulkindergärten in Baden-Württemberg durchzuführen. Benutzt wurde der Fragebogen COPSOQ. Insgesamt beteiligten sich 54 066 Lehrkräfte an 3791 Schulen. So war es möglich, Schwerpunkte der physischen und psychischen Belastungen an den Schulen in Baden-Württemberg zu erfassen, die auch für die anderen Bundesländer von Bedeutung waren.
In vergleichbarer Weise ist in Niedersachsen nach 2000 im Rahmen eines personalvertretungsrechtlichen Einigungsstellenverfahrens ein erstes Arbeitsschutzkonzept für die Arbeit in den Schulen entwickelt worden, das dann 2004 in einen ersten allgemeinen ministeriellen Erlass zum schulischen Arbeitsschutz mündete, der 2017 aktualisiert wurde.
Diese Initiativen gingen jeweils von den Personalräten und der GEW aus. Obgleich das Unionsrecht seit Januar 1993 eine Beachtung der maßgeblichen Richtlinien im Arbeitsschutz im öffentlichen Dienst verlangte und spätestens durch das Arbeitsschutzgesetz 1996 die Geltung auch für den Schulbereich klargestellt war (dazu ausführlich Teil C I.), wurden die Ministerien von sich aus nicht zeitgerecht initiativ; es bedurfte der Aktivitäten der Personalräte und der GEW. Aus diesem Grund wird im Folgenden dargestellt, welche Organisationsstrukturen bestanden und bestehen und wie hier ein partizipativer Arbeits- und Gesundheitsschutz realisiert werden kann.

---

1 Dazu ausführlich *Jenter*, Festschrift für Kohte, 2016, S. 475, 479 ff.

In der Neubearbeitung des Leitfadens haben wir den Fokus der empirischen Teile geändert. Im Zentrum stehen weniger einzelne konkrete Beispiele als vielmehr die Herausarbeitung der typischen Strukturen, die den Handlungsrahmen der Akteure in der Dienststelle bilden (Beschäftigte, Leitungspersonen, Personalräte, Schwerbehindertenvertretungen). Neuere Entscheidungen der Verwaltungsgerichtsbarkeit zeigen, dass die hierarchische Struktur der Dienststellen und die hieran anknüpfende Stufenvertretung eine große Herausforderung für die Durchsetzung von Beteiligungs- und Mitbestimmungsrechten darstellt. Mit Blick auf die Durchsetzung des materiellen Arbeits- und Gesundheitsschutzes werfen zudem die gesetzlichen Zuständigkeitsregelungen des Schulorganisationsrechts über das Verhältnis der (kommunalen) Schulsachkostenträger zum Schulhoheitsträger Land Zweifelsfragen für die Beteiligung und Mitbestimmung der Personalräte der Lehrkräfte auf.
Die nachstehenden Hinweise zur aktuellen Arbeitsschutzpraxis basieren auf Erfahrungen aus acht Bundesländern (Baden-Württemberg, Bayern, Hamburg, Niedersachsen, Nordrhein-Westfalen, Rheinland-Pfalz, Sachsen und Schleswig-Holstein). Die Erfahrungen in den Ländern fließen nicht nur in die nachstehende Betrachtung der grundlegenden Strukturen des Arbeitsschutzes in Schulen ein. Sie werden darüber hinaus im Einzelfall auch zur Verdeutlichung der in der Handlungshilfe aufgegriffenen inhaltlichen Themenfelder in tatsächlicher Hinsicht genutzt.

I. Arbeitgeberverantwortung in der hierarchischen Schulverwaltung

Adressat arbeitsschutzrechtlicher Normen ist ganz überwiegend der Arbeitgeber bzw. Dienstherr. Diesem gesetzlichen Ansatz liegt die Erkenntnis zugrunde, dass der Arbeitgeber bzw. Dienstherr das Direktionsrecht ausübt und damit den Rahmen für die (Zusammen-) Arbeit im Betrieb bzw. Dienststelle setzt. Das Arbeitsschutzrecht verpflichtet vor diesem Hintergrund gesetzlich dazu, bei der Ausübung des Direktionsrechts das Leben und die Gesundheit der Beschäftigten (Arbeitnehmerinnen und Arbeitnehmer, Beamtinnen und Beamte) effektiv zu sichern. Entsprechende Regelungen sind vor dem Hintergrund des Schutzauftrages des Staates für Leben und Gesundheit (Art. 2 Abs. 2 Grundgesetz)[2] zwingend

2 Dazu grundlegend *BVerfG* vom 28. 1. 1992 – 1 BvR 1025/82, NZA 1992, 270, 273.

vom Gesetzgeber zu schaffen und deren Durchsetzung und Vollzug zu gewährleisten.[3]
In großen Betrieben bzw. Dienststellen ist es dem Arbeitgeber bzw. Dienstherrn regelmäßig unmöglich, allen Arbeitsschutzpflichten höchstpersönlich vollständig nachzukommen. Der Gesetzgeber verlangt dann, dass der Arbeitgeber eine Organisation schafft, die die Wahrnehmung der gesetzlichen Aufgaben unter den Bedingungen der Arbeitsteilung sicherstellt. Die Notwendigkeit zur Organisation ist im Grundsatz kein Spezifikum des Schulbetriebs. Besonderheiten der aus § 3 Abs. 2 ArbSchG folgenden Pflicht zur Regelung einer geeigneten Arbeitsschutzorganisation ergeben sich aber dadurch, dass nicht nur eine große Zahl von Beschäftigten zu schützen ist. Es kommt dazu, dass der Schutz räumlich nicht nur in einem Betrieb, sondern dezentral in einer großen Zahl von Schulen[4] zu gewährleisten ist. Die Schulen selbst sind Teil einer mehrstufigen Schulverwaltung, die von der Spitze der Exekutive, d. h. von den Ministerinnen und Ministern, Senatorinnen und Senatoren hierarchisch geleitet wird. Konsequent geht § 13 ArbSchG davon aus, dass diese Spitze für die Organisation des Arbeitsschutzes zuständig ist und bei allen Maßnahmen der Dezentralisierung die Letztzuständigkeit dort verbleibt.[5]

1. Schulleitungen als dezentral Verantwortliche

Die dezentrale Verantwortung für den Arbeits- und Gesundheitsschutz in den einzelnen Schulen liegt vor diesem Hintergrund in den betrachteten Ländern ungeachtet aller sonstigen föderalen Sonderwege durchweg bei den Schulleitungen. Regelungen finden sich in den Schulgesetzen (z. B. § 59 Abs. 8 SchulG NRW) und in diversen anderen Dokumenten wie z. B. Dienstordnungen (Rheinland-Pfalz[6]), Erlassen (Niedersachsen[7]) oder in

---

3 Vgl. aus unionsrechtlicher Sicht auch Art. 4 der Rahmenrichtlinie Arbeitsschutz 89/391/EWG.

4 Beispiel Nordrhein-Westfalen (Schuljahr 2022/2023): Insgesamt 5404 Schulen, davon 4851 öffentliche Schulen. Vgl. Ministerium für Schule und Bildung NRW (Hrsg.), Das Schulwesen in Nordrhein-Westfalen aus quantitativer Sicht 2022/23, Statistische Übersicht Nr. 421, vom 14. 6. 2023, S. 11.

5 *Kohte* in HaKo-ArbSchR 2023, § 13 ArbSchG Rn. 31.

6 Dienstordnung für Lehrkräfte, Schulleiterinnen und Schulleiter an öffentlichen Schulen (DO-Schulen), Download: *https://landesrecht.rlp.de/bsrp/document/VVRP-VVRP000004504*.

7 Sicherheit und Gesundheitsschutz bei der Arbeit der Landesbediensteten in Schulen und Studienseminaren (Arbeitsschutz in Schulen), Runderlass vom 2. 1. 2017 – AuG-40180/1-1.

einem »Brief des Landesschulrats zur regelmäßigen Durchführung von Gefährdungsbeurteilungen und Schulen« (Hamburg).
Es besteht somit zwar im Grundsatz Klarheit über die dezentrale Verantwortung für Sicherheit und Gesundheit der Lehrkräfte in den Schulen. Aus mehreren Ländern wird aber kritisch angemerkt, dass den Schulleitungen nicht die erforderliche Qualifizierung ermöglicht wird bzw. sie fachlich nicht unterstützt werden (z. B. Bayern, Hamburg). Daran ändert sich augenscheinlich in verschiedenen Ländern auch nichts Gravierendes durch eine mehr oder weniger intensive arbeitsmedizinische und sicherheitstechnische Betreuung. Auch scheinen die oft im Internet bereitgestellten Informationen und Checklisten die bestehenden Probleme nicht grundlegend zu lösen. Dies könnte darauf hindeuten, dass z. B. der Nutzen von Gefährdungsbeurteilungen häufig unklar zu sein scheint (»Oftmals werden die Gefährdungsbeurteilungen nur abgeheftet und nie wieder angesehen«). Dies könnte darauf hindeuten, dass Schulleitungen nur unzureichend auf diese Facette ihrer Rolle als Führungskraft vorbereitet werden, obgleich diese Qualifizierung auch rechtlich zu den notwendigen Voraussetzungen dezentraler Aufgabenübertragung gehört.[8]

2. Zuständigkeiten des Schulträgers und Verantwortung der Schulleitungen

Ein spezifisches Problem des Arbeits- und Gesundheitsschutzes in Schulen stellt das Verhältnis der dezentral verantwortlichen Schulleitungen zu den (kommunalen) Schulträgern dar. Schulrechtlich haben Schulträger in den Flächenländern die Aufgabe, geeignete Schulgebäude nebst Ausstattung bereitzustellen. Die Zuständigkeit für die Bereitstellung und Unterhaltung der Arbeitsstätte liegt damit bei einem anderen Rechtsträger. Schulleitungen müssen vor diesem Hintergrund regelmäßig bei baulichen Mängeln an den Schulträger herantreten, um Abhilfe realisieren zu können. Dies löst augenscheinlich in allen Ländern Konflikte aus, da vielfach (bauliche) Mängel und unzureichende Ausstattungen unter Hinweis auf fehlende finanzielle Mittel nicht behoben werden. Hinzu kommt, dass in mehreren Ländern darauf hingewiesen wird, dass eine zeitnahe Umsetzung von baulichen Maßnahmen zudem nicht selten an der fehlenden Verfügbarkeit geeigneter Handwerker scheitert.
Das zentrale Problem in der Zusammenarbeit mit dem Schulträger wird übereinstimmend darin gesehen, dass es keine klaren Regeln zur Lösung

8 MHdB ArbR/*Nebe*, 5. Aufl. 2021 § 176 Rn. 39; *Klindt* in Kollmer/Klindt/Schucht/ArbSchG 2021, § 13 Rn. 74.

von Konflikten gibt bzw. sie nicht praktiziert werden. Wenn Konflikte gelöst werden, geschieht dies augenscheinlich zumeist konsensual im Rahmen von Gesprächen. Die Gespräche werden dabei nicht nur vor Ort zwischen den Schulleitungen und dem Schulträger geführt. Nicht zuletzt auf Betreiben von Personalräten werden auch Spitzengespräche zwischen dem Ministerium und den kommunalen Spitzenverbänden geführt, um über Problemlösungen zu verhandeln. Insgesamt kann aber festgehalten werden, dass vor diesem Hintergrund alles darauf hindeutet, dass die bisherige Rolle der Schulträger ein Hemmnis für einen aktiven Arbeits- und Gesundheitsschutz darstellt. Auch die Branchenregel Schule hat diese Probleme in der Praxis bisher nicht durchgreifend geändert.
Ein nur geringfügig anderes Bild ergibt sich bei den Stadtstaaten, obgleich in diesen hinter dem Schulträger und dem Schulhoheitsträger als Arbeitgeber der Lehrkräfte jeweils der gleiche Rechtsträger steht. Die Konflikte in Berlin zwischen Bezirken und Schulverwaltung sind mit den Problemen in den Flächenländern durchaus vergleichbar. Ungeachtet der Erfahrungen in den Flächenländern gibt es aber in der Hansestadt Hamburg Bestrebungen, Schulgebäude von Privaten anzumieten. Es bleibt abzuwarten, ob sich aus dieser Konstruktion vergleichbare Konfliktlagen ergeben.

3. Arbeitsschutzverantwortung in der hierarchisch strukturierten Schulverwaltung

Eine wichtige Einflussgröße für den Arbeits- und Gesundheitsschutz vor Ort in den Schulen stellt die hierarchische Gliederung der Schulverwaltung dar. Auch wenn die Schulleitungen vor Ort als Vorgesetzte Verantwortung tragen, stehen basisnahe, verantwortliche Entscheidungen in einem Spannungsfeld zu den für die öffentliche Verwaltung typischen hierarchischen Entscheidungsstrukturen. So scheinen den Schulleitungen oftmals die Mittel zur Durchsetzung von Maßnahmen des Arbeitsschutzes zu fehlen und damit die tatsächlichen Möglichkeiten zur Erfüllung ihrer Verantwortung vor Ort. Eine Verantwortung ohne eigenes (Teil-) Budget ist wenig realistisch und eine Zumutung für die Schulleitungen, die in der Sache die Verantwortung für Sicherheit und Gesundheit der Kolleginnen und Kollegen tragen.
Aus den uns vorliegenden Informationen ergeben sich wenige Hinweise auf eine klare Verantwortungsabgrenzung zwischen den Verwaltungsstufen. Dies erschwert die Wahrnehmung der jedenfalls nicht explizit begrenzten Verantwortung der Schulleitungen. Es scheint insbes. keine Regelungen zu geben, wie Schulleitungen zu verfahren haben, wenn sie

erforderliche Maßnahmen z. B. wegen fehlender Haushaltsmittel oder wegen vermeintlicher Zuständigkeit des (kommunalen) Schulträgers mit eigenen Möglichkeiten nicht realisieren können (z. B. Meldepflichten an die hierarchisch vorgesetzten Stellen).

Die Praxis deutet darauf hin, dass die Zuständigkeiten und Verantwortlichkeiten zwischen den verschiedenen Hierarchieebenen der Schulverwaltung in Fragen des Arbeits- und Gesundheitsschutzes oft nicht hinreichend geklärt sind. Dies gilt vor allem für die mittleren Hierarchieebenen, die zwischen den Schulen als operativer Ebene zur Erfüllung des Bildungsauftrags und der Verwaltungsspitze, d. h. der Ebene des Schulministeriums bzw. des Senats angesiedelt sind. Während in den Schulen die Verantwortung für die tatsächliche Durchführung des Arbeitsschutzes den Schulleitungen zugewiesen ist und auf der Ministerialebene tendenziell grundsätzliche Entscheidungen von landesweiter Bedeutung getroffen werden, ist vor allem in verschiedenen Flächenländern die spezifische Rolle und Aufgabe der mittleren Hierarchieebene (z. B. Bezirksregierungen) kaum erkennbar.

Klarere Regelungen zu den landesweiten Verantwortlichkeiten und Zuständigkeiten für Sicherheit und Gesundheit in Schulen finden sich seit geraumer Zeit im Konzept »Arbeitsschutz und Gesundheitsmanagement in Schulen« des Niedersächsischen Kultusministeriums.[9] In diesem werden die Aufgaben und Verantwortungen auf den verschiedenen Ebenen der Schulverwaltung ebenso umrissen wie das »Unterstützungssystem« in Fragen des Arbeits- und Gesundheitsschutzes. Dieses umfasst neben der arbeitsmedizinischen und sicherheitstechnischen Betreuung gemäß dem Arbeitssicherheitsgesetz auch arbeitspsychologische Beratung oder Unterstützung bei Suchtproblematiken.

Es deutet einiges darauf hin, dass in den meisten Ländern der Arbeits- und Gesundheitsschutz in der Schulverwaltungspraxis als komplexe, schwer durchschaubare Aufgabe wahrgenommen wird. Dies könnte das Bestreben in verschiedenen Ländern erklären, die Komplexität der Aufgaben durch Konzepte mit klaren Prozessen und Strukturen praxistauglich zu machen. So gibt es in Schleswig-Holstein eine Vereinbarung nach § 59 MBG SH über ein Betriebliches Gesundheitsmanagement und in Nordrhein-Westfalen die gesetzliche Forderung zum Aufbau eines Behördlichen Gesundheitsmanagements in § 76 LBG NRW. Im Freistaat Sachsen

9 Arbeitsschutz und Gesundheitsmanagement in Schulen – Konzept des Niedersächsischen Kultusministeriums zur Umsetzung des Arbeitsschutzgesetzes und des Arbeitssicherheitsgesetzes in öffentlichen Schulen und Studienseminaren, SVBl Nds 2014 (5), S. 234 ff.

sind die Schulleitungen gehalten, das Arbeitsschutzmanagementsystem Schule »AManSys«[10] zu nutzen, das für Schulen, Personalverwaltung und Schulaufsicht eine verbindliche Arbeitsschutzpolitik formuliert.
Bisher ist noch nicht erkennbar, dass die genannten Konzepte und Managementsysteme die Verantwortung und Aufgaben im Arbeits- und Gesundheitsschutz in der hierarchisch organisierten Schulverwaltung hinreichend verdeutlichen und Impulse für die Zusammenarbeit von Schulhoheitsträgern und Schulträgern, insbes. auch im Konfliktfalle, setzen können.

II. Strukturen der Personalvertretung der Lehrkräfte in den Ländern

Die Strukturen der Personalvertretung im Bereich der öffentlichen Schulen haben erheblichen Einfluss auf die Qualität der Beteiligung im Bereich von Sicherheit und Gesundheit bei der Arbeit. Die ausgewerteten Berichte zeigen deutliche Unterschiede der Vertretungsstrukturen in den verschiedenen Bundesländern. Unabhängig von den nicht immer gleich normierten Informations- und Beteiligungsrechten (insbes. Anhörung, Mitwirkung, Mitbestimmung) bestehen auch strukturell unterschiedliche Voraussetzungen für die Wahrnehmung der gesetzlichen Aufgaben. Diese Unterschiede verlangen eine auf die konkreten Gegebenheiten des Landes zugeschnittene Vorgehensweise bei der Verfolgung von Zielen im Bereich des Arbeits- und Gesundheitsschutzes.
Die erste grundsätzliche Weichenstellung zwischen den Ländern folgt dabei aus den gesetzlichen Regelungen des Schulorganisationsrechts, das typischerweise durch die Schulgesetze der Länder vorgegeben wird. Die Strukturen der Personalvertretung knüpfen dabei am hierarchischen Aufbau der Schulverwaltungen an. Die Ebenen der Schulverwaltung bilden im Grundsatz die Ankerpunkte für die Bildung von Personalvertretungen. Diese haben für ihren Vertretungsbereich Aufgaben des Arbeitsschutzes vor Ort in originärer Zuständigkeit und Aufgaben als Stufenvertretung bei Meinungsverschiedenheiten auf nachgeordneten Ebenen.
Es bestehen in den Ländern unterschiedlich ausgeprägte Formen der Stufenvertretung, die oft noch zwischen verschiedenen Schulformen variieren. So werden mit Blick auf die örtliche Ebene Personalvertretungen in einer Reihe von Ländern in den einzelnen Schulen selbst gebildet (z. B.

10 *https://www.tu-chemnitz.de/mb/ArbeitsWiss/AManSys/amansys.php.*

Hamburg, Sachsen, Schleswig-Holstein). Die Schulen fungieren dann als Dienststellen. Z. T. gibt es differenzierte Regelungen für bestimmte Schulformen. So wird in Baden-Württemberg der örtliche Personalrat z. T. in den Schulen selbst (Gymnasien, Berufsschulen) und z. T. beim jeweils zuständigen Schulamt, also bei der unteren Schulaufsichtsbehörde gebildet (Grund-, Haupt-, Werkreal-, Realschulen, Gemeinschaftsschulen und sonderpädagogische Bildungs- und Beratungszentren). In anderen Ländern gibt es in den Schulen selbst keine Personalräte. Die örtlichen Personalräte werden vielmehr, z. T. weiter differenziert nach Schulformen, bei den Schulämtern oder bei Verwaltungseinheiten auf Bezirksebene gebildet (Bayern, Nordrhein-Westfalen). Eine besondere Form der Interessenvertretung neben den Personalräten besteht in Nordrhein-Westfalen mit den Lehrerräten, die nicht auf Grundlage des PersVG NRW sondern auf Grundlage des nordrhein-westfälischen Schulgesetzes als Interessenvertretung innerhalb der einzelnen Schulen agieren (vgl. § 69 SchulG NRW), ohne dass sie jedoch den Personalräten in jeder Hinsicht gleichwertige Rechte haben.

Oberhalb der örtlichen Ebene gibt es, wiederum variierend zwischen den verschiedenen Bundesländern, korrespondierend mit dem jeweiligen Schulorganisationsrecht Stufenvertretungen. Die oberste Stufenvertretung ist dabei durchweg auf der Ebene der Schulministerien zu finden. Unterschiedlich ist die Anzahl der Stufenvertretungen zwischen dem örtlichen Personalrat und dem Hauptpersonalrat. Eine Stufe ist dabei zumeist auf der Bezirksebene gebildet (z. B. Sachsen, Baden-Württemberg, Niedersachsen). Variationen gibt es auch insoweit innerhalb der Bundesländer je nach Schulform. So sind in Schleswig-Holstein Gymnasien und Gemeinschaftsschulen mit Oberstufe schulorganisationsrechtlich direkt dem Schulministerium unterstellt. Es ist insoweit demgemäß kein Raum für eine Stufenvertretung.

Keine Stufenvertretung gibt es in Hamburg. Die dort gebildeten schulischen Personalräte sind allzuständig bei mitbestimmungspflichtigen Maßnahmen. Der in Hamburg gebildete Gesamtpersonalrat ist ausschließlich für schulübergreifende Angelegenheiten zuständig. Er ist nach § 59 Abs. 5 HmbPersVG den Personalräten der Schulen explizit nicht übergeordnet.

Die Zahl der in den Ländern gebildeten Personalräte ist nicht nur wegen der unterschiedlichen Größe der Länder und der nicht überall vorgesehenen Möglichkeit zur Bildung von Personalräten in den einzelnen Schulen unterschiedlich. Erhebliche föderale Divergenzen ergeben sich daraus, dass die Personalvertretung der Lehrkräfte in einigen Ländern schulformübergreifend erfolgt, während andere Länder die Personalvertretung

differenziert nach Schulformen regeln. Einheitliche, d. h. schulformübergreifende Personalratsstrukturen finden sich insbes. in Niedersachsen, Sachsen und Hamburg.
Die vorstehend zusammengefassten Angaben zur Struktur der Personalvertretung zeigen, dass die Interessenvertretung die spezifischen Bedingungen des jeweils einschlägigen Landesrechts in Rechnung zu stellen hat. Insbes. die in der Regel zu beachtenden Verfahren der Stufenvertretung erfordern strategisch eine möglichst enge Kooperation mit den zuständigen Stufenvertretungen. Selbst wenn z. B. eine initiativ beantragte Maßnahme zum Schutz der Gesundheit der Lehrkräfte fachlich und rechtlich gut begründet ist, kann im Falle des Konfliktes mit der Dienststellenleitung eine sachliche Klärung ggf. in einer Einigungsstelle nur erreicht werden, wenn die Stufenvertretungen sich im Falle der Konflikteskalation das Anliegen des initiativ tätig werdenden (örtlichen) Personalrats zu eigen machen. Geschieht dies nicht, besteht die Gefahr, dass in der »Stufe« das Anliegen nicht weiter entschieden verfolgt wird. Für die Vermittlung zwischen den verschiedenen Ebenen hat sich in einigen Bundesländern die übergreifende gewerkschaftliche Organisation als wichtiger Faktor erwiesen.

III. Sicherheit und Gesundheit als Gegenstand gewerkschaftlicher Aktivitäten im Schuldienst

Das Thema Arbeits- und Gesundheitsschutz ist in den Landesvorständen der GEW verankert. In den GEW-Fraktionen der Personalräte gibt es zumeist Ansprechpartnerinnen und Ansprechpartner für Fragen des Arbeits- und Gesundheitsschutzes, z. T. auch organisiert in Gestalt einer AG Gesundheit innerhalb der GEW-Fraktion. Daneben gibt es in einigen Landesverbänden und Gliederungen der GEW eine Vernetzung der Arbeits- und Gesundheitsschützerinnen und -schützer in Gestalt von Arbeitsgruppen, Referaten etc. Gerade die oben beschriebenen Initiativen seit 2000 sind durch eine solche Kooperation von GEW und Personalvertretungen angestoßen worden.
Ein in Zeiten der Digitalisierung wichtiges Element zur Information der interessierten Öffentlichkeit und zur gewerkschaftlichen Positionierung sind die Internetauftritte der GEW-Landesverbände, in denen sich jeweils Rubriken zum Thema Gesundheit und Arbeitsschutz finden. Darüber hinaus gibt es eine Fülle von Broschüren, Informationsschriften und

Verbandszeitschriften, in denen für Lehrkräfte bedeutsame Fragen von Sicherheit und Gesundheit aufgegriffen werden (z. B. Behördliches Gesundheitsmanagement, Gewalt, Mutterschutz, Gefährdungsanzeigen, Stimmbildung, Arbeitszeit, Schwerbehinderung). Zudem werden z. T. Pressemitteilungen zur öffentlichen Positionierung in Fragen des sicheren und gesunden Arbeitens in der Schule genutzt.
Ein wichtiger Aspekt gesundheitsbezogener gewerkschaftlicher Aktivitäten im Schulbereich bildet in vielen Ländern die Qualifizierung von Interessenvertretungen[11] (Personalräte, Lehrerräte, Schwerbehindertenvertretungen). Themen des Arbeits- und Gesundheitsschutzes sind z. T. festes Element allgemeiner Personalratsschulungen wie auch Gegenstand spezieller Schulungen. Darüber hinaus gibt es gewerkschaftlich organisierte Fachtagungen zu Gesundheitsthemen in Schulen und es werden entsprechende Themen z. B. in Studientagen durch von der GEW rekrutierte Referentinnen und Referenten eingebracht.
In verschiedenen Ländern spielen zudem die gewerkschaftlichen Rechtsstellen durch ihre Beratungen zu gesundheitsrelevanten Fragen eine bedeutende Rolle für einzelne Lehrkräfte wie auch Personalräte. Z. T. werden zudem einzelne Schulen bei der Durchführung von Gefährdungsbeurteilungen und der Entwicklung von Maßnahmen durch gewerkschaftliche Fachleute unterstützt. Zentrale verwaltungsgerichtliche Entscheidungen sind auf diese Weise erstritten worden.[12]

11 *Jenter,* FS Kohte, 2016, S. 475, 485.
12 Z. B. *VGH BW* vom 11. 3. 2010 – PL 15 S 1773/08, PersR 2010, 455, dazu *Jenter/ Faber*, PersR 2010, 432.

C. Arbeitsschutzrechtliche Anforderungen an die Organisation des Arbeits- und Gesundheitsschutzes

Die Anforderungen des modernen Arbeitsschutzes wurden 1989 in der grundlegenden EG-Richtlinie 89/391/EWG[1] zusammengefasst. Sie wurden in Deutschland mit Verspätung 1996 durch das Arbeitsschutzgesetz umgesetzt und sind auch für alle Bundesländer verbindlich. Rechtliche Unterschiede bestehen insoweit zwischen den Mindestanforderungen an den Arbeitsschutz in den Schulen der verschiedenen Bundesländer nicht. Die Landesgesetzgebung verweist auf der Grundlage des § 20 Abs. 1 ArbSchG regelmäßig auf die Geltung des Arbeitsschutzgesetzes und seiner Verordnungen für die jeweiligen Landesbeamtinnen und -beamten.[2] Die in § 20 Abs. 2 Satz 4 ArbSchG enthaltene – nicht unproblematische – Öffnungsklausel wird von allen Bundesländern richtigerweise nicht zu Abweichungen im Schulbereich genutzt.[3]

I. Wachsende Bedeutung des Organisationsrechts für den Arbeitsschutz

In der Vergangenheit wurde der Arbeitsschutz oftmals als humanitäre Herausforderung begriffen, der vorrangig durch den Einsatz von (Sicherheits-)Technik begegnet wurde. Diese Technikorientierung war plausibel, denn das Schwergewicht der Aktivitäten galt lange Zeit gerade im Bereich der gewerblichen Berufe vorrangig bei der Bekämpfung von Arbeitsunfällen. Dabei wurden, wie die Berichte über den Stand von Sicherheit und

1 Text im Anhang von *Bücker/Feldhoff/Kohte*, Vom Arbeitsschutz zur Arbeitsumwelt, 1994.

2 *Graue* in HaKo-ArbSchR, 2023, § 20 ArbSchG Rn. 13; ausführlich *Köckeritz*, Arbeitsschutz und dessen Überwachung im Bereich des öffentlichen Dienstes, 2013, S. 165ff.

3 Dazu die Beispiele bei *Graue* in HaKo-ArbSchR, 2023, § 20 ArbSchG Rn. 24.

Gesundheit bei der Arbeit nach § 25 SGB VII zeigen, beachtliche Erfolge erzielt. Angesichts dieses Unfallparadigmas[4] (d.h. Unfallmusters) ist es kaum erstaunlich, dass der Arbeitsschutz derjenigen Beschäftigten, die nur relativ wenigen »harten« Unfall- und Gesundheitsgefahren ausgesetzt waren, lange Zeit vergleichsweise geringe Aufmerksamkeit fand. Der »Arbeitsplatz Schule« wurde aus dieser Perspektive als Sicherheitsproblem für Lehrende sowie für Schülerinnen und Schüler allenfalls im Chemie- und Werkraum wahrgenommen. Es fehlte zudem an einer verlässlichen Rechtsgrundlage für Aktivitäten in den Schulen, denn der Öffentliche Dienst in Westdeutschland war regelmäßig vom Geltungsbereich des Arbeitsschutzrechts, namentlich der zentralen Norm des § 120a GewO a. F., ausgenommen. Das war gerade in einer auf den Vollzug von Gesetzen orientierten öffentlichen Verwaltung eine denkbar ungünstige Voraussetzung für Aktivitäten.[5] Die umfassende grundrechtliche Fundierung des Rechts auf sichere und gesunde Arbeitsbedingungen in Art. 3 der Europäischen Sozialcharta vom 18. 10. 1961 und in Nr. 19 der Gemeinschaftscharta der sozialen Grundrechte vom 9. 12. 1989, die jetzt in Art. 31 der Charta der Grundrechte deutlich zum Ausdruck gekommen ist, war in der juristischen Öffentlichkeit in Deutschland kaum wahrgenommen worden.

Diese Ausgangsbedingungen haben sich vor allem nach 1990 in rechtlicher und in tatsächlicher Hinsicht erheblich verändert. Mit dem Inkrafttreten des Arbeitsschutzgesetzes im Jahr 1996 haben der Öffentliche Dienst und damit auch die öffentlichen Schulen ihre rechtliche Außenseiterstellung im Arbeitsschutz verloren. In Umsetzung zwingender unionsrechtlicher Vorgaben sieht § 1 Abs. 1 Satz 1 ArbSchG nunmehr vor, dass das Arbeitsschutzgesetz und die auf seiner Grundlage erlassenen Rechtsverordnungen (z. B. Arbeitsstättenverordnung [ArbStättV], Betriebssicherheitsverordnung [BetrSichV], Gefahrstoffverordnung [GefStoffV], Biostoffverordnung [BioStoffV]) in allen Tätigkeitsbereichen und damit auch im Öffentlichen Dienst gelten.[6] Erstmals werden jetzt – begrenzt auf das Arbeitsschutzrecht – Beamtinnen und Beamte als Beschäftigte in § 2 ArbSchG den Arbeiterinnen/Arbeitern und Angestellten gleichgestellt. Dies hat auch der Europäische Gerichtshof in einer arbeitsschutzrecht-

4 Dazu auch *Bücker/Feldhoff/Kohte*, Vom Arbeitsschutz zur Arbeitsumwelt, Rn. 103ff.

5 Dazu z. B. *Schierbaum/Fischer*, PersR 1996, 423ff.

6 Dazu nur *Kollmer* in Kollmer/Klindt/Schucht, ArbSchG, 2021, § 1 Rn. 49ff., vor allem Rn. 59ff.

lichen Entscheidung vom 6.4.2006 speziell für den Schulbereich verdeutlicht.[7]
Private und öffentliche Unternehmen unterliegen damit den gleichen rechtlichen Rahmenbedingungen. Die durch § 20 Abs. 2 ArbSchG geregelten Ausnahmen für den Öffentlichen Dienst betreffen nicht den Arbeitsplatz Schule, sondern besondere Tätigkeitsbereiche wie den Katastrophenschutz, die Streitkräfte oder die Polizei. In verschiedenen Entscheidungen zum Arbeitszeitrecht hat der Europäische Gerichtshof diese Ausnahme zutreffend eng ausgelegt,[8] sodass sie auf den Schulbereich eindeutig nicht anwendbar ist.
Daneben hat der Wandel der Arbeitswelt neue Zielstellungen für den betrieblichen Arbeits- und Gesundheitsschutz hervorgebracht. Neben der Verhütung von Arbeitsunfällen, die weiterhin existiert, haben neue Technologien (vor allem der umfassende Einsatz von EDV) und neue Formen der Arbeitsorganisation bislang unbekannte Belastungen und Ausprägungen des gesundheitlichen Verschleißes zu Tage gebracht. Das klassische deutsche Arbeitsschutzrecht, das sich aus der Tradition des Polizei- und Ordnungsrechts am »Unfallparadigma« (= Unfallmuster) und an der Technik orientierte, erwies sich als wenig geeignet, zufriedenstellende Antworten auf diese neuen Formen physischer und vor allem auch psychischer Belastungen zu geben. Schon um einem schleichenden Geltungsverlust des Arbeitsschutzrechts entgegenzuwirken, bedurfte es nachhaltiger Korrekturen der rechtlichen Leitbilder, die zwar in der Frühphase der sozialliberalen Koalition eingeleitet wurden, danach aber stecken geblieben sind.[9]
Dabei spielt die »Organisiertheit« des Arbeitsschutzes eine herausragende Rolle, die sich heute auf zwei Ebenen zeigt: *Erstens* werden organisationsrechtliche Bestimmungen genutzt, um bestimmte Akteurinnen und Akteure und Institutionen mit Aufgaben im Arbeits- und Gesundheitsschutz im Unternehmen zu installieren (Betriebsärztinnen und Betriebsärzte, Si-

---

7 *EuGH* vom 6.4.2006 – C 428/04 (Kommission ./. Österreich) Slg. 2006, I – 3325, 3351 ff. = ZESAR 2007, 30, 34 m. Anm. *Kohte/Faber*; vgl. *Kohte* in Kollmer/Klindt/Schucht, ArbSchG, § 2 Rn. 53 ff.

8 *EuGH* vom 14.7.2005 – C-52/04 NZA 2005, 921 (Personalrat Feuerwehr Hamburg); *EuGH* vom 25.11.2010, C-429/09, NZA 2011, 53 (Fuß II); *EuGH* vom 3.5.2012 –C 337/10, (*Neidel*), NVwZ 2012, 688; *Graue* in HaKo-ArbSchR, 2023, § 19 ArbZG Rn. 5.

9 Dazu nur *Bücker/Feldhoff/Kohte*, Vom Arbeitsschutz zur Arbeitsumwelt, 1994, Rn. 103 ff.

cherheitsfachkräfte, Arbeitsschutzausschuss).[10] Die Gesetzgebung konnte insoweit bereits auf die Erfahrungen mit den Sicherheitsbeauftragten zurückgreifen, die, wenn auch mit anderer organisatorischer Funktion, seit Langem für die Unfallverhütung mobilisiert wurden.

Zweitens – und vor allem angestoßen durch das Unionsrecht – ist die Organisiertheit der Vorkehrungen für die betriebliche Sicherheit und Gesundheit als wesentlicher Faktor »erfolgreicher Betriebe« in den Mittelpunkt gerückt worden. Dahinter steht die Einschätzung der Sicherheits- und Gesundheitswissenschaften, dass die technischen Möglichkeiten zumindest in fortgeschrittenen Betrieben nachhaltig genutzt werden und wesentlich höhere Sicherheits- und Gesundheitsressourcen in der Organisation der Arbeitsteilung in Betrieben und Dienststellen mobilisiert werden können. Prägend waren in diesem Kontext vor allem die Erfahrungen mit schweren Unfällen und Störfällen,[11] die im Unionsrecht immer wieder aufgegriffen werden. Deutlich wird dieser Gesichtspunkt in den Erwägungsgründen der Seveso II Richtlinie (96/82/EG)[12] zusammengefasst:

»Eine Analyse der in der Gemeinschaft gemeldeten schweren Unfälle zeigt, dass in den meisten Fällen Management- bzw. organisatorische Mängel die Ursache waren. Es müssen deshalb auf Gemeinschaftsebene grundlegende Prinzipien für die Managementsysteme festlegt werden, die geeignet sein müssen, den Gefahren schwerer Unfälle vorzubeugen und sie zu verringern und die Unfallfolgen zu begrenzen.«[13]

Darüber hinaus weisen diese Erkenntnisse aber auch darauf hin – und dies ist von großer Bedeutung für den Arbeitsschutz in der Schule –, dass Mängel der Arbeitsorganisation (wie unklare Zuständigkeiten, qualifikatorische Defizite bei der Personalführung oder eine unzureichende Arbeitszeitorganisation) das Unfallrisiko erhöhen. Folgerichtig hat bspw. eine Untersuchung der Unfallkassen an weiterführenden Schulen demonstriert, dass das Schulklima ein wesentlicher Faktor für die Quote

10 Das Arbeitsschutzrecht folgt insoweit dem Ansatz des reflexiven Rechts, das durch die Normierung von Entscheidungsstrukturen und die Heranziehung von mitbestimmten Rechten betrieblicher Akteure auf eine verstärkte Selbstregulation der Betriebe und Unternehmen setzt, dazu z. B. *Rehbinder*, JbRSoz1988, 109 ff.

11 Dazu ausführlich *Faber*, Die arbeitsschutzrechtlichen Grundpflichten, S. 198 ff.; *Kohte*, WSI-Mitteilungen 2000, 567, 571 ff.

12 Veröffentlicht in ABlEG 1997 vom 14. 1. 1997, L 10, S. 13 ff.

13 Darauf basiert der Anhang III (Sicherheitsmanagementsysteme) der Seveso-III-Richtlinie, RL 2012/18/EU, ABlEG vom 4. 7. 2012, L 197 S. 1 ff.; MHdB ArbR/*Kohte*, 5. Aufl. 2021, § 178 Rn. 70.

und Entstehung von Schulunfällen ist.[14] Die gerichtliche Auswertung eines Störfalls mit mehreren Todesopfern, der sich 2016 bei der BASF in Ludwigshafen ereignete, hat die Bedeutung von Organisationsversagen geradezu prototypisch bestätigt.[15] Solche Probleme führen aber nicht nur zu Unfallrisiken, sondern zugleich auch zu Belastungen der Gesundheit der Beschäftigten, die sich solchen ungünstigen Bedingungen bei ihrer Arbeit ausgesetzt sehen.[16] Ein wesentliches Element des neuen, durch das Unionsrecht vermittelten und erweiterten Arbeitsschutzansatzes ist es, solche psychischen Belastungen gegenständlich dem zwingend einzuhaltenden Arbeitsschutzrecht zuzuordnen. Nach dem Gesundheitsbegriff der Internationalen Arbeitsorganisation (International Labour Organisation, ILO), der heute zutreffend überwiegend als maßgeblich für das Arbeitsschutzrecht unter dem Dach des Arbeitsschutzgesetzes herangezogen wird, bedeutet Gesundheit bei der Arbeit »nicht nur das Freisein von Krankheit oder Gebrechen, sondern umfasst auch die physischen und geistig-seelischen Faktoren, die sich auf die Gesundheit auswirken und die in unmittelbarem Zusammenhang mit der Sicherheit und Gesundheit bei der Arbeit stehen«.[17]

Dies wurde 2013 im deutschen Recht »klargestellt«, indem in § 4 ArbSchG die Gesundheit als »physische und psychische Gesundheit« umschrieben wird und in § 5 Abs. 3 Nr. 6 ArbSchG die Erstreckung der Gefährdungsbeurteilung auf psychische Belastungen normiert wurde.[18] Gesundheit und Krankheit sind aus dieser Perspektive nicht nur medizinische Sachverhalte, sondern auch Ergebnis gesellschaftlicher und gestaltbarer Tätigkeit, sodass Beschäftigte ein Recht auf eine solche organisierte und partizipationsfähige Gestaltung haben müssen. Konsequent wurde daher nicht nur in der EU-Verfassungsdebatte, sondern bereits in Art. 31 der 2000 beschlossenen und 2009 in den Vertrag von Lissabon integrierten Charta der Grundrechte der Union ein Grundrecht auf sichere und gesunde Arbeitsbedingungen statuiert, das in der Literatur überwiegend als ein individuelles, auf Konkretisierung und Gewährleistung durch

14 ukh-inform 3/2006, S. 4, 6 (*www.ukh.de*).

15 *Kohte*, ARP 2021, 372 ff.

16 Vgl. auch *Faber*, Die arbeitsschutzrechtlichen Grundpflichten, S. 207 ff.

17 Vgl. Art. 3e des ILO-Übereinkommens Nr. 155; MünchArbR-*Wlotzke*, 2. Aufl. 2000, § 206 Rn. 32; *Kohte* in Kollmer/Klindt/Schucht (Hrsg.), ArbSchG, § 2 Rn. 31; *Faber*, (Fn. 11), S. 82.

18 BGBl. 2013 I S. 3836, 3847; vgl. *Blume/Faber* in HaKo-ArbSchR, 2023, § 5 ArbSchG Rn. 32 ff.; BT-Drs. 17/12297, S. 67.

den Mitgliedsstaat angelegtes Grundrecht qualifiziert wird.[19] In Übereinstimmung mit der aktuellen Rechtsprechung des Europäischen Gerichtshofs ist daher die Charta bei der heutigen Auslegung des Unionsrechts zu berücksichtigen.[20]

Der ganzheitliche Gesundheitsbegriff verlangt auch strategisch einen neuen Ansatz, da er die Prävention in den Vordergrund stellt. In Art. 6 der RL 89/391/EWG wird folgerichtig von dem Arbeitgeber verlangt, die Gefahren an der Quelle zu bekämpfen und den Faktor »Mensch« bei der Arbeit zu berücksichtigen. Wesentlich präziser sind allerdings die anderen Sprachfassungen der Richtlinie: die in Art. 6 Abs. 2d formulierte Grundpflicht heißt dort schlicht »adapting the work to the individual« bzw. »adapter le travail a l'homme«.[21] Der Grundsatz der Gefahrenbekämpfung an der Quelle ist jetzt in § 4 Nr. 2 ArbSchG explizit normiert worden; § 4 Nr. 3 ArbSchG verlangt die Berücksichtigung gesicherter arbeitswissenschaftlicher Erkenntnisse, sodass die im Einleitungskapitel formulierten und im Gesundheitsbericht anerkannten Erkenntnisse auch in der Schulverwaltung »von Rechts wegen« nicht mehr ignoriert werden dürfen. Schließlich verlangt § 4 Nr. 4 ArbSchG, dass die Arbeitsorganisation, die sonstigen Arbeitsbedingungen und soziale Beziehungen sachgerecht miteinander verknüpft werden. Dieser integrative Ansatz[22] ist gerade für das Sozialsystem Schule von besonderer Bedeutung, denn die Gestaltung menschlicher Beziehungen gehört zu den wesentlichen An- und Herausforderungen der Lehrtätigkeit in der Schule. Damit ist auch ein neuer methodischer Ansatz zur Verbesserung des Gesundheitsschutzes in der Schule gefunden, der dem allgemeinen Grundsatz des Vorrangs der Verhältnis- vor der Verhaltensprävention entspricht und ebenfalls durch § 4 Nr. 5 ArbSchG anerkannt wurde. In der Pandemie wurde deutlich, dass der Schutz vulnerabler Personengruppen nach § 4 Nr. 6 ArbSchG ein weiterer wichtiger Baustein für einen ganzheitlichen Gesundheitsschutz darstellt.[23] Die Defizite in der betrieblichen Arbeitssicherheitsorganisation führten in einigen Bundesländern dazu, dass kein

---

19 *Riedel* in Meyer (Hrsg.), Charta der Grundrechte der Europäischen Union, 3. Aufl. 2011, Art. 31 Rn. 22ff.; *Bücker* in HaKo-ArbSchR, 2023, Grundrecht, Rn. 35ff.

20 Zu Art. 31 GRCh: *EuGH* vom 3.5.2012 – C 337/10, *Neidel*, NVwZ 2012, 688; EuGH 20.7.2016, C-341/15, NZA 2016, 1067 (Maschek); EuArbK/*Gallner*, 5. Aufl. 2024, RL 2003/88/EG Art. 1 Rn. 53.

21 Dazu *Kohte* in Preis/Oetker (Hrsg.), EAS B 6100 2022, Rn. 59.

22 Dazu *Kohte* in Kollmer/Klindt/Schucht (Hrsg.), ArbSchG 2021, § 4 Rn. 23.

23 Ausführlich *Busch/Kohte*, sis 2022, 433; *Weber/Jarosch*, br 2020, 177, 178.

kohärenter Schutz von »Risikogruppen« realisiert wurde.[24] Damit gehört zu den Lehren aus der Pandemie auch die Notwendigkeit, die betriebliche Organisiertheit des Arbeitsschutzes zu verbessern.

II. Organisationsstrukturen

Eine geeignete Organisation ist die Voraussetzung für die effektive Umsetzung des Arbeits- und Gesundheitsschutzes.[25] Die vom Unionsrecht verlangten arbeitsschutzrechtlichen Organisationspflichten lassen sich in zwei Schichtungen differenzieren: Die eine Schicht der Organisationspflichten betrifft den Aufbau und die Struktur der Arbeitsschutzorganisation und damit letztlich die personelle Konfiguration; die andere Schicht der Organisationspflichten zielt auf den Ablauf, d. h. die Prozesse in der Dienststelle. Durch die Organisation soll die effektive Planung, Durchführung und Evaluation der betrieblichen Arbeitsschutzziele und -maßnahmen unter den Bedingungen der Arbeitsteilung gewährleistet werden. Beide Schichten sind aufeinander bezogen: letztlich handelt es sich um zwei Seiten einer Medaille.

Die rechtliche Einordnung der Arbeitsschutzorganisation im Schulbereich stößt dabei auf Probleme, da die Organisationsnormen und -konzepte für den Arbeitsschutz am Bild der Fabrik, in der Beschäftigte in einer räumlich abgrenzbaren Arbeitsstätte fremdbestimmt körperlich gefährlichen Arbeiten nachgehen, entwickelt wurden. Die Arbeit der Lehrkräfte in der Schule und am häuslichen Arbeitsplatzt (Homeoffice) ist hingegen in eine durch das Schulorganisationsrecht vorgegebene öffentlich-rechtliche Organisationsstruktur eingebunden, die sich mit den Bedingungen gewerblicher (Fabrik)Arbeit nur schwer vergleichen lässt. Da das Arbeitsschutzrecht aber beansprucht, in gleicher Weise für alle Tätigkeitsbereiche (§ 1 Abs. 1 Satz 2 ArbSchG) gleichwertige Schutzstandards zu gewährleisten, stellt dies die Rechtsauslegung und -anwendung vor beachtliche Herausforderungen (z. B. arbeitsschutzrechtlicher Betriebs- bzw. Dienststellenbegriff). In der Arbeitsschutzforschung wurde daher die Forderung nach einem Arbeitsschutzrecht gestellt, das die Vielfalt (neuer) Arbeitsformen und arbeitsorganisatorischer Konzepte anwen-

24 *Kohte*, jurisPR-ArbR 49/2020 Anm. 4.

25 Dazu, speziell mit Blick auf den gesundheitlichen Arbeitszeitschutz, *BAG* vom 13.9.2022 – 1 ABR 22/21, NZA 2020, 1616ff., im Anschluss an *EuGH* vom 14.5.2019 – C-55/18, NZA 2019, 683ff.

derfreundlicher in die rechtliche Regulierung aufnimmt.[26] Die staatliche Normsetzung hat entsprechende Forderungen bisher kaum aufgegriffen, sodass die Herausforderung weiter besteht, die Organisationspflichten des Arbeitsschutzrechts im Hinblick auf die spezifischen Organisationsstrukturen im Schulbereich zu konkretisieren.

1. Unterstützende und beratende (Expertinnen- und Experten-) Organisation nach dem Arbeitssicherheitsgesetz

In Art. 7 der Richtlinie 89/391/EWG wird verlangt, dass der Arbeitgeber den erforderlichen Sachverstand mobilisiert; er hat dazu geeignete Personen einzustellen und zu bestellen; wenn dies nicht möglich ist, sind qualifizierte außerbetriebliche Expertinnen und Experten heranzuziehen.[27] Grundlegende[28] Anforderungen an eine Expertinnen- und Expertenorganisation für den Arbeits- und Gesundheitsschutz werden in Deutschland bereits seit dem Jahr 1974 im Arbeitssicherheitsgesetz (ASiG) geregelt.[29] Durch das ASiG wird der Arbeitgeber verpflichtet, Betriebsärztinnen und Betriebsärzte sowie Fachkräfte für Arbeitssicherheit zu bestellen. Darüber hinaus finden sich im ASiG Bestimmungen über die Zusammenarbeit der betrieblichen Akteure in Fragen des betrieblichen Arbeits- und Gesundheitsschutzes. Nach § 16 ASiG ist im Öffentlichen Dienst eine gleichwertige Sicherheitsorganisation zu errichten; diese Norm ist inzwischen strikt auszulegen, da Art. 7 der RL 89/391/EWG in allen Betrieben und ohne jede Einschränkung auch im Öffentlichen Dienst gilt. Die Gerichtspraxis hat die umfassende Geltung der Arbeitssicherheitsorganisation gerade unter Bezug auf das Unionsrecht inzwischen mehrfach anerkannt.[30] In aktuellen Entscheidungen ist ein umfassendes Mitbestimmungsrecht der Personalräte/Hauptpersonalräte bei der Beauftragung überbetrieblicher Dienste in unionsrechtskonformer Auslegung anerkannt worden, damit

---

26 Dazu auch *Kahl-Menschel/Lehder/Lins/Wienhold:* Umsetzung des Arbeitsstättenrechts in Klein- und Mittelbetrieben, Forschungsvorhaben F 1891 der Bundesanstalt für Arbeitsschutz und Arbeitsmedizin, Zusammenfassung als Download: *www.baua.de.*

27 Dazu bereits *EuGH* vom 22.5.2003 – C-441/01 (Kommission ./. Niederlande) Slg. 2003, I– 5463ff.

28 Zu strukturellen Defiziten des deutschen ASiG-Modells *Kohte/Faber*, ZESAR 2007, 39, 41.

29 MünchArbR-*Nebe*, § 176 Rn. 43f.

30 *BAG* vom 15.12.2009 – 9 AZR 769/08, NZA 2010, 506, dazu *Kiesche*, PersR 2010, 328; VGH *Baden-Württemberg* vom 11.3.2010 – 15 S 1773/08, PersR 2010, 455; vgl. bereits *BSG*, SGb 2000, 274 m. Anm. *Ricke*; *OVG Hamburg*, GewArch 2004, 351; *Graue* in HaKo-ArbSchR, 2023, § 16 ASiG Rn. 26.

im Mitbestimmungsverfahren überprüft werden kann, ob in Übereinstimmung mit Art. 7 der RL 89/391/EWG eine – zumindest teilweise – Heranziehung interner Kräfte möglich ist.[31]

a) Fachkräfte für Arbeitssicherheit und Betriebsärztinnen bzw. Betriebsärzte

Im Arbeitssicherheitsgesetz wird das Ziel der Pflicht zur Bestellung von Betriebsärztinnen/Betriebsärzten und Sicherheitsfachkräften in § 1 ASiG dahingehend beschrieben, dass erreicht werden soll, dass

1. »die dem Arbeitsschutz und der Unfallverhütung dienenden Vorschriften den besonderen Betriebsverhältnissen entsprechend angewandt werden;
2. gesicherte arbeitsmedizinische und sicherheitstechnische Erkenntnisse zur Verbesserung des Arbeitsschutzes und der Unfallverhütung verwirklicht werden können;
3. die dem Arbeitsschutz und der Unfallverhütung dienenden Maßnahmen einen möglichst hohen Wirkungsgrad erreichen.«

Der Beratungs- und Unterstützungsauftrag

Betriebsärztinnen/Betriebsärzte und Sicherheitsfachkräfte haben danach vor allem die Funktion, als Expertinnen und Experten besondere Arbeits- und Gesundheitsschutzkenntnisse, über die der Arbeitgeber zumeist nicht verfügt, in den betrieblichen Entscheidungsprozess zu transportieren. Hervorzuheben ist in diesem Zusammenhang, dass Betriebsärztinnen und Betriebsärzte sowie Sicherheitsfachkräfte kraft ihrer Funktion in keiner Weise in die grundlegende Verantwortung des Arbeitgebers für Sicherheit und Gesundheit der Beschäftigten eintreten. Sie haben nach §§ 3, 6 ASiG den Arbeitgeber bei der Gefährdungsbeurteilung zu »beraten«; ihnen können somit nicht die Leitungsaufgaben des Arbeitgebers und der Linienvorgesetzten übertragen werden.[32] Ihnen kann daher – im Gegensatz zur Praxis in einigen Bundesländern – die Aufgabe der Gefährdungsbeurteilung nicht zur verantwortlichen Durchführung übertragen werden. Dies würde offensichtlich ihrer durch das ASiG vorgegebenen gesetzlichen Rolle als Beraterinnen und Berater widersprechen.

---

31 Zuletzt *OVG Münster* vom 18.4.2023 – 34 A 2844/21 PVL, zur Vorinstanz bereits *Kohte*, jurisPR-ArbR 5/2022 Anm. 2.

32 MünchArbR-*Nebe*, § 176 Rn. 56; *Kohte* in HaKo-ArbSchR, 2023, § 13 ArbSchG Rn. 24; § 8 ASiG Rn. 7; ausführlich *Zimolong/Kohte*, Integrativer und kooperativer Arbeits- und Umweltschutz in der Metallindustrie, 2006, S. 78ff.

Der Betriebsarzt bzw. die Betriebsärztin sowie die Sicherheitsfachkraft im Sinne des Arbeitssicherheitsgesetzes sind daher organisatorisch als Stabsstelle zu verankern:[33] Nur auf diese Weise kommt der gesetzgeberische Zweck des Arbeitssicherheitsgesetzes zur Geltung, für den Arbeitgeber bzw. den Dienstherrn bei der Wahrnehmung der arbeitsschutzrechtlichen Pflichten fachkundige Unterstützung und Beratung zu mobilisieren.[34] § 8 Abs. 2 ASiG schränkt dabei die Organisationsfreiheit des Arbeitgebers dahingehend ein, dass Betriebsärztinnen/Betriebsärzte und Fachkräfte für Arbeitssicherheit dem »Leiter des Betriebs« zuzuordnen sind.[35] Die Umsetzung dieser Bestimmung, die den Einfluss von Betriebsärztinnen/Betriebsärzten und Fachkräften für Arbeitssicherheit absichern soll,[36] wird für den Schulbereich bisher in einigen Bundesländern wenig konsistent realisiert.

Der Beratungs- und Unterstützungsauftrag wird im Arbeitssicherheitsgesetz durch zwei umfangreiche Aufgabenkataloge gesondert für Betriebsärztinnen/Betriebsärzte und Sicherheitsfachkräfte konkretisiert (§§ 3, 6 ASiG). Beide Aufgabenkataloge sind in ihrer Struktur vergleichbar und gehen mit ihren zahlreichen präventiven Aufgaben weit über das klassische Feld der Unfallverhütung hinaus (z. B. Planung von Betriebsanlagen, Einführung von Arbeitsverfahren, Ergonomie, Gefährdungsbeurteilung). Inhaltlich stehen die Aufgabenkataloge für die fachliche Ausrichtung der Expertinnen- und Expertenorganisation nach dem Arbeitssicherheitsgesetz, die auf den beiden Säulen Arbeitsmedizin und Sicherheitstechnik aufbaut.

Es ist durchaus fraglich, ob diese zweispurige Expertinnen- und Expertenstruktur im Arbeitssicherheitsgesetz mit den unionsrechtlichen Anforderungen, wie sie sich vor allem aus Art. 7 Arbeitsschutz-RL (89/391/EWG) ergeben, vereinbar ist.[37] Das Unionsrecht ist gerade dadurch geprägt, dass es sich von einer rein technisch-medizinischen Sicht des Arbeitsschutzes gelöst hat und vor allem auch organisatorische und soziale Faktoren als unverzichtbare Bausteine für einen nachhaltigen Arbeits- und Gesund-

33 *BAG* vom 15.12.2009 – 9 AZR 769/08, NZA 2010, 506, dazu *Kiesche*, PersR 2010, 328 und *Kohte/Faber*, jurisPR-ArbR 43/2010 Anm. 4; früher bereits *ArbG Osnabrück*, AuR 1996, 29; *LAG Köln*, ZTR 2003, 520; *Kohte/Faber*, jurisPR-ArbR 24/2003 Anm. 5.

34 *Anzinger/Bieneck*, Kommentar zum ASiG, § 1 Rn. 5f.

35 Dazu und zu weiteren Einschränkungen der Organisationsfreiheit des Arbeitgebers, vgl. *Faber*, Die arbeitsschutzrechtlichen Grundpflichten, S. 315ff.

36 *Anzinger/Bieneck*, Kommentar zum ASiG, § 8 Rn. 34.

37 *Kohte*, EAS B 6100 – Arbeitsschutzrahmenrichtlinie –, 2022, Rn. 79; *Haas*, Die Partizipation der Beschäftigten, 2017, S. 401ff.

heitsschutz heranzieht. In anderen europäischen Ländern wurde daher die Umsetzung der RL 89/391/EWG genutzt, um sich vom hergebrachten dualen technisch-medizinischen Modell zu lösen und eine multidisziplinäre Beratung einzuführen; so wurden bspw. die sog. Arbodienste in den Niederlanden um arbeitspsychologischen Sachverstand ergänzt.[38] In der europäischen Gemeinschaftsstrategie für Sicherheit und Gesundheit am Arbeitsplatz wurde bereits für die Jahre 2002 bis 2006 die Forderung nach multidisziplinären Präventionsdiensten, die in ihrer Struktur sowohl die sozialen und psychologischen Risiken als auch die Geschlechterperspektive berücksichtigen, ausdrücklich erhoben und im Nachfolgeprogramm bestätigt.[39]

Gerade vor dem Hintergrund der spezifischen Belastungssituation von Lehrerinnen und Lehrern liegt in der Konzentration der traditionellen ASiG-Organisation auf Technik und Medizin ein Defizit, das schwer wiegt. Angesichts der starken psychischen Belastungen durch organisatorische und soziale Faktoren besteht eine objektive Notwendigkeit auch Beratung mit arbeitswissenschaftlicher und vor allem arbeitspsychologischer Expertise sicherzustellen. Dies wird bislang nur dadurch aufgegriffen, dass die Betriebsärztin bzw. der Betriebsarzt nach § 3 Abs. 1 Nr. 1 lit. d ASiG in »arbeitsphysiologischen, arbeitspsychologischen und sonstigen ergonomischen sowie arbeitshygienischen Fragen« zu beraten hat. Wir sind der Ansicht, dass der unionsrechtlichen Forderung nach arbeitswissenschaftlicher und -psychologischer Beratung nicht dadurch Genüge getan wird, dass diese Aufgabe allein dem Tätigkeitskreis der Betriebsärztin/des Betriebsarztes zugeschlagen wird.

Als weitere Lösung wird in der Literatur vorgeschlagen, dass bei der Auswahl der Fachkräfte für Arbeitssicherheit die gesetzlichen Spielräume genutzt werden, Nichttechnikerinnen und -techniker, also z. B. Arbeitspsychologinnen und -psychologen oder Arbeitssoziologinnen und -soziologen zu bestellen. Dazu wird eine unionsrechtskonforme Auslegung des § 7 Abs. 2 ASiG vorgeschlagen, der für den Einzelfall eine Bestellung von Personen ohne technischen Hintergrund zulässt.[40] Dies wurde inzwischen in § 4 Abs. 3 der bis auf Bayern in allen Bundesländern gelten-

38 Dazu ausführlich *Veigel*, Das niederländische Arbeitsschutzrecht und die Umsetzung der Arbeitsschutzrahmenrichtlinie in den Niederlanden, 2002, S. 88 ff.

39 *EG-Kommission*, Gemeinschaftsstrategie für Gesundheit und Sicherheit am Arbeitsplatz 2002–2006, S. 12; vgl. außerdem die Mitteilung der EG-Kommission zur praktischen Durchführung der EG-Arbeitsschutz-RL und anderer RL vom 5. 2. 2004, KOM(2004)62 endgültig, S. 20.

40 Zu dieser Möglichkeit, Nichttechniker als Sicherheitsfachkraft einzusetzen *Anzinger/Bieneck*, ASiG, 1998, § 7 Rn. 19; *Spinnarke/Schork*, ASiG § 7 Rn. 13;

den DGUV Vorschrift 2 aufgenommen.[41] Weitergehend muss gerade für die Schulen aus § 3 Abs. 2 ArbSchG abgeleitet werden, dass generell eine Beratung der jeweiligen Akteure durch arbeitspsychologischen Sachverstand in geeigneter organisierter Form sicherzustellen ist.
Diese Herausforderungen waren bekannt, als die Bundesländer nach 1996 begannen, eine Arbeitssicherheitsorganisation in den Schulen aufzubauen. In einzelnen Bundesländern, in denen eine zeitgemäße Konzeption diskutiert und erarbeitet wurde, hat man daher arbeitspsychologischen Sachverstand in die Arbeitssicherheitsorganisation integriert, während andere Bundesländer die neuen Entwicklungen kaum zur Kenntnis genommen haben.
Betriebsärztinnen und Betriebsärzte sowie Sicherheitsfachkräfte sind bei der Ausübung ihrer Fachkunde weisungsfrei (§ 8 Abs. 1 ASiG). Ihre fachliche Unabhängigkeit gegenüber dem Arbeitgeber – und auch mittelbar gegenüber dem Personalrat – wird zudem durch ein Benachteiligungsverbot flankiert. Auf diese Weise soll erreicht werden, dass der Betriebsarzt bzw. die Betriebsärztin und die Fachkraft für Arbeitssicherheit das – auch im öffentlichen Interesse stehende – Ziel eines wirksamen Arbeits- und Gesundheitsschutzes möglichst wirkungsvoll in die betrieblichen Prozeduren einbringen können.[42] Belange der betrieblichen Sicherheit und Gesundheit sollen gewissermaßen »pur« in die Entscheidungsfindung des Arbeitgebers/Dienstherrn hineingetragen werden und so in die auch andere Ziele abwägenden Entscheidungsfindungsprozesse der Entscheidungsträger auf allen Ebenen (§ 3 Abs. 2 Nr. 2 ASiG) Eingang finden.
Der Umfang der obligatorischen Unterstützungstätigkeit der Betriebsärztinnen und Betriebsärzte sowie der Sicherheitsfachkräfte wird durch Einsatzzeiten anhand der Erforderlichkeit fachkundiger Unterstützung bemessen. Die konkreten Einsatzzeiten für einen jeden Betrieb bzw. eine jede Dienststelle sind deshalb anhand der in den §§ 2, 5 ASiG normierten Kriterien zu bestimmen. Der Betreuungsumfang hat sich somit nicht am freien Ermessen des Arbeitgebers – für den Schulbereich also des Bundeslandes –, sondern an normativen Kriterien zu orientieren.[43] Zur Be-

MünchArbR/*Nebe*, § 176 Rn. 46; *Haas*, Die Partizipation der Beschäftigten im Arbeitsschutzrecht, 2017, S. 401.

41 *Kohte/Kiesche* in HaKo-ArbSchR 2023, §§ 2–7 ASiG Rn. 35.

42 Ausführlich zur Rolle und organisationsrechtlichen Einbindung der Beauftragten nach dem ASiG vgl. *Faber*, Die arbeitsschutzrechtlichen Grundpflichten, S. 313ff.

43 Die sehr unterschiedliche Handhabung in den Bundesländern weist dabei auf eindeutige Defizite bei der arbeitsmedizinischen und sicherheitstechnischen Betreuung von Schulen hin.

stimmung des erforderlichen Betreuungsumfangs i. S. v. §§ 2, 5 ArbSchG nennt das Arbeitssicherheitsgesetz folgende Kriterien:

1. »Die Betriebsart und die damit für die Arbeitnehmer verbundenen Unfall- und Gesundheitsgefahren,
2. die Zahl der beschäftigten Arbeitnehmer und die Zusammensetzung der Arbeitnehmerschaft,
3. die Betriebsorganisation, insbesondere im Hinblick auf die Zahl und Art der für den Arbeitsschutz und die Unfallverhütung verantwortlichen Personen.«

Die genannten Kriterien stehen in ihrer Gewichtung gleichrangig nebeneinander, sodass es rechtswidrig wäre, ausschließlich die Zahl der beschäftigten Lehrkräfte heranzuziehen und das Gefährdungspotenzial sowie die Spezifika der Betriebsorganisation außer Acht zu lassen.[44] Hieraus folgt z. B. die Notwendigkeit, Differenzierungen zwischen den Einsatzzeiten verschiedener Schulformen vorzunehmen, sofern unterschiedliche Unfall- und Gesundheitsgefahren bestehen. Zur Konkretisierung dieser Anforderungen und zur Festlegung der Mindesteinsatzzeiten durch Unfallverhütungsvorschriften sind die Unfallversicherungsträger nach § 15 SGB VII zuständig,[45] die zunächst in der mittlerweile aufgehobenen BGV A2 branchenspezifische Konkretisierungen der Anforderungen der §§ 2, 5 ASiG vorgenommen haben. Für Schulen waren vor allem die Vorschriften der Unfallkassen – GUV-V A2 (früher GUV-V A 6/7 bzw. GUV 0.5) – von Bedeutung, bei denen angestellte Lehrerinnen und Lehrer gesetzlich unfallversichert sind. Inzwischen gilt weitgehend einheitlich für private und öffentliche Tätigkeitsbereiche die DGUV Vorschrift 2, mit der für alle Betriebe und Dienststellen eine generelle Grundbetreuung sowie eine von den Betroffenen zu konkretisierende[46] betriebsspezifische Betreuung verlangt werden.[47] Eine Sonderrolle nimmt in diesem Zusammenhang der Freistaat Bayern ein. Hier ist die DGUV-Vorschrift 2 nicht übernommen worden; es wird weiterhin mit Richtlinien und Verwaltungsvorschriften gearbeitet.[48] Es ist daher nicht erkennbar, wie dieser Freistaat den seit dem 1. 1. 1993 auch für ihn geltenden Art. 7 der RL 89/391/EWG real und effektiv umgesetzt hat. Konsequent wird ein Mitbestimmungsrecht der Personalräte bei der ASiG-Struktur in Bayern nicht akzeptiert. Die Personalräte haben aber auch bisher keine Mitbestimmungsverfahren an den

---

44 *Anzinger/Bieneck*, Kommentar zum ASiG, § 5 Rn. 29.

45 *OVG Hamburg*, ZTR 2004, 548; *Anzinger/Bieneck* ASiG § 2 Rn. 39ff.

46 Zur Bedeutung der Mitbestimmung der Personalräte *Nitsche* in HaKo-ArbSchR, 2023, BPersVR Rn. 63.

47 Ausführlich *Graue* in HaKo-ArbSchR, 2023, § 16 ASiG Rn. 17ff.

48 *Graue* in HK-ArbSchR, § 16 ASiG Rn. 8; dazu auch *Kohte*, PersR 10/2016, S. 8f.

Verwaltungsgerichten reklamiert, in denen der bayerische Sonderweg zur gerichtlichen Prüfung gestellt worden ist.
Die verantwortliche Wahrnehmung von Arbeitgeberpflichten im Arbeits- und Gesundheitsschutz zählt wie bereits erwähnt nicht zu den gesetzlichen Aufgaben der Betriebsärztinnen und Betriebsärzte sowie der Sicherheitsfachkräfte. In keinem Fall dürfen solche Tätigkeiten auf die Einsatzzeiten angerechnet werden, da sie sich substanziell von den Aufgaben nach §§ 3, 6 ASiG unterscheiden. Mit Blick auf die Unabhängigkeit der Sicherheitsfachkräfte und der Betriebsärztinnen/Betriebsärzte (§ 8 ASiG) ist es zweifelhaft, ob die Übernahme von Arbeitgeberverantwortung zusätzlich neben den gesetzlichen Aufgaben nach §§ 3, 6 ASiG überhaupt mit ihrer Rolle als Beraterinnen und Berater sowie Unterstützerinnen und Unterstützer kompatibel ist.[49]
Zur Erfüllung der gesetzlichen Verpflichtung des Arbeitgebers bzw. Dienstherrn, für eine fachkundige arbeitsmedizinische und sicherheitstechnische Beratung nach Maßgabe des ASiG in der Dienststelle zu sorgen, zeigt das ASiG normativ drei grundsätzliche Wege auf. Denkbar ist die Bestellung interner Kräfte als Betriebsärztinnen und Betriebsärzte bzw. Fachkräfte für Arbeitssicherheit, die Bestellung externer, freiberuflich tätig werdender Personen und die Verpflichtung überbetrieblicher Dienste von Betriebsärztinnen/Betriebsärzten und Fachkräften für Arbeitssicherheit gemäß § 19 ASiG. Nach der Rechtsprechung des *EuGH* sollen interne Lösungen wegen der engeren Einbindung in den Betrieb bzw. die Dienststelle vorzugswürdig sein.[50] Möglich sind auch gemischte Lösungen, bei denen sowohl interne als auch externe Kräfte beratend und unterstützend tätig werden.

Föderale Differenzierungen

In der föderalen Praxis dominieren zwar für die betriebsärztliche Tätigkeit überbetriebliche Dienste (§ 19 ASiG), doch ist deren Gestaltung und Kompetenz sehr unterschiedlich. Ein interessantes Beispiel liefert das Zentrum für Arbeit und Gesundheit Sachsen GmbH (*www.zags-dresden.de*). Es handelt sich um einen regionalen Anbieter für Gesundheitsdienstleistungen, der aus dem früheren Institut von Prof. Dr. Scheuch an der TU Dresden hervorgegangen ist und jetzt als inhabergeführtes Institut mit insgesamt 30 Beschäftigten tätig ist. Im Rahmen dieses Instituts gibt es ein gesondertes Kompetenzzentrum für Lehrberufe, das für die mehr als 30 000 Beschäftigten in 1380 Schulen in öffentlicher Trägerschaft tätig

49 Dazu ausführlich *Faber*, Die arbeitsschutzrechtlichen Grundpflichten, S. 317 ff.
50 *EuGH* vom 22. 5. 2003 – C-441/01, juris; *EuGH* vom 6. 4. 2006 – C-428/04, juris.

ist. In diesem Kompetenzzentrum wird auch psychologisches Personal beschäftigt, sodass hier die arbeitspsychologischen Aufgaben zusammen mit den arbeitsmedizinischen Aufgaben realisiert werden. Das Zentrum unterstützt die Schulen bei den Gefährdungsbeurteilungen und nimmt an den Betriebsbegehungen und Sitzungen der Arbeitsschutzausschüsse teil; daneben obliegen ihm die Aufgaben der arbeitsmedizinischen Vorsorge. Ebenfalls wird es zu BEM-Verfahren herangezogen. Eine Kooperation mit einer vergleichbaren Organisation für die Sicherheitsfachkräfte besteht ebenfalls.
In der Konstruktion besteht hier eine Ähnlichkeit mit dem Institut für Lehrergesundheit in Rheinland-Pfalz. Zwischen beiden Instituten besteht eine enge Zusammenarbeit. Auch das Institut in Rheinland-Pfalz ist eng mit der dortigen Universität (Prof. Letzel, Mainz) verbunden und übernimmt ebenfalls eine entsprechend breite Aufgabe von der arbeitsmedizinischen Vorsorge bis zur betrieblichen Unterstützung. Einen Überblick über die Arbeit des Instituts wird durch den regemäßigen Gesundheitsbericht vermittelt.[51] Für beide Institute haben sich in den letzten Jahren allerdings finanzielle Probleme ergeben, da die zur Verfügung gestellten Mittel für eine flächendeckende und umfassende Betreuung der Lehrkräfte nicht ausreichen. In anderen Bundesländern werden herkömmliche Fachdienste bestellt, so zum Beispiel der BAD in NRW und Baden-Württemberg. Hier sind in den letzten Jahren Konflikte aufgetreten, weil die Personalräte eine hinreichende Spezialisierung und Qualifikation der betriebsärztlichen Kräfte und eine ausreichende Nähe zu den Schulen vermissen. Inzwischen hat das OVG Münster entschieden, dass dem Hauptpersonalrat bei den Förderschulen ein Mitbestimmungsrecht zusteht, welche besonderen Qualifikationen die Betriebsärztinnen und Betriebsärzte sowie die Sicherheitsfachkräfte für diese spezifische Schulform aufzuweisen haben. Ein Bericht über eine abschließende Einigung bzw. Einigungsstelle liegt jedoch noch nicht vor.
In anderen Bundesländern stellen sich solche Fragen nach dem Profil bisher nicht, weil hier bereits die quantitative Ausstattung nicht ausreicht. So ist für die 28 000 Lehrkräfte in Schleswig-Holstein nur eine einzige Ärztin zuständig. Während der Pandemie war deutlich, dass gerade die Aufgaben der arbeitsmedizinischen Beratung eindeutig nicht realisiert werden konnten. Da der Haushaltsvorbehalt nicht geeignet ist, um eine unzureichende Ausstattung zu rechtfertigen (siehe S. 89 ff.), ist auch diese

51 *https://www.unimedizin-mainz.de/typo3temp/secure_downloads/15133/0/69398b8770bbebb094ff012510d8c7ca681e74de/2023-04-24_Gesundheitsbericht_2019_2020_2020_2021_Vorwort_inkl_Cover_final.pdf.*

Frage im Mitbestimmungsverfahren zu klären. Entsprechende Verfahren sind bisher jedoch offenkundig nicht durchgeführt worden. Dies gilt auch für Bayern; im gesamten Freistaat werden vier Betriebsärztinnen/-ärzte beschäftigt. Diese sind an einem Arbeitsmedizinischen Institut[52] tätig, das im Rahmen einer nachgeordneten Dienststelle des Freistaats angesiedelt ist (Dienststellenmodell).

Die Pflicht der Länder zur Bestellung von Sicherheitsfachkräften

Für die Ausstattung mit Sicherheitsfachkräften besteht in einigen Bundesländern eine besondere Situation. So vertrat das zuständige Ministerium in Baden-Württemberg lange Zeit die Ansicht, dass das Land als Arbeitgeber nicht verpflichtet sei, Sicherheitsfachkräfte zu bestellen; dies sei ausschließlich die Zuständigkeit der kommunalen Schulträger. Damit ist die rechtliche Situation deutlich verfehlt worden, denn die Pflicht zur Bestellung der Sicherheitsfachkräfte ist sowohl nach §§ 5, 6 ASiG als auch nach der DGUV Vorschrift 2 eine Aufgabe der jeweiligen Arbeitgeber. Die Arbeitgeberstellung für die Lehrkräfte obliegt jedoch in Baden-Württemberg – wie auch in den anderen Bundesländern – dem jeweiligen Bundesland. Auf Initiative des zuständigen Hauptpersonalrats haben daher ab 2008 das Verwaltungsgericht Stuttgart und der Verwaltungsgerichtshof Baden-Württemberg festgestellt, dass den Personalvertretungen ein Mitbestimmungsrecht bei der Struktur der vom Land zu bestellenden Sicherheitsfachkräfte zusteht.[53] Der Hauptpersonalrat hatte damals als konkrete Maßnahme zur Struktur der Fachkräfte eine Kombination interner und externer Fachkräfte vorgelegt, für die das Mitbestimmungsrecht ebenfalls bestätigt worden ist.[54] In den darauf folgenden Verhandlungen ist dann jedoch eine Einigung erfolgt, die ausschließlich auf externe Fachkräfte eines überbetrieblichen Dienstes basiert. Eine vergleichbare Praxis existiert in NRW. In Bayern wird – ohne Beteiligung der Personalvertretungen – das Arbeitsmedizinische Institut des Freistaats (AMIS) tätig, das für den gesamten Freistaat fünf Sicherheitsfachkräfte beschäftigt.

Die Praxis in Baden-Württemberg vor der genannten Entscheidung des Verwaltungsgerichtshofs 2010 wird in einigen Bundesländern weiter praktiziert, so zum Beispiel in Schleswig-Holstein, wo keine Sicherheitsfachkräfte vom Land für die Arbeit in Schulen bestellt werden; nur an

52 *www.amis-bayern.de;* vgl. *Heumann* u.a., Umweltmed-Hygiene-Arbeitsmed 2022, S. 132ff.

53 *VGH Baden-Württemberg* vom 11.3.2010 – PL 15 S 1773/08, PersR 2010, 455; *Jenter/Faber*, PersR 2010, 432ff.

54 *Kohte*, Gute Arbeit 4/2013, 15, 16.

einzelnen berufsbildenden Schulen gibt es solche Fachkräfte. In Hamburg ist eine außerordentlich niedrige Zahl von Sicherheitsfachkräften bestellt worden, die weit unter den Maßgaben der DGUV Vorschrift 2 liegt. Ein anderes Modell ist in Sachsen zu finden. Hier ist eine ARGE FASI Koop der Technischen Universität Chemnitz bestellt worden, die für die Schulen im Freistaat zuständig ist. Diese ARGE orientiert sich mit ihren Aufgaben wiederum an den Vorgaben des ASiG, ist aber in den letzten Jahren durch finanzielle Restriktionen an einer umfassenden und wirkungsvollen Arbeit gehindert worden. In Niedersachsen werden als Fachkräfte für Arbeitssicherheit sowohl einzelne Lehrkräfte, für die spezifische Fortbildungen stattgefunden haben, als auch externe Sicherheitskräfte eingesetzt. Die fachliche Steuerung erfolgt über Stabsstellen bei den vier Bezirksregierungen. Die ortsnahen Fachkräfte führen auch Betriebsbegehungen durch.

b) Betriebspraktische Unterstützungsorganisation: Sicherheitsbeauftragte nach § 22 SGB VII

Die Expertinnen- und Expertenorganisation nach dem Arbeitssicherheitsgesetz wird durch Sicherheitsbeauftragte nach § 22 SGB VII ergänzt. Es handelt sich dabei um Beschäftigte, die neben ihrer eigentlichen Arbeitstätigkeit den Arbeitgeber in Fragen der Gefahren- und Unfallverhütung ehrenamtlich unterstützen. Ließe sich die Rolle der Fachkraft für Arbeitssicherheit als die einer unterstützend agierenden Arbeitsschutzexpertin bzw. eines -experten charakterisieren, liegt die Bedeutung der Sicherheitsbeauftragten darin, dass sie das Erfahrungswissen und die Sichtweise der Beschäftigten in die Aktivitäten des Arbeits- und Gesundheitsschutzes einbringen. Die Sicherheitsbeauftragten bilden somit gewissermaßen eine betriebspraktisch geprägte Unterstützungsorganisation.[55] Wie für die Beauftragten nach dem Arbeitssicherheitsgesetz, besteht auch für die Sicherheitsbeauftragten ein Benachteiligungsverbot (§ 22 Abs. 3 SGB VII). Damit die Sicherheitsbeauftragten ihren Aufgaben nachkommen können, sind sie nach § 20 Abs. 3 DGUV Vorschrift 1 von der Schulleitung zu unterstützen: Ihnen ist daher auch ein ausreichendes Zeitbudget einzuräumen.[56] Kriterien zur Festlegung der Anzahl der Sicherheitsbeauftragten im Einzelfall finden sich in § 20 DGUV Vorschrift 1.

55 Näheres bei *Faber*, Die arbeitsschutzrechtlichen Grundpflichten, S. 322 ff.; *Kohte*, FS für Wlotzke, 1996, S. 563 ff.

56 Einzelheiten bei *Faber*, Die arbeitsschutzrechtlichen Grundpflichten, S. 325.

Die genannten Kriterien werden durch die DGUV-Regel BGR 1000-001[57] weiter konkretisiert und operationalisiert.
Sicherheitsbeauftragte bieten gerade in einer mehrstufigen und durch die Vielzahl an Schulen dezentralen Verwaltungsorganisation die Chance, den Arbeits- und Gesundheitsschutz voranzubringen und zum Thema zu machen, insbesondere dann, wenn nicht zumindest eine Sicherheitsfachkraft ständig im Betrieb ist, wie dies im klassischen gewerblichen Betrieb der Fall ist. Die Pflicht zur Bestellung bezieht sich in § 22 SGB VII auf Versicherte der gesetzlichen Unfallversicherung,[58] d. h. auf angestellte Lehrkräfte. Damit sind beamtete Lehrkräfte nach § 4 SGB VII von der Bestellung ausgenommen. Das ist eine erhebliche Einschränkung[59] der Bestellpflicht, die im Übrigen erst ab 20 versicherten Beschäftigten greift. Gerade im Schulbereich haben aber Sicherheitsbeauftragte signifikant an Bedeutung gewonnen, da inzwischen die bei den Trägern der Schülerunfallversicherung versicherten Schülerinnen und Schüler als Beschäftigte im Sinne des § 22 Abs. 1 Satz 2 SGB VII gelten. In einigen Bundesländern werden auch beamtete Lehrkräfte als Sicherheitsbeauftragte bestellt.[60] Dies ist aus unionsrechtlichen Gründen zutreffend, denn Sicherheitsbeauftragte sind ein wichtiges Element des Gesundheitsschutzes, wie sich aus der GDA-Leitlinie zur Organisation des betrieblichen Gesundheitsschutzes[61] ergibt. Mit der gleichberechtigten Integration der Beamtinnen und Beamten in das Arbeitsschutzsystem wäre ein Ausschluss von der Bestellung als Sicherheitsbeauftragte nicht vereinbar. § 4 Abs. 1 Nr. 1 SGB VII schließt Beamtinnen und Beamte nur aus, »soweit für sie beamtenrechtliche Unfallfürsorgevorschriften gelten«.[62] Da die Unfallfürsorge aber keine präventive Organisation von Sicherheitsbeauftragten enthält, ist eine unionsrechtlich enge Auslegung von § 4 SGB VII geboten.[63]
In den Bundesländern ist eine außerordentlich unterschiedliche Vielfalt bei der Bestellung von Sicherheitsbeauftragten zu verzeichnen. Außerordentlich nah an § 22 SGB VII ist die Situation in Niedersachsen. Nachdem

57 Dazu *Kohte/Kiesche* HaKo-ArbSchR, 2023, § 22 SGB VII Rn. 2.
58 So die Kommentarliteratur, z. B. *Hauck/Noftz/Kranig/Waldeck*, SGB VII, § 22 Rn. 15.
59 Für »äußere Schulangelegenheiten« war nach Anlage 2 zur GUV-V A1 in jeder Schule wenigstens ein Sicherheitsbeauftragter zu bestellen.
60 *Kohte*, FS für Slesina, 2008, S. 193, 198.
61 *www.gda-portal.de*, Element 9 der Leitlinie vom 22. 5. 2017.
62 Zu dieser Einschränkung *Kater/Leube*, SGB VII § 4 Rn. 7; vgl. *BSG*, NZA 1985, 165.
63 Dazu *Kohte/Faber*, ZESAR 2007, 39, 40; *Kohte/Kiesche* in HaKo-ArbSchR, 2023, § 22 SGB VII Rn. 11.

vor mehr als 30 Jahren Projekte an einzelnen Schulen in Zusammenarbeit vor allem mit der Universität Hannover[64] realisiert wurden, ist ein erstes Arbeitsschutzkonzept 2002 auf der Basis eines personalvertretungsrechtlichen Einigungsstellenverfahrens formuliert worden, das inzwischen in Abstimmung mit den Personalräten 2004 und 2017 durch neue Grunderlasse abgelöst worden ist. Auf dieser Basis werden in Niedersachsen in allen Schulen mit wenigstens 20 Beschäftigten – sowohl Beamtete als auch Tarifbeschäftigte – als Sicherheitsbeauftragte für den inneren Schulbereich unter Beteiligung des jeweiligen Personalrats bestellt. Deren Aufgaben orientieren sich an § 22 SGB VII, § 20 DGUV Vorschrift 1. Für den »äußeren Bereich« werden außerdem Sicherheitsbeauftragte durch den kommunalen Schulträger bestellt.
Teilweise wird dies als eine Aufgabe der kommunalen Schulträger gesehen. Gerade deren Hausmeister werden nicht selten als zusätzliche Sicherheitsbeauftragte eingesetzt und in manchen Fällen auch als Sicherheitsfachkräfte für spezifische Aufgaben (z. B. Brandschutz und Wartung elektrischer Anlagen). In Hamburg werden auch Lehrkräfte mit einer Stunde pro Woche als Sicherheitsbeauftragte eingesetzt. In anderen Bundesländern wiederum (z. B. Baden-Württemberg) werden Lehrkräfte ohne Entlastung herangezogen. Aus Schleswig-Holstein wird keine Bestellung von Sicherheitsbeauftragten berichtet. Eine Beteiligung von Sicherheitsbeauftragten am Arbeitsschutzausschuss ist nur selten zu beobachten.

2. Sicherheitsinformation, -kommunikation und -kooperation findet vor allem im Arbeitsschutzausschuss statt

Eine effektive Sicherheits- und Gesundheitsschutzorganisation ist auf einen gezielten Austausch von Informationen angewiesen. Es bedarf darüber hinaus einer geordneten und regelgeleiteten Kooperation der beteiligten Akteure, um diesem Informationsaustausch einen verlässlichen Rahmen zu geben und um bei Konflikten zwischen den Akteuren des Arbeits- und Gesundheitsschutzes ein Konfliktlösungsverfahren zur Verfügung zu haben. Im Arbeitsschutzrecht und im Personalvertretungsrecht werden solche Informationskanäle und Kooperationsregeln mit einer ganzen Reihe von Vorschriften normativ abgesichert. Zu nennen sind in erster Linie:

64 Grundlegend *Simons/Wattendorff*, Sicherheitsbeauftragte im Betrieb, Hannover 1985.

- Informations- und Hinzuziehungspflichten der Dienststellenleitung gegenüber der Personalvertretung in Fragen des Arbeits- und Gesundheitsschutzes (§ 68 BPersVG);[65]
- Zusammenarbeit der Betriebsärztinnen und Betriebsärzte sowie der Sicherheitsfachkräfte untereinander sowie mit anderen Funktionsträgern für Angelegenheiten der technischen Sicherheit, Gesundheit (z. B. Schwerbehindertenvertretung) und Umwelt (§§ 10, 16 ASiG);
- Zusammenarbeit der Betriebsärztinnen und Betriebsärzte sowie der Sicherheitsfachkräfte mit der allgemeinen Interessenvertretung (§§ 9, 16 ASiG);
- gemeinsame Besprechungen der Dienststellenleitung mit den Sicherheitsbeauftragten unter Hinzuziehen des Personalrats (§ 68 Abs. 3 BPersVG);
- Mitbestimmungs- und Beteiligungsrechte der Personalvertretung als »Entscheidungsregel« bei Uneinigkeit mit der Dienststellenleitung (§ 80 BPersVG);
- Pflicht der Beschäftigten, den Arbeitgeber in Fragen des Arbeits- und Gesundheitsschutzes, gemeinsam mit Betriebsärztinnen und Betriebsärzten sowie den Sicherheitsfachkräften zu unterstützen (§ 16 Abs. 2 ArbSchG);
- Meldung von Sicherheits- und Gesundheitsdefiziten beim Arbeitgeber sowie bei der Sicherheitsfachkraft, bei der Betriebsärztin bzw. dem Betriebsarzt oder bei den Sicherheitsbeauftragten (§ 16 Abs. 2 ArbSchG);
- besonderes Beschwerderecht der Beschäftigten für Fragen des Arbeitsschutzes (§ 17 Abs. 2 ArbSchG);
- Unterweisungen der Beschäftigten (§ 12 ArbSchG) durch den Arbeitgeber bzw. durch verantwortliche Personen (§ 13 ArbSchG).

Wichtigstes gesetzlich vorgesehenes Forum der Sicherheitsinformation, -kommunikation und -kooperation ist der Arbeitsschutzausschuss, der durch § 11 ASiG geregelt wird. Während sich die oben beschriebenen Kommunikations- und Kooperationsregeln auf punktuelle Ansatzpunkte beziehen, bietet sich der Arbeitsschutzausschuss als Gremium an, in dem die grundsätzlichen Fragen des Arbeits- und Gesundheitsschutzes fortlaufend diskutiert, die ausgeführten Aktivitäten bewertet und die großen Linien der betrieblichen Gesundheitspolitik vorgegeben werden. Daher

65 Zur Vereinfachung wird bei übergreifenden Vorschriften des Personalvertretungsrechts auf das Bundespersonalvertretungsgesetz verwiesen, weil sich die Mehrzahl der Länder am Bundespersonalvertretungsgesetz orientiert und in der Regel beim Gesundheitsschutz identische oder relativ ähnliche Vorschriften erlassen hat.

wird in der GDA-Leitlinie »Organisation des betrieblichen Gesundheitsschutzes«[66] vom 22.5.2017 die regelmäßige Arbeit des Arbeitsschutzausschusses als wichtiges Element der betrieblichen Organisationspflichten bewertet. Für eine solche Funktion als Koordinierungsgremium bietet sich der Arbeitsschutzausschuss vor allem aufgrund seiner personellen Zusammensetzung an. Nach § 11 ASiG sind zumindest zu beteiligen: der Arbeitgeber/Dienstherr oder eine von ihm beauftragte Person, zwei Mitglieder des Personalrats, Betriebsärztinnen und Betriebsärzte, Fachkräfte für Arbeitssicherheit sowie Sicherheitsbeauftragte nach § 22 SGB VII. Die Schwerbehindertenvertretung hat zudem ein durch § 178 SGB IX inzwischen auch normativ abgesichertes Recht zur Teilnahme am Arbeitsschutzausschuss.[67] Dies ist angesichts der wichtigen Aufgaben der Schwerbehindertenvertretungen im Bereich der betrieblichen Gesundheitspolitik (näher geregelt in §§ 166, 167, 178 SGB IX) sachgerecht. Es ist anerkannt, dass das Personaltableau des Ausschusses – bspw. auf Basis einer Betriebs-/Dienstvereinbarung – erweitert werden kann. Auf diese Weise können betriebliche Suchthelferinnen und Suchthelfer,[68] Gleichstellungsbeauftragte sowie Gefahrstoffbeauftragte generell oder punktuell in die Arbeit integriert werden.[69] Besonders wichtig ist die Einbeziehung der kommunalen Schulträger, auf die unten noch näher einzugehen ist.
Zu bilden ist ein Arbeitsschutzausschuss nach § 11 ASiG in Betrieben mit mehr als 20 Beschäftigten. Nach § 2 Abs. 5 ArbSchG entspricht dem arbeitsschutzrechtlichen Betriebsbegriff der öffentlich-rechtliche Begriff der Dienststelle.[70] In den Bundesländern, in denen die einzelne Schule als Dienststelle qualifiziert wird und zudem der Personalrat nur für diese Schule zu wählen ist, ist danach der Arbeitsschutzausschuss auf Schulebene anzusiedeln, wenn diese Schule mehr als 20 Beschäftigte hat. In kleineren Schulen mit einer geringen Zahl von Beschäftigten könnte ein Gesundheitszirkel die passende Organisationsform darstellen.[71] Zu den Pflichten des Arbeitgebers nach § 3 ArbSchG gehört es aber auch,

---

66 Dokumentiert unter *www.gda-portal.de*.

67 Ein solches Recht ist der Schwerbehindertenvertretung durch die Novellierung des Schwerbehindertenrechts des SGB IX eingeräumt worden, *Krämer* in Feldes/Kohte/Stevens-Bartol SGB IX, 5. Aufl. 2023, § 178 Rn. 42.

68 Dazu jetzt *Faber*, Gute Arbeit 9/2023, 8ff.

69 *Anzinger/Bieneck*, Kommentar zum ASiG, § 11 Rn. 18; *Wank*, TAS, § 11 ASiG Rn. 6; *Kohte* in HaKo-ArbSchR, 2023, § 11 ASiG Rn. 12ff.

70 Die Definition in § 2 Abs. 5 ArbSchG lehnt sich weitgehend an die personalvertretungsrechtliche Legaldefinition des § 6 BPersVG an, dazu auch *Kohte* in Kollmer/Klindt/Schucht, ArbSchG, 2021, § 2 Rn. 149.

71 Zum Mitbestimmungsrecht des Personalrats bei der Bildung eines Gesundheitszirkels *VG Berlin*, PersR 2007, 43.

sicherzustellen dass solche Kommunikations- und Kooperationsforen funktionsgerecht und effektiv arbeiten können. In denjenigen Bundesländern, in denen bisher ein Arbeitsschutzausschuss erstmals auf der Ebene einer Bezirksregierung gebildet wird, ist im Interesse einer effektiv koordinierenden Funktion des Arbeitsschutzausschusses auch die Bildung von – in der Regel zusätzlichen – Stadt- oder Kreisarbeitsschutzausschüssen als weitere Maßnahme des Gesundheitsschutzes denkbar. Diese wären dann mit dem Personalrat zu vereinbaren.[72] Unterstützend ist zu beachten, dass in der heutigen wissenschaftlichen Diskussion eine vertragsrechtliche Einigung über zusätzliche bzw. alternative Regelungen eines Arbeitsschutzausschusses auf anderen Ebenen diskutiert und befürwortet wird.[73]

Im Kontext mit der Orientierung an überbetrieblichen Diensten und der Zentralisierung des Arbeitsschutzes bei den Ministerien oder den jeweiligen Mittelbehörden ist es weitgehend üblich, dass ein Arbeitsschutzausschuss in der Regel zentral gebildet wird. Kennzeichnend ist hier die Situation in Nordrhein-Westfalen; hier wird für die verschiedenen Schularten ein gemeinsamer Arbeitsschutzausschuss auf der Ebene des Ministeriums gebildet, in dem die verschiedenen Hauptpersonalräte und Hauptschwerbehindertenvertretungen sowie das Ministerium vertreten sind. In Baden-Württemberg, Rheinland-Pfalz und Sachsen wird der Arbeitsschutzausschuss ebenfalls zentral gebildet. Eine spezifische Zentralisierung erfolgt in den Stadtstaaten Bremen und Hamburg. In Bremen ist für das gesamte Bundesland ein einziger Arbeitsschutzausschuss gebildet worden; in Hamburg ist ein zentraler Arbeitsschutzausschuss bei der Senatsverwaltung eingerichtet worden. Initiativen der Personalräte zu einer Dezentralisierung der Arbeitsschutzausschüsse sind bisher nicht erfolgreich gewesen.

Dies kollidiert deutlich mit dem Leitbild des Arbeitsschutzausschusses nach § 11 ASiG, der grundsätzlich auf der Ebene des Betriebs eingerichtet werden soll. § 16 ASiG ermöglicht hier eine gewisse Modifikation In solchen Bundesländern wie Sachsen-Anhalt, in denen die jeweilige Schule als Dienststelle/Betrieb gilt, würde eine solche Orientierung dazu führen, dass in einer Reihe von Schulen mit weniger als 20 Beschäftigten kein Arbeitsschutzausschuss eingerichtet würde. In anderen Schulen würden sich hier Probleme hinsichtlich der Professionalität der Arbeit ergeben. Aus unserer Sicht ermöglicht § 16 ASiG hier Vereinbarungen mit den

72 *Faber*, Grundpflichten, S. 337 m. w. N.

73 *Anzinger/Bieneck*, ASiG, § 11 Rn. 12; *Pieper*, ArbSchR, 7. Aufl. 2021, ASiG Rn. 137.

Personalräten, einen Arbeitsschutzausschuss zum Beispiel auf der Ebene der Schulen eines Landkreises einzurichten. Ein mögliches Vorbild bietet die Struktur in Niedersachsen, in dem örtliche und regionale Arbeitsschutzausschüsse sowie ein Ausschuss auf Landesebene gebildet werden. Da es sich hierbei um eine Strukturfrage handelt, besteht auch dafür ein Mitbestimmungsrecht der jeweils in Betracht kommenden Personalräte.
Eine deutliche Aufwertung kommunikativer Strukturen erfolgte in einigen Bundesländern und vor allem in einer Reihe von Unternehmen während der Covid-19-Pandemie. Hier wurden zusätzliche Krisenstäbe gebildet. Funktional konnten diese als Entscheidungsgremien der jeweiligen Arbeitgeber fungieren und einzelne Aufgaben übernehmen.[74] In der Mehrzahl der Fälle handelte es sich bei den Krisenstäben jedoch um Beratungsgremien, sodass sie in der juristischen Diskussion zutreffend als »Unterausschuss des Arbeitsschutzausschusses« qualifiziert worden sind.[75] Folgerichtig müssten somit auch die partizipativen Strukturen des Arbeitsschutzausschusses für solche Krisenstäbe gelten. In ca. 70 % der Betriebe und Dienststellen wurden auch Betriebs- und Personalräte an Krisenstäben beteiligt. Die Schwerbehindertenvertretung wurde allerdings in weniger als 50 % der Fälle hinzugezogen. In jedem Fall konnte aber konstatiert werden, dass eine Beteiligung der Interessenvertretungen an solchen Gremien während der Covid-19-Pandemie zu einer qualitativen Verbesserung und Intensivierung der Arbeitsschutzmaßnahmen geführt hatte.[76]
Insgesamt ist festzuhalten, dass nach dem bisherigen Model in der Mehrzahl der Bundesländer die zentralistisch orientierten Arbeitsschutzausschüsse nicht hinreichend in der Lage sind, die Kommunikations- und Kooperationsfunktion wahrzunehmen, die ihnen nach § 11 ASiG zukommen sollen.[77]

3. Organisationspflichten nach § 3 Abs. 2 ArbSchG

Die bisher dargestellten organisatorischen Aspekte bezogen sich auf spezifische Unterstützungsstrukturen für die Realisierung eines wirkungsvollen Arbeits- und Gesundheitsschutzes. Hierin erschöpfen sich die

---

74 *Kohte* in HK-ArbSchR, 2023, ArbSchG, § 13 Rn. 21a.

75 Dazu *Rabe-Rosendahl/Liebsch*, ARP 2021, 310, 312.

76 *Ketzmerick*, Fachbeitrag B1 Reha-Recht 2023 Nr. 1; *Kohte* u. a., Arbeits- und Infektionsschutz für Risikogruppen, ZSR 2023, 359 ff.

77 Zur Funktion des Arbeitsschutzausschusses als Forum zur »Aktivierung örtlichen Sachverstandes« vgl. jüngst grundlegend und ausführlich *BVerwG* vom 1. 2. 2024 – 8 C 4.23.

organisatorischen Verpflichtungen des Arbeitgebers/Dienstherrn aber nicht. Er hat außerdem nach Maßgabe des § 3 Abs. 2 ArbSchG die verschiedenen organisationsstrukturellen Elemente selbst durch organisatorische Maßnahmen aufeinander und mit der sonstigen Betriebs-/Dienststellenorganisation abzustimmen.

Darüber hinaus verlangt § 3 Abs. 2 ArbSchG zu gewährleisten, dass die Planung, Festlegung und Durchführung der Sachmaßnahmen des Arbeitsschutzes (z. B. Maßnahmen zur Lärmminderung – Lärmampel –, Wartung und Instandhaltung von elektrischen Lehr-/Betriebsmitteln, Hygiene in Sanitärräumen, Funktionsfähigkeit von Fluchtwegen) und die Erfüllung der arbeitsschutzrechtlichen Verfahrensvorgaben (Prozesse, wie die Gefährdungsbeurteilung, Unterweisung, Notfallübungen) mithilfe organisatorischer Vorkehrungen sichergestellt werden. Die allgemeine arbeitsschutzrechtliche Organisationspflicht des § 3 Abs. 2 ArbSchG bezweckt dabei, den besonderen Risiken arbeitsteiligen Handelns Rechnung zu tragen. Der Arbeitgeber/Dienstherr als Normadressat des Arbeitsschutzrechts wird verpflichtet, die Zusammenarbeit und Abstimmung bei der Erfüllung von arbeitsschutzrechtlichen Pflichten in geeigneter Weise zu regeln, soweit er die an ihn adressierten Pflichten nicht selbst erfüllen kann oder will.[78] Ziel ist damit die lückenlose Übertragung und Verteilung der arbeitsschutzrechtlichen Verpflichtungen in arbeitsteilig operierenden Organisationen. Es geht somit darum, eine organisierte Verantwortungslosigkeit effektiv zu verhindern, indem in transparenter Form geregelt wird, welche Personengruppen und Funktionsträger spezifische Arbeitsschutzpflichten zu übernehmen haben.[79]

Zu den wesentlichen Organisationspflichten des heutigen Arbeitsschutzrechts gehört die Erstellung eines Arbeitsplans für den Einsatz der Arbeitssicherheitsorganisation und der Abstimmung mit den Tätigkeiten der jeweiligen Dienststelle. In der DGUV Vorschrift 2 wird nach § 2 Abs. 3 verlangt, dass für jeden Betrieb und jede Dienststelle die Grundbetreuung verteilt sowie die betriebsspezifische Betreuung beraten und geklärt wird. Auf diese Weise wird sichergestellt, dass die Routineaufgaben regelmäßig erfüllt werden und dass im Übrigen betriebsspezifische Schwerpunkte gesetzt werden können.[80] Angesichts dieser zentralen Rolle eines solchen Arbeitsplans ist inzwischen mehrfach entschieden worden, dass ein sol-

---

78 Zu weiteren Einzelheiten vgl. *Kohte* in Kollmer/Klindt/Schucht (Hrsg.), ArbSchG, 2021 § 3 Rn. 46ff.

79 Anschaulich *BAG* vom 18.3.2014 – 1 ABR 73/12, AuR 2014, 162; vgl. *Blume/Faber* in HaKo-ArbSchR, 2023, § 3 ArbSchG Rn. 75ff.

80 *Faber* in HK-ArbSchR, ASiG, § 14 Rn. 11f.

cher Arbeitsplan dem Mitbestimmungsrecht der jeweiligen Personalräte im Gesundheitsschutz zuzuordnen ist, sodass in der Dienststelle über die Prioritäten, die Schwerpunkte und die quantitative Arbeitsverteilung zu beraten und zu entscheiden ist.[81] Eine solche Mitbestimmung ist bisher allerdings nicht in allen Bundesländern üblich.
Wichtig zu sehen ist, dass der Arbeitgeber/Dienstherr durch die Übertragung von arbeitsschutzrechtlichen Pflichten nicht aus seiner rechtlichen Verantwortung für die Sicherheit und Gesundheit der Beschäftigten entlassen wird. Es ändert sich lediglich der Inhalt seiner Verantwortung: Trägt er ursprünglich die umfassende »Durchführungsverantwortung« für die an ihn adressierten Pflichten, wandelt sich diese Verantwortung in eine Verpflichtung, nur Aufgaben an geeignete Personen zu übertragen, diese mit den für die Pflichtenwahrnehmung erforderlichen Befugnissen, und mit den organisatorischen, fachlichen und finanziellen Ressourcen auszustatten sowie deren Tätigkeit in geeigneter Weise im Sinne einer Oberaufsicht zu überwachen und zu evaluieren,[82] sodass zeitnah aus den Erfahrungen Konsequenzen gezogen und die bisherige Organisation neu justiert werden können.
Diese vor allem im Haftungsrecht entwickelten allgemeinen Grundsätze[83] sind für das staatliche Arbeitsschutzrecht seit dem Jahr 1996 durch § 13 ArbSchG verdeutlicht worden. Danach sind *neben* dem Arbeitgeber (d. h. der Anstellungskörperschaft – Land, Stadt –) vor allem folgende Personengruppen rechtlich für die Erfüllung der sich aus dem Arbeitsschutzgesetz ergebenden Pflichten verantwortlich:

- Das vertretungsberechtigte Organ einer juristischen Person (§ 13 Abs. 1 Nr. 2 ArbSchG);
- Personen, die mit der Leitung eines Unternehmens oder eines Betriebs beauftragt sind, im Rahmen der ihnen übertragenen Aufgaben und Befugnisse (§ 13 Abs. 1 Nr. 4 ArbSchG);
- sonstige zuverlässige und fachkundige Personen, die schriftlich damit beauftragt worden sind, Aufgaben des Arbeitgebers nach dem Arbeitsschutzgesetz in eigener Verantwortung wahrzunehmen (§ 13 Abs. 1 Nr. 5 ArbSchG i. V. m. § 13 Abs. 2 ArbSchG).

---

81 *VG Düsseldorf* vom 24. 10. 2014 – 34 K 5306/13.PVL und *OVG Münster* vom 4. 3. 2016 – 20 A 2364/14.PVL, PersR 10/2016, 52 m. Anm. *Kiesche;* vgl. *Graue* in HaKo-ArbSchR, § 16 ASiG Rn. 28 und *Nitsche* in HaKo-ArbSchR, 2023, BPersVR, Rn. 63.

82 *Kohte* in Kollmer/Klindt/Schucht (Hrsg.), ArbSchG, 2021, § 3 Rn. 49 f.; *Wilrich*, DB 2009, 1294, 1295.

83 Hierzu im Detail *Faber*, Die arbeitsschutzrechtlichen Grundpflichten, S. 222 ff.; vgl. auch *Zimolong/Kohte*, Integrativer und kooperativer Arbeitsschutz, S. 72 ff.

§§ 3, 13 ArbSchG sind damit die entscheidenden Normen, um die rechtliche Verantwortung für die Sicherheit und Gesundheit des Lehrpersonals in Schulen konkret festzumachen. Es ergibt sich im Kern folgende Verteilung der Verantwortung: Die Schulverwaltungsspitze (Ministerin/Minister, Senatorin/Senator) trägt eine nicht »wegdelegierbare« Verantwortung für die Sicherheit und Gesundheit der bei ihr beschäftigten Lehrkräfte. Sie hat die Oberaufsicht zu führen und in diesem Rahmen, z. B. durch Weisung und Qualifizierung dafür zu sorgen, dass die Pflichten aus dem Arbeitsschutzgesetz und den Rechtsverordnungen von geeigneten Personen verantwortlich wahrgenommen werden. § 3 Abs. 2 Nr. 2 ArbSchG verlangt daher, dass der Arbeitsschutz bei »allen Tätigkeiten« beachtet wird. Das ist im ArbSchG ungenau formuliert. Die RL 89/391/EWG verlangt dagegen in Art. 6 Abs. 3a wesentlich genauer, dass der Arbeitsschutz »at all hierarchical levels« zu beachten ist,[84] sodass die Grundsatzentscheidungen bereits auf der Ebene des jeweiligen Ministeriums/Senats zu treffen sind und bei den jeweiligen Entscheidungen – bspw. zur Arbeitszeit, Klassengröße und Fortbildungskonzeption – immer auch die Implikation des Arbeits- und Gesundheitsschutzes berücksichtigt werden müssen.[85]
Vor Ort in den einzelnen Schulen wäre die Schulleiterin oder der Schulleiter ohne spezielle Beauftragung verantwortlich für die Umsetzung des Arbeits- und Gesundheitsschutzes, sofern sie als Dienststellenleitung im arbeitsschutzrechtlichen Sinne zu qualifizieren sind. Die Schulleitung kann jedoch nicht pauschal als verantwortlich für den Arbeits- und Gesundheitsschutz vor Ort eingestuft werden (»geborene Verantwortliche«).[86] Ihre Verantwortung kann – wie der Wortlaut von §§ 13 Abs. 1 Nr. 4 und 5 ArbSchG deutlich zeigt[87] – nur so weit gehen, wie ihre Befugnisse und die zur Verfügung gestellten materiellen und personellen Ressourcen reichen. Verantwortung kann damit also nur für Gegenstandsbereiche bestehen, auf die die Schulleitung konkret gestaltend Einfluss nehmen kann. Vor diesem Hintergrund führt die Diskussion um geborene und gekorene Verantwortliche in die Sackgasse. Entscheidend ist, ob und ggf. welche Ressourcen und Befugnisse im Einzelfall zur Verfügung stehen.
In jedem Fall ist die Schulleitung für den Arbeits- und Gesundheitsschutz adäquat zu qualifizieren, sodass sie die erforderliche Fachkunde erwerben

84 *Kohte* in Kollmer/Klindt/Schucht (Hrsg.), 2021, ArbSchG § 3 Rn. 60.
85 Dazu auch *Faber*, Grundpflichten, S. 339 f.
86 *OVG Berlin* vom 27. 3. 2001 – 60 PV 8.00 = PersR 2002, 251 f.
87 *Klindt* in Kollmer/Klindt/Schucht (Hrsg.), ArbSchG, § 13 Rn. 65 ff.; *BVerwG* vom 23. 6. 2016 – 2 C 18/15, ZTR 2016, 667.

kann – und sie sich nicht schwer überschaubaren Haftungsrisiken ausgesetzt sieht. Andernfalls muss zusätzlich nach Maßgabe von § 13 Abs. 2 ArbSchG eine weitere Person schriftlich mit der Wahrnehmung konkreter und spezifischer betrieblicher Arbeits- und Gesundheitsschutzverantwortung beauftragt und diese mit den erforderlichen Befugnissen sowie materiellen und zeitlichen Ressourcen ausgestattet werden. Die von den Unfallkassen empfohlene Organisationsform der Arbeitsschutzkoordinatorinnen- und Koordinatoren[88] kann hier zur Geltung kommen.

III. Arbeitsschutz als Prozess – Die Verfahren und Instrumente des Arbeitsschutzrechts

Im Gegensatz zum »klassischen« deutschen Arbeitsschutzrecht finden sich im Arbeitsschutzgesetz wie auch in den Verordnungen nach § 18 ArbSchG[89] keine detaillierten technischen oder personenbezogenen Verhaltensvorgaben. Das ist Ausdruck eines bewusst gewählten Regulierungskonzepts, das zugleich einen Paradigmenwechsel markiert.

1. Grundlagen

Das klassische Arbeitsschutzrecht war zu Beginn Polizei- und Ordnungsrecht, dessen gesetzgeberisches Leitbild dadurch bestimmt war, Eingriffe (in die Grundrechte der rechtsunterworfenen Bürgerinnen und Bürger) durch präzise und so eng wie möglich gefasste Vorgaben zu minimieren. Dieser Regulierungsansatz ist im europäischen Arbeitsschutzrecht nicht übernommen worden, da er sich als zu statisch erwiesen hat. Angesichts der sich permanent ändernden Arbeitswelt (z. B. neue technologische oder organisatorische Konzepte) und der sehr unterschiedlichen Arbeitsbedingungen in den verschiedenen Branchen und Bereichen der Arbeitswelt (z. B. Gewerbe, Verwaltung, Landwirtschaft, Handel oder auch Schule) sind allzu detaillierte normative Vorgaben kaum geeignet, um einen adäquaten Schutz der Sicherheit und Gesundheit *aller* Beschäftigten zu gewährleisten.

Das moderne Arbeitsschutzrecht bevorzugt deswegen offen gehaltene Schutzziele, da sie besser geeignet sind, die Vielgestaltigkeit der Arbeitsbedingungen und neue Gefährdungslagen »einzufangen«. Diese all-

---

88 Dazu ukh-inform 2/2005 und 3/2006 S. 12 (*www.ukh.de*).

89 Z. B. ArbStättV, BetrSichV, BioStoffV, GefStoffV, ArbMedVV.

gemeinen Schutzziele und Prinzipien sind auf der betrieblichen Ebene zu konkretisieren, wobei sie speziell auf die Gegebenheiten im Betrieb bzw. in der Dienststelle zugeschnitten werden müssen. Die offene Regelungstechnik eröffnet den Betrieben und Dienststellen Gestaltungsspielräume. Diese geben den Betrieben aber keine Vollmacht, den – im Übrigen auch grundrechtlich geforderten – wirksamen Schutz der Beschäftigten nach freiem Belieben oder anhand willkürlich herangezogener Maxime zu regeln. Das Gegenteil ist der Fall, was allerdings bisweilen in der z. T. aufgeregten Debatte um eine Deregulierung und Entbürokratisierung des betrieblichen Arbeits- und Gesundheitsschutzes übersehen wird.[90] Neu für das deutsche Recht ist nämlich, dass das europäische Recht von Beginn an für die tägliche Arbeit im Arbeits- und Gesundheitsschutz bestimmte Verfahrensregeln vorsieht.
Im Arbeitsschutzgesetz wird deswegen vor dem Hintergrund dieser unionsrechtlichen Vorgaben bewusst eine Abfolge von Verfahrensschritten geregelt. Zu nennen sind hier folgende gesetzlich in den §§ 3ff. ArbSchG vorgesehenen Prozesse:

- Gefährdungen beurteilen (§ 5 ArbSchG);
- (technische, organisatorische, personenbezogene) Maßnahmen planen und treffen (§ 3 Abs. 1, 2 ArbSchG);
- Maßnahmen durchführen (§ 3 Abs. 2 ArbSchG);
- Wirksamkeit der Maßnahmen überprüfen (§ 3 Abs. 1 ArbSchG);
- Wiederholung der vorstehenden Schritte: An die Stelle defizitärer Maßnahmen sind hinreichend wirksame Maßnahmen zu setzen; im Übrigen gilt es, die Sicherheit und Gesundheit der Beschäftigten zu optimieren (§§ 3 Abs. 1, 5 ArbSchG).

Die Umsetzung dieser aus dem Qualitätsmanagement bekannten und bewährten Prozesse soll dazu beitragen, systematisch eine Schutzkonzeption zu verankern, die punktgenau an den Notwendigkeiten des konkreten Betriebes bzw. der konkreten Dienststelle anknüpft. Das erfordert es, sich dauerhaft und – intensiver als in der Vergangenheit – vor Ort mit Fragen der Sicherheit und Gesundheit im Betrieb/in der Dienststelle auseinanderzusetzen.[91] Es werden die Prozesse in den Vordergrund gestellt, die Sicherheit und Gesundheit herstellen.[92] Ein auch rechtlich unverzichtbares Element ist nach Art. 11 der RL 89/391/EWG in diesem für

90 Dazu mit Blick auf die 2005 erfolgte, inzwischen korrigierte Novellierung des Arbeitsstättenrechts *Kohte/Faber*, DB 2005, 224ff.

91 So zutreffend mit Blick auf das Arbeitsstättenrecht *Deden*, s.i.s. 2004, 510ff. (510).

92 *Bieback/Oppolzer*, Strukturwandel des Arbeitsschutzes, S. 7ff. (10).

das deutsche Recht maßgeblichen europäischen Konzept die Beteiligung der Beschäftigten und ihrer Interessenvertretungen. Partizipation ist nicht nur sinnvoll, um das Erfahrungswissen der Beschäftigten nutzen zu können. Sie ist vor allem auch das gebotene Korrektiv, um der Gefahr zu begegnen, dass der Arbeitgeber die bewusst eingeräumten Gestaltungsspielräume einseitig im Sinne seiner eigenen Interessen ausschöpft. Das ist nicht die Formulierung eines »Generalverdachts« gegenüber Arbeitgebern, es ist vielmehr Ausdruck eines Rollenkonflikts. Anders als eine neutrale Behörde ist der Arbeitgeber selbst gewissermaßen Partei, denn ungeachtet des möglichen Nutzens schränkt das Arbeitsschutzrecht seinen Gestaltungsspielraum bei der Verwirklichung seiner Unternehmensziele ein und verursacht Kosten. Mit den Betriebs- und Personalräten stehen dem Arbeitgeber legitimierte Interessenvertreter und Verhandlungspartner gegenüber, sodass eine gewissermaßen »treuhänderische« Wahrnehmung der rechtlichen Interessen der Arbeitnehmerschaft durch den »fürsorglichen« Dienstherrn schon deswegen nicht angezeigt ist. Beteiligung und Mitbestimmung sind deswegen im modernen Arbeitsschutz keine reinen Förmlichkeiten, sondern Ausdruck rechtlich gebotener »Fairness«. Die Umsetzung von Art. 11 der RL 89/391/EWG hat vor diesem Hintergrund in einigen Mitgliedsstaaten eine Verbesserung der Partizipation bewirkt.[93] Empirische Untersuchungen belegen, dass sich die im Gesundheitsschutz erfolgreichen Betriebe von den nicht erfolgreichen gerade durch die bessere Partizipation unterscheiden.[94]

Es ist somit nicht nur arbeitsschutzrechtlich, sondern auch mit Blick auf einen erfolgreichen Arbeits- und Gesundheitsschutz geboten, dass Arbeitgeber und Interessenvertretungen erkennen, dass das heutige Arbeitsschutzrechts gestaltungsoffen ist. Der Gesetzgeber hat so bewusst die Grundlagen für eine Kooperation auf Augenhöhe geschaffen. Wenn das Gesetz Gestaltungsspielräume belässt, ist Mitbestimmung möglich. Soweit es um die schlichte und alternativlose Umsetzung von eindeutigen »Gesetzesbefehlen« geht, verbleibt für die Betriebsparteien kein Spielraum für Mitbestimmung. Solche deterministisch strukturierten Anordnungen sind jedoch für das heutige Arbeitsschutzrecht die Ausnahme.[95]

93 Dazu *Haas*, Die Partizipation der Beschäftigten im Arbeitsschutzrecht, 2017, S. 120ff.; *Ritschel*, Arbeitnehmerpartizipation im Arbeitsschutz, 2022, S. 213ff.; EAS/*Kohte*, B 6100, 2023, Rn. 119.

94 *Zimolong* (Hrsg.), Management des Arbeits- und Gesundheitsschutzes, 2001, S. 76ff.; 242ff.

95 *Kohte/Faber*, DB 2005, 224, 230.

2. Die Gefährdungsbeurteilung als Basis für eine Arbeitsschutzpolitik, die an den realen Sicherheits- und Gesundheitsproblemen anknüpft

Die Gefährdungsbeurteilung, die in Art. 6 Abs. 3 der RL 89/391/EWG an der Spitze der konkreten Arbeitgeberpflichten steht, ist in der Literatur zum Arbeitsschutzgesetz als wichtigstes Element des neuen Rechts bezeichnet worden.[96] Der Europäische Gerichtshof hat in einer der ersten Grundsatzentscheidungen den umfassenden Stellenwert der Gefährdungsbeurteilung für alle Arbeitsplätze hervorgehoben.[97] Empirische Erhebungen haben ergeben, dass die Umsetzung auch 25 Jahre nach Inkrafttreten des Arbeitsschutzgesetzes höchst defizitär ist[98] – sei es, dass Gefährdungsbeurteilungen überhaupt nicht vorgenommen werden, sei es, dass sie inhaltlich unzureichend sind.[99] Die oben dargestellten Kurzberichte fügen sich in das allgemeine Bild ein. Für Arbeitgeber, Fachkräfte und Interessenvertretungen sollte die korrekte Umsetzung dieser Arbeitgeberpflicht (§ 5 ArbSchG) hohes Gewicht haben, da gute und sinnhaft durchgeführte Gefährdungsbeurteilungen nicht nur die Sachargumente für guten und wirksamen Arbeits- und Gesundheitsschutz liefern, sondern auch als partizipatives und mobilisierendes Verfahren unverzichtbar sind.

a) Gesetzliche Anforderungen an die Gefährdungsbeurteilung und ihre Funktion

Durch § 5 ArbSchG wird der Arbeitgeber in Umsetzung der EU-Rahmenrichtlinie-Arbeitsschutz verpflichtet, »durch eine Beurteilung der für die Beschäftigten mit ihrer Arbeit verbundenen Gefährdungen zu ermitteln, welche Maßnahmen des Arbeitsschutzes erforderlich sind«. Gefährdungsbeurteilungen sind nach dem klaren Wortlaut des § 5 ArbSchG also nicht formaler oder gar bürokratischer Selbstzweck, sondern mit einem klaren Handlungsauftrag versehen. Sie sind das zentrale Steuerungsinstrument für eine systematische und ganzheitliche Gestaltung der Arbeitsumwelt. Die Funktion der Gefährdungsbeurteilung als Steuerungsinstrument beschränkt sich dabei nicht nur auf die – erstmalige – Fest-

---

96 *Wlotzke*, FS Däubler, 1999, S. 654, 661.

97 *EuGH* vom 15.11.2001 – C 49/00 (Kommission ./. Italien), Slg. 2001, I-8575ff.

98 *Sommer*, Warum führen Betriebe keine Gefährdungsbeurteilungen durch? sis 2019, 164ff.

99 Dazu *Fischer*, Die Implementation des Arbeitsschutzgesetzes– Diss. Wuppertal 2004, S. 155ff.; *Faber*, Die arbeitsschutzrechtlichen Grundpflichten, S. 101, Fn. 102; *Kohte*, Jahrbuch Gute Arbeit 2012, S. 76ff.; deutscher Abschlussbericht zur SLIC-Kampagne 2012, *http://lasi.osha.de.*

legung von Schutzmaßnahmen, sondern ist angesichts der Dynamik des wirtschaftlichen Wandels und der Entwicklung arbeitswissenschaftlicher Erkenntnisse regelmäßig zu wiederholen.[100] Sie ist daher als »Arbeitsunterlage« für alle arbeitsschutzrelevanten Prozesse von hoher Bedeutung. Die Gefährdungsbeurteilung ist vor allem die Messlatte für die Frage, ob die getroffenen Maßnahmen den erwarteten Wirkungsgrad erreichen und ob die selbstgesetzten Schutzziele erfüllt worden sind (Evaluation, »Controlling«). Das zeigt zugleich die wichtige Funktion, Gefährdungsbeurteilungen zu dokumentieren, die gesetzlich grundlegend in § 6 ArbSchG geregelt ist.[101] Die durch die Gefährdungsbeurteilung gewonnenen Erkenntnisse sollen für die weitere Arbeit nutzbar bleiben.[102] Die Dokumentation nach § 6 ArbSchG ist letztlich Voraussetzung dafür, dass Arbeitsschutz systematisch und dauerhaft betrieben werden kann. In einem Vertragsverletzungsverfahren gegen die Bundesrepublik Deutschland wegen der unvollständigen Umsetzung der Dokumentationspflicht[103] ist in den Schlussanträgen des Generalanwalts[104] gerade dieser Aspekt hervorgehoben worden. Unter Bezugnahme auf diese unionsrechtliche Lage wurde im Herbst 2013 der Text des § 6 ArbSchG korrigiert.[105]

§ 5 ArbSchG normiert kein bestimmtes Verfahren der Gefährdungsbeurteilung. Das Gesetz regelt allerdings einige Eckpunkte, denen Gefährdungsbeurteilungen genügen müssen. Diese betreffen vor allem die sachliche Reichweite der Gefährdungsbeurteilung, d. h. die Frage, welche Gefährdungsarten arbeitsschutzrechtlich von Belang sind. § 5 Abs. 3 ArbSchG geht von einem weiten Begriff der Gefährdung aus, der neben der Arbeitssicherheit auch gesundheitliche Beeinträchtigungen durch die Arbeitsumgebung und Arbeitsorganisation und psychische Belastungen durch die Arbeit im Sinne eines ganzheitlichen Ansatzes umfasst.

---

100 *BAG* vom 13. 8. 2019 – 1 ABR 6/18, NZA 2019, 1717, Rn. 63.

101 Die grundlegenden Anforderungen des § 6 ArbSchG werden für bestimmte Gefährdungen durch Arbeitsschutzverordnungen wie z. B. § 3 Abs. 8 BetrSichV, § 6 Abs. 8 GefStoffV oder § 3 Abs. 3 ArbStättV konkretisiert. Aus den genannten Konkretisierungen ergibt sich z. B., dass die erste Gefährdungsbeurteilung vor Aufnahme der Arbeitstätigkeiten zu dokumentieren ist.

102 Daneben dient die Gefährdungsbeurteilung dem Nachweis der Einhaltung des Arbeitsschutzrechts gegenüber den zuständigen Behörden; zum Ganzen vgl. *Faber* (Fn. 11), S. 102 ff.; 187 ff.; MHdB ArbR/*Nebe*, 5. Aufl. 2021, § 176 Rn. 26.

103 *EuGH* vom 7. 2. 2002 – C 5/00, NZA 2002, 321.

104 GA in *EuGH* Slg. 2002 – I, 1305, 1319; vgl. *Pieper*, ArbSchR, 5. Aufl., ArbSchG, § 6 Rn. 1, 10.

105 BGBl. 2013 I, S. 3836, 3847, dazu BT-Drs. 17/13808, S. 16 sowie *Faber/Blume* in HaKo-ArbSchR, 2014, § 6 ArbSchG Rn. 7.

Insgesamt umfasst der Arbeitsschutz heute demnach mehr als den Unfallschutz. Es sind auch die Gefährdungsquellen einzubeziehen, welche für die Gesundheit in einem umfassend verstandenen Sinne von Bedeutung sind, sodass z. B. die Arbeitszeitgestaltung und unzureichende Qualifikation als Gefährdung gerade für den Schulbereich von Bedeutung sind. Der »Gesundheitsverbrauch« resultiert hier weniger aus einer hohen Unfallgefahr als aus einer Fülle auch psychisch relevanter Belastungsfaktoren – Arbeitszeit,[106] Arbeitsdruck, dauerhafter Lärmpegel etc.

Zu beachten ist, dass die Aufzählung der Gefährdungsfaktoren in § 5 Abs. 3 ArbSchG nicht abschließend ist, sondern lediglich beispielhaft (»insbesondere«). So war schon vor der expliziten Erwähnung psychischer Belastungen in § 5 Abs. 3 Nr. 6 ArbSchG im Jahr 2013 anerkannt, dass sich Gefährdungen auch aus (psychisch belastenden) sozialen Beziehungen bei der Arbeit ergeben können.[107] Die Erfassung und Verringerung der vielen »weichen« Belastungsfaktoren, denen sich Lehrerinnen und Lehrer ausgesetzt sehen, ist somit zu einer »harten« Rechtspflicht des Arbeitgebers geworden.

Während somit die Breite des Gefährdungsspektrums durch den Gesetzgeber in § 5 Abs. 3 ArbSchG relativ präzise umrissen ist, fehlen im Gesetz für eine betriebsnahe und differenzierte Umsetzung konkrete Vorgaben an die methodische Vorgehensweise bei der jeweiligen Gefährdungsbeurteilung. Dessen ungeachtet besteht jedoch Einigkeit über die drei rechtlich gebotenen Schritte zur Umsetzung der Pflicht zur Gefährdungsbeurteilung.[108] Danach ist bei der Gefährdungsbeurteilung unter methodischen Gesichtspunkten zwischen folgenden drei Ebenen zu differenzieren:

- *Ermittlung* der tatsächlich vorhandenen *Gefährdungen*, d. h. konkret: Arbeitsplätze, Arbeitsmittel, Arbeitsumfeld und Arbeitsorganisation sind vor Ort zu inspizieren, dies ist eine wichtige Funktion regelmäßiger Betriebsbegehungen;
- *Beurteilung* der ermittelten *Gefährdungen*, d. h. Höhe des Schädigungsrisiko feststellen und Bewertung der Gefährdungen anhand der gesetzlichen Schutzziele des Arbeitsschutzrechts, insbes. des vorrangigen Gebots der Vermeidung bzw. Minimierung der Gefährdungen (z. B. § 4 ArbSchG, § 8 GefStoffV, § 3a ArbStättV, § 3 BetrSichV);
- soweit Schutzziele nicht erreicht werden, sind *Maßnahmen* zur Erreichung der Schutzziele zu *ermitteln*. In der Regel wird es mehrere Wege

106 *Nachreiner*, Der Faktor Arbeitszeit in der Gefährdungsbeurteilung, 2005, unter *www.gawo-ev.de*.
107 So z. B. durch *BAG* vom 8. 6. 2004 – 1 ABR 4/03, NZA 2005, 227.
108 Z. B. *Kreizberg* in Kollmer/Klindt/Schucht (Hrsg.), ArbSchG, 2021, § 5 Rn. 3 f.

geben, das Ziel zu erreichen (z.B. lärmgeschützte Lage eines Pausenraums oder bauliche/technische Lärmdämmungsmaßnahmen).

Mit einer guten und realitätsnahen Gefährdungsbeurteilung liegen somit belastbare Informationen über die Gefährdungen der Beschäftigten vor. Wichtig für die Mitbestimmung bei Maßnahmen des Arbeitsschutzes ist, dass durch die Gefährdungsbeurteilung Gestaltungsalternativen erkennbar werden sollen. Die Auswahl zwischen diesen Gestaltungsalternativen ist das typische Anwendungsfeld für Initiativanträge zur Umsetzung des zwingenden Arbeitsschutzrechts.

b) Gefährdungsbeurteilung im Schulbereich

Systematisches präventives Handeln setzt voraus, dass die bestehenden arbeitsbedingten Gesundheitsgefährdungen zuverlässig identifiziert werden. Es ist deswegen entscheidend, dass für die Gefährdungsbeurteilung ein »maßgeschneidertes« Instrument entwickelt bzw. ausgewählt wird, das gut geeignet ist, die bestehenden arbeitsbedingten Risiken realistisch zu erfassen und abzubilden.[109] Ein Gefährdungsbeurteilungsverfahren, das auf Hitzearbeitsplätze im Bereich der Stahlindustrie zugeschnitten ist, wird aller Voraussicht nach unsensibel für die spezifischen Gefährdungen des »Arbeitsplatzes Schule« sein. Es zählt zu den zentralen Aufgaben der Akteure des Arbeitsschutzes in Betrieb und Dienststelle, sich auf ein Instrument zur Gefährdungsbeurteilung zu verständigen, das den konkreten betrieblichen Bedürfnissen entspricht.

Es ist deswegen geboten, schulspezifische Instrumente für die Gefährdungsbeurteilung einzusetzen. Dies setzt allerdings ein hohes Maß an Fachkunde und arbeitsschutzrechtlicher Expertise voraus – vor allem, wenn das Instrument noch entwickelt bzw. erprobt werden muss. Eine solche Vorgehensweise ist besonders sinnvoll für große Arbeitgeber, wozu sicherlich auch der Schulbereich mit seiner Vielzahl an Lehrkräften gezählt werden kann. Eine wichtige Rolle bei der Instrumentenentwicklung misst der Gesetzgeber den Betriebsärztinnen/Betriebsärzten und Fachkräften für Arbeitssicherheit bei, zu deren Aufgabenbereich seit dem Jahr 1996 ausdrücklich die fachkundige Beratung bei der Gefährdungsbeurteilung zählt (§ 3 Abs. 1 Nr. 3g ASiG; § 6 Nr. 2e ASiG).

Bereits 2000 hatte der Arbeitswissenschaftler Bernd Rudow auf der Grundlage seiner Untersuchungen[110] einen Fragebogen entwickelt, der

---

109 *BAG* vom 8.6.2004 – 1 ABR 13/03 = DB 2004, 2274ff.; *Kohte*, Anmerkung zu *LAG Hamburg* vom 27.3.2003 – 7 TaBV 5/02, LAGE, BetrVG 1972 – Gesundheitsschutz Nr. 1.

110 Dazu *Jenter*, FS Kohte, 2016, S. 475, 479f.

2001 vom Bundesverband der Unfallkassen anerkannt wurde, um psychomentale und psychosoziale Belastungen zu erfassen; er wurde auch in der gesetzlichen Unfallversicherung (GUV 50.11.60) zur Benutzung im Rahmen der Gefährdungsbeurteilung für den Lehrerarbeitsplatz nach § 5 ArbSchG empfohlen. Der Versuch, Rudows Fragebogen im Rahmen der Gefährdungsbeurteilung in Schulen bundeseinheitlich einzusetzen, scheiterte damals am Veto der Kultusminister; die Mehrzahl verharrte in einfacher Negation und verzichtete auf eigene Festlegungen. In der Regel wurde es in Verkennung der Organisationspflichten nach §§ 3, 5 ArbSchG den einzelnen betriebsärztlichen und sicherheitstechnischen Diensten überlassen, ob und wie sie die Gefährdungsbeurteilungen vornahmen.

Diese Praxis bleibt hinter den damaligen und heutigen arbeitswissenschaftlichen Erkenntnissen zurück. Es gibt mittlerweile zahlreiche tätigkeits- und branchenspezifische Instrumente, die bspw. von Berufsgenossenschaften, Unfallkassen und sonstigen Institutionen zur Verfügung gestellt werden. Inzwischen enthält die Branchenregel Schule eigenständige Abschnitte zu typischen Gefährdungen in der Gestaltung der Unterrichtsräume sowie bei Tätigkeiten mit Gefahr- und Biostoffen. Einen ähnlichen Schwerpunkt hat die »Richtlinie für Sicherheit im Unterricht« (RiSU), die als Empfehlung der KMK nach zehnjähriger Überarbeitung am 21.9.2023 veröffentlicht worden ist.[111] Sie nennt zwar allgemein die Pflicht zur Gefährdungsbeurteilung, konzentriert sich aber auf den Umgang mit Gefahr- und Biostoffen; die psychische Belastung der Lehrkräfte, ohne die eine Gefährdungsbeurteilung gemäß § 5 Abs. 3 Nr. 6 ArbSchG nicht ordnungsgemäß ist, fehlt hier vollständig.

Möglich ist es auch, nur einzelne Elemente dieser Instrumente zu übernehmen, Verfahren zu kombinieren oder Ergänzungen und Modifizierungen, die für notwendig erachtet werden, vorzunehmen. Wenn in einigen Bundesländern spezifische Instrumente zur Erfassung und Messung psychischer Belastungen diskutiert, entwickelt und erprobt werden, ist dies ein rechtlich plausibler Weg, den Pflichten aus § 5 ArbSchG angemessen gerecht zu werden. Für den Schulbereich können beispielhaft folgende Instrumente genannt werden, die sich aus den öffentlich zugänglichen Informationen der verschiedenen Bundesländer ergeben. Sie sind hinreichend erprobt, sodass es fachlich kein Argument gibt, diese Gefährdungsbeurteilung vor sich herzuschieben:

- BAAM (Nordrhein-Westfalen), *www.bit-bochum.de*
- bugis (Niedersachsen), *www.arbeitsschutz.nibis.de*

111 *www.kmk.org.*

- Erfassungsinstrument COPSOQ, *www.ffas.de*[112]
- »Belastungen am Arbeitsplatz Schule« – Modifizierte bugis-Checkliste (Frankfurt), *www.schuleundgesundheit.de/werkzeuge*
- Fragebogen zur Arbeitssituation an Schulen (FASS), *www.schuleund gesundheit.de/werkzeuge*
- AVEM (Arbeitsbezogene Erlebnis- und Verhaltensmuster), *www. arbeitsschutz. nibis.de*
- DIpF-Verfahren – Fragebogen zur Belastungsanalyse (BeLA), *http:// schule undgesundheit.de/werkzeuge*
- Checkliste Sicherheitstechnik (Unfallkasse Sachsen), *www.unfallkasse sachsen.de*
- Raumkataster-Listen (Niedersachsen), *www.arbeitsschutz.nibis.de*

Die beispielhaft angeführten Verfahren sind unterschiedlich detailliert und betreffen z. T. nur bestimmte Aspekte des Gefährdungsspektrums des § 5 Abs. 3 ArbSchG. Andere, wie z. B. der Fragebogen COPSOQ, der von der Freiburger Forschungsstelle für Arbeitswissenschaft[113] schulbezogen konkretisiert worden ist, sind inzwischen bei mehr als 50 000 Beschäftigten an den Schulen eingesetzt worden. Auch in NRW ist das Instrument COPSOQ inzwischen übernommen und eingesetzt worden. In Niedersachsen ist der Leitfaden bugis mehrfach, zuletzt 2019, auf der Basis der bisherigen Erfahrungen überarbeitet und aktualisiert worden. Dieser Leitfaden ist daher arbeitswissenschaftlich gut geeignet, doch fehlt es den Schulleitungen an Hilfestellung bei der Auswertung und der Entwicklung von Maßnahmen.

Dies verweist auf einen wichtigen Aspekt: Die Pflicht zur Gefährdungsbeurteilung besteht seit weit mehr als 25 Jahren und ist bis heute weder quantitativ noch qualitativ ausreichend realisiert und umgesetzt. Diese Umsetzung kann daher nicht aufgeschoben werden, bis ein in jeder Hinsicht perfektes und ausgereiftes Produkt zur Gefährdungsbeurteilung in der Schule vorliegt. Elementare Gefährdungen sind in jeder Schule in einem überschaubaren Zeitraum zu ermitteln; im Übrigen kann es sachgerecht sein, bei der Gefährdungsbeurteilung gestuft vorzugehen und kurzfristig in Grobanalysen[114] mögliche Gefährdungsschwerpunkte zu ermitteln, die dann durch vertiefte und verfeinerte Analysen konkreter auf spezifische Gefährdungen untersucht werden. Auf diese Weise lässt

112 *Nübling u. a.*, Methoden zur Erfassung psychischer Belastungen, Bremerhaven, 2005; *Nübling/ Stößel/Michaelis*, Fehlzeiten-Report 2009, S. 253 ff.; *Nübling/Lincke*, Gute Arbeit 4/2013, 11 ff.

113 *www.ffaw.de.*

114 Zur Unterscheidung von Grob- und Feinanalysen: *Blume/Faber* in HaKo-ArbSchR, 2023, § 5 ArbSchG Rn. 58 ff.

sich relativ leicht und pragmatisch ein schneller Überblick gewinnen, der vor allem für die Vereinbarung von Prioritäten und vertiefenden Analysen hilfreich ist.
Es kann die Akzeptanz für die Daueraufgabe »Arbeits- und Gesundheitsschutz« erhöhen, wenn sich der Aufwand an der Wichtigkeit der Gefährdungen orientiert und nicht anhand perfekt erscheinender Checklisten auch unproblematische Aspekte bis ins Detail untersucht werden. Gerade für die Ermittlung psychischer Belastungen ist ein solches Stufenkonzept von Bedeutung, denn in den meisten Fällen werden diese Belastungen bis heute faktisch ausgeklammert. Das ist jedoch sachwidrig und mit dem durch den Europäischen Gerichtshof hinreichend geklärten Gesundheitsbegriff des Unionsrechts und mit der Klarstellung in § 5 Abs. 3 Nr. 6 ArbSchG nicht vereinbar. Die Arbeitswissenschaft stellt heute verschiedene geeignete Verfahren[115] für Grobanalysen zur Verfügung, mit denen auch kurzfristig begonnen werden kann.

3. Maßnahmen auf Grundlage der Gefährdungsbeurteilung planen und treffen (§ 3 Abs. 1 ArbSchG)

Die Gefährdungsbeurteilung ist nur ein – wenn auch sehr wichtiges – Element der vom Arbeitgeber nach dem Arbeitsschutzgesetz einzuhaltenden Prozesskette. Das Gesetz unterscheidet in § 3 Abs. 1 und 2 und § 5 Abs. 1 ArbSchG deutlich zwischen dem Element »Ermitteln« von Maßnahmen anhand der Gefährdungsbeurteilung und dem Element »Planen und Treffen« der erforderlichen Maßnahmen des Arbeitsschutzes. Gerade mit Blick auf die für die Mitbestimmung wichtige Frage von Gestaltungsalternativen ist es wichtig, zwischen beiden Verfahrensschritten zu differenzieren. Gegenstand der Gefährdungsbeurteilung ist die Identifizierung von betrieblichen Gefährdungen, Schutzzielen und Maßnahmen, um diese Schutzziele zu erreichen. Sie schafft eine Entscheidungsgrundlage, um die Gefährdungen und Schutzziele hinsichtlich ihrer Dringlichkeit und Wichtigkeit bewerten zu können und sie zeigt ggf. alternative Vorgehensweisen und damit Gestaltungsspielräume auf, um betriebliche Schutzziele zu verwirklichen.

115 Einen Überblick bieten z. B. die Werkzeuge auf der Website *www.schuleundgesundheit.hessen.de* und die Materialien in BAuA (Hrsg.), Gefährdungsbeurteilung psychischer Belastung – Erfahrungen und Empfehlungen, 2014, sowie der IAG-Report 1/2013, Gefährdungsbeurteilung psychischer Belastungen – Tipps zum Einstieg.

Mit dem Prozessschritt »Maßnahmen planen und treffen« wird geregelt, welche Maßnahmen mit welcher Priorität zu treffen sind. Der Begriff des »Planens« steht dabei juristisch für eine vorausschauende Handlungsweise, durch die Ziele und Maßnahmen vor allem im Hinblick auf ihre Bedeutung und Priorität gewichtet und abgestimmt werden.[116] Aus der Planungspflicht folgt vor allem, dass es nicht ausreicht, isolierte Einzelmaßnahmen zu treffen. Verlangt wird die Einigung über ein Gesamtkonzept, das alle Gefährdungen erfasst.[117] Dabei ist die Entscheidungsfreiheit natürlich begrenzt, wenn es um die Abwehr unmittelbarer Gefahren für Leib und Leben geht. Sie sind unverzüglich, »ohne Wenn und Aber«, zu beseitigen.

Im Übrigen gilt jedoch, dass der moderne Arbeits- und Gesundheitsschutz nicht mehr allein darin besteht, Vorschriften zu befolgen. Das moderne Arbeitsschutzrecht verlangt, eigenverantwortlich zu entscheiden, was wichtig und dringlich ist. Dies setzt eine partizipative Beratung voraus.[118] Ein geeignetes Forum für diese grundlegenden Weichenstellungen ist der Arbeitsschutzausschuss, in dem alle wesentlichen Akteursgruppen in einem Gremium zusammengefasst sind. Der Arbeitsschutzausschuss ist nicht nur gut geeignet, die Ergebnisse der Gefährdungsbeurteilung auszuwerten und zu diskutieren; hier ist auf jeden Fall der von den Fachkräften und Betriebsärztinnen und Betriebsärzten jährlich vorzulegende Bericht offen zu legen und auszuwerten. Diese neue Dimension des Arbeitsschutzes wird verfehlt, wenn es im Bundesland für die Schulen nur einen zentralisierten Arbeitsschutzausschuss[119] gibt und wenn den jeweiligen Akteuren auf allen Ebenen kein handhabbares Budget für Arbeitsschutzmaßnahmen zur Verfügung steht.

4. Durchführung der Maßnahmen (§ 3 Abs. 2 ArbSchG)

Das Arbeitsschutzgesetz geht – wohl nicht ganz weltfremd – davon aus, dass allein durch die Festlegung von Maßnahmen noch nicht gewährleistet ist, dass diese auch tatsächlich realisiert werden: *Erstens* müssen

116 Definition nach *Bücker*, Von der Gefahrenabwehr zu Risikovorsorge und Risikomanagement, S. 155; ausführlich zur arbeitsschutzrechtlichen Planungspflicht: *Faber*, Die arbeitsschutzrechtlichen Grundpflichten, S. 86ff.

117 Anschaulich dazu *BAG* vom 11.2.2014 – 1 ABR 72/12, DB 2014, 1498.

118 Diesem Grundsatz folgt auch die Bildung des Gremiums zur Begleitung des Behördlichen Gesundheitsmanagements in § 76 Abs. 3 LBG NRW 2022, doch fehlt hier jegliche Verbindung zum Arbeitsschutz und zu den Personalvertretungen.

119 Zur Bedeutung »örtlichen Sachverstandes« im Arbeitsschutzausschuss jüngst *BVerwG* vom 1.2.2024 – 8 C 4.23.

die erforderlichen Mittel für die getroffenen Maßnahmen vorhanden sein. Sollen z.B. im Hinblick auf die Lärmproblematik im Klassenraum Lärmampeln installiert werden, setzt dies voraus, dass den Verantwortlichen vor Ort die entsprechenden Geräte oder ein Budget für die Beschaffung zur Verfügung gestellt werden. Nach § 3 Abs. 2 Nr. 1 ArbSchG ist die Bereitstellung der sächlichen, personellen und finanziellen Mittel eine originäre Arbeitgeberpflicht.[120] Ebenso verlangt § 76 Abs. 1 Satz 3 LBG NRW 2022, dass für das behördliche Gesundheitsmanagement die »notwendigen finanziellen und personellen Ressourcen« eingesetzt werden, ohne dass daraus bislang in der Praxis die erforderlichen Konsequenzen gezogen worden sind.

Darüber hinaus muss *zweitens* jemand die Maßnahmen in der vorgesehenen Weise auch tatsächlich umsetzen. Hiermit ist die bereits oben thematisierte Frage der Organisation des betrieblichen Arbeitsschutzes wiederum angesprochen. Als Betriebsleiter i.S.v. § 13 Abs. 1 Nr. 4 ArbSchG sind hier in aller Regel neben dem Arbeitgeber die Schulleitungen in der Pflicht. Gerade für Schulleitungen, die für die Durchführung des Arbeitsschutzes in ihren Schulen verantwortlich sind, ist der Blick in die Dokumentation der Gefährdungsbeurteilung und der getroffenen Maßnahmen (§ 6 ArbSchG) von hoher Bedeutung. Erst anhand der arbeitsschutzrechtlich gebotenen und getroffenen Maßnahmen wird klar, welche Pflichten im Einzelnen aus der Verantwortung für den Arbeitsschutz in der jeweiligen Schule folgen.

Die Schulleitung benötigt daher die erforderliche sachliche Kompetenz und ein hinreichendes finanzielles Budget, um konkrete Maßnahmen des Arbeitsschutzes in einem einfachen bis mittleren Umfang selbst umsetzen zu können. Dazu bedarf es des Zugriffs auf interne und externe Sicherheitsfachkräfte, die die erforderliche Beratung sicherstellen können, sowie der Möglichkeit, einzelne Aufgaben an qualifizierte Lehrkräfte zu delegieren, die auf der Basis des eigenen Fachwissens (z.B. aus dem Chemieunterricht) einzelne Detailfragen regeln und beurteilen können. Zugleich bedarf es an jeder Schule, der Entscheidungskompetenzen zukommen sollen, auch einer entsprechenden Partizipationsstruktur durch Personalräte bzw. Sicherheitsbeauftragte, mit denen rechtzeitig eine hinreichende Sicherheitskommunikation erfolgen kann. Ein wirksamer Arbeits- und Gesundheitsschutz hängt ganz entscheidend von einer effektiven Organisation und der Einbeziehung der Beschäftigten ab. Diese Organisation

---

120 Dazu auch *Kohte* in Kollmer/Klindt/Schucht (Hrsg.), ArbSchG, 2021 § 3 Rn. 56ff; *Wiebauer* in Landmann/Rohmer, GewO, 2020, § 3 ArbSchG Rn. 66.

muss vom »Arbeitgeber«, also der obersten Leitung, in ein transparentes System abgestufter Kompetenzen auf allen Ebenen umgesetzt werden.[121] Hier bestehen in fast allen Bundesländern deutliche Defizite. Diese fallen besonders ins Gewicht, wenn mehrfach Gefährdungsbeurteilungen und Befragungen erfolgt sind, ohne dass jedoch sichtbar und wirkungsvoll Maßnahmen getroffen wurden. Daher wird z.B. aus Baden-Württemberg, wo mehrfach ambitionierte Gefährdungsbeurteilungen mit sachverständiger Begleitung erfolgten, von wachsender Frustration gerade bei engagierten Lehrkräften berichtet, weil es an den erforderlichen Maßnahmen fehlt.

5. Wirksamkeitsüberprüfung und Anpassungsmaßnahmen (§ 3 Abs. 1 ArbSchG)

Arbeitsschutz »unter dem Dach des Arbeitsschutzgesetzes« ist ein dynamischer, auf Optimierung zielender Prozess. Das Gesetz verlangt deswegen eine Reflektion der gefundenen Schutzkonzeption. § 3 Abs. 1 ArbSchG verpflichtet den Arbeitgeber/Dienstherrn, Wirksamkeitskontrollen vorzunehmen und die Maßnahmen erforderlichenfalls sich ändernden Gegebenheiten anzupassen. Dabei hat das Ministerium auch zu überprüfen, welche Konsequenzen die eigenen Entscheidungen (z.B. zur Arbeitszeit und zur Klassengröße) für die Arbeitsorganisation und letztlich für die Gesundheit der Lehrkräfte haben können bzw. haben werden. Dies beinhaltet weiter die kontinuierliche Kontrolle, ob die Maßnahmen tatsächlich in der vorgesehenen Art und Weise durchgeführt werden. So haben die Schulbehörden bzw. das Ministerium im Rahmen ihrer Pflichten nach § 3 Abs. 2 ArbSchG zu überprüfen, ob die Schulleitungen ihren Pflichten zur Unterweisung nachgekommen sind oder ob z.B. die Beseitigung von Sicherheitsmängeln der Arbeitsstätte (etwa elektrische Installationen) in der festgelegten Weise erfolgt ist. Dies kann z.B. im Rahmen von Begehungen geschehen, an denen der Personalrat zu beteiligen ist (§ 68 BPersVG).[122] Darüber hinaus ist in regelmäßigen Abständen die Schutzkonzeption selbst auf den Prüfstand zu stellen. Es ist zu fragen, ob die umgesetzten Maßnahmen die Erwartung, die Schutzziele zu erreichen, tatsächlich erfüllt haben sowie ob und ggf. welche Möglichkeiten zur Optimierung der Schutzkonzeption bestehen (z.B. im Rahmen der Auswertung einer Rettungsübung für die Schule nach § 4 Abs. 3 ArbStättV). Anknüpfungspunkt für diese geplanten Wirksamkeitsüberprü-

---

121 Dazu eindeutig *BAG* vom 18.3.2014 – 1 ABR 73/12, AuR 2014, 162.

122 Dazu nur *OVG Münster* vom 24.11.2005 – 1 A 3019/04 PVL.

fungen sind die Gefährdungsbeurteilungen. Ihre Dokumentation nach § 6 ArbSchG ist im Prinzip ein »Speicher der Arbeitsschutzerfahrungen«, der für die »Daueraufgabe Arbeits- und Gesundheitsschutz« im Sinne des Arbeitsschutzgesetzes nutzbar zu machen ist.[123]

Erneute Gefährdungsbeurteilungen und ggf. Anpassungsmaßnahmen können weiterhin aus besonderem Anlass notwendig werden, wenn Anhaltspunkte dafür bestehen, dass eine Änderung oder Aktualisierung der getroffenen Maßnahmen des Arbeitsschutzes angezeigt sein könnte. Hiervon ist z. B. auszugehen[124]

- nach Unfällen oder sonstigen kritischen Situationen (»Beinaheunfälle«);
- bei gesundheitlichen Auffälligkeiten am Arbeitsplatz Schule (bspw. gehäufte Beschwerden);
- bei neuen Erkenntnissen über die gesundheitlichen Risiken der Arbeit, entsprechend dem Stand von Technik, Arbeitsmedizin, Hygiene sowie sonstigen gesicherten arbeitswissenschaftlichen Erkenntnissen;
- bei neuen, verbesserten Schutzmöglichkeiten entsprechend dem Fortschreiten des Standes von Technik, Arbeitsmedizin, Hygiene sowie sonstigen gesicherten arbeitswissenschaftlichen Erkenntnissen;
- aufgrund der im Rahmen des Betrieblichen Eingliederungsmanagements (§ 167 Abs. 2 SGB IX) gewonnen Erkenntnisse über die Arbeitsbedingungen;
- bei Änderungen der Belastungsfähigkeit der Beschäftigten (vor allem gesundheits- und/oder altersbedingt);
- bei sicherheits- und gesundheitsrelevanten Veränderungen von Arbeitsplätzen, Arbeitsabläufen, Arbeitsinhalten oder der personellen Besetzung;
- bei Mängeln der Arbeitsstätte Schule, die bei Begehungen festgestellt werden.[125]

Die Pflicht zur kontinuierlichen Kontrolle der Schutzkonzeption und zur Festlegung und Durchführung von Korrektur- und Verbesserungsmaßnahmen unterstreicht die Eigenverantwortung des Arbeitgebers (und der mit ihm kooperierenden Akteure) für die Sicherheit und Gesundheit der Beschäftigten.[126] Die nach dem Gesetz bestehenden vielfältigen Verpflich-

---

123 Zum Vorstehenden z. B. *Kohte* in Kollmer/Klindt/Schucht (Hrsg.), ArbSchG, 2021, § 3 Rn. 28 ff.

124 Dazu z. B. *Pieper*, ArbSchR, 7. Aufl. 2022 § 5 ArbSchG Rn. 10; *Kollmer/Vogl*, Das Arbeitsschutzgesetz, 2. Aufl. 1999, Rn. 109b.

125 Dazu der Bericht von *Heumann* u. a. über Begehungen an bayerischen Schulen in Umweltmed–Hygiene–Arbeitsmed, 2022, S. 132 ff.

126 *Faber*, Die arbeitsschutzrechtlichen Grundpflichten, S. 135.

tungen, die eigenen Konzepte und in ihnen zusammengefassten Einzelmaßnahmen selbstkritisch zu reflektieren, ist zudem wiederum Ausdruck der »Daueraufgabe Arbeits- und Gesundheitsschutz«.[127] Sie lässt sich am ehesten erfüllen, wenn es gelingt, das Thema Sicherheit und Gesundheit in alle relevanten betrieblichen Tätigkeiten einzubinden. Ein anschauliches Beispiel hierfür ist die Personalführung: Nach § 5 Abs. 3 Nr. 5 ArbSchG kann sich eine Gefährdung aus der unzureichenden Qualifikation und Unterweisung der Beschäftigten ergeben. Es ist insoweit geboten, dass nicht nur eine (Erst)Unterweisung zu Beginn der Beschäftigung erfolgt, sondern dass auch geklärt wird, ob ausreichende Kenntnisse für sicheres und gesundes Arbeiten in der konkreten Schule vorhanden sind. Im Gesetz ist eine solche Integration in die »normalen Geschäftsprozesse« – unter dem Vorbehalt der Erforderlichkeit – als Arbeitgeberpflicht in § 3 Abs. 2 Nr. 2 ArbSchG normiert.[128]

6. Arbeitsschutzrecht und Arbeitsschutzmanagement

Viele Sicherheits- und Gesundheitsschutzexpertinnen und -experten fordern heute den Aufbau von Arbeitsschutzmanagementsystemen. In den Unfallkassen werden seit einiger Zeit konzeptionelle und praktische Fragen des betrieblichen Arbeitsschutzmanagements aufgegriffen.[129] Auch viele Personalräte im Organisationsbereich der GEW fordern heute mit guten Gründen die strukturelle Verankerung und Institutionalisierung des Arbeits- und Gesundheitsschutzes durch ein wirksames Arbeitsschutzmanagementsystem für den Schulbereich.

Unter Managementsystemen werden im Allgemeinen formalisierte und institutionalisierte Führungssysteme verstanden, die auf allen betrieblichen Hierarchieebenen und bei allen betrieblichen Prozessen ansetzen, um die Ziele des Betriebs bzw. Unternehmens durch eine kontinuierliche Verbesserung der Abläufe und Verfahren besser und nachhaltiger zu erreichen. Ein Arbeitsschutzmanagementsystem ist danach das Teilführungssystem, das die Sicherheit und den Gesundheitsschutz bei der Arbeit zum Gegenstand hat.[130] Von nationalen Behörden, suprainterna-

127 *Kollmer/Vogl*, Arbeitsschutzgesetz, Rn. 71.

128 Zur Pflicht, den Arbeits- und Gesundheitsschutz in die betrieblichen Strukturen und Prozesse zu integrieren vgl. ausführlich *Faber*, Die arbeitsschutzrechtlichen Grundpflichten, S. 337 ff.

129 Dazu auch die Informationen unter *www.sichere-schule.de;* DGUV-Information 202-058 und 202-083.

130 *Poppendick/Brückner/Rötzer/Waldeck/Brock/Zwingmann*, BArbBl. 1999 (2), 11 ff. (12).

tionalen Organisationen und sonstigen Institutionen (z. B. diversen nationalen Normungsorganisationen) sind mittlerweile eine ganze Reihe von Arbeitsschutzmanagementsystemen entwickelt worden. Bei allen Unterschieden besteht breiter Konsens, dass sich solche Managementsysteme vor allem durch folgende fünf Elemente auszeichnen:[131]

1. Ausformulierung einer *Arbeitsschutzpolitik*, durch die die grundlegenden Prinzipien und Grundhaltungen im Hinblick auf die Sicherheit und Gesundheit der Beschäftigten festgelegt werden;
2. *Organisation*, was vor allem die Bereitstellung der erforderlichen Mittel und die Klärung der Zuständigkeiten beinhaltet;
3. *Planung und Umsetzung*, d. h. Festlegung von klaren Arbeits- und Gesundheitsschutzzielen und Maßnahmen zur Zielerreichung;
4. Systematische *Messung und Bewertung* der gesteckten Ziele und festgelegten Maßnahmen;
5. *Kontinuierliche Verbesserung* von Arbeits- und Gesundheitsschutzzielen und -maßnahmen.

Es ist anerkannt, dass derartige Arbeitsschutzmanagementsysteme ein wirksames Instrument sein können, den Arbeits- und Gesundheitsschutz zu verbessern,[132] obgleich der Begriff Arbeitsschutzmanagement im Gegensatz zum Betrieblichen Eingliederungsmanagement gem. § 167 Abs. 2 SGB IX kein explizit geprägter Rechtsbegriff ist. Gleichwohl zeigt die vorstehende Darstellung der nach dem Arbeitsschutzgesetz zu implementierenden Prozesse, dass sich die Kernelemente des Arbeitsschutzmanagements als Arbeitgeberpflicht in den §§ 3 ff. ArbSchG wiederfinden. Für Personalräte öffnet sich damit die Möglichkeit, konkret initiativ zu werden und die Erfüllung und Ausgestaltung der verschiedenen – oben dargestellten – Teilpflichten der §§ 3 ff. ArbSchG zu beanspruchen.

IV. Gesundheitsförderung und Gesundheitsmanagement

In den letzten Jahren sind als neue Elemente in der Schulpolitik die Aktivierung der Möglichkeiten der Gesundheitsförderung und die Organisation eines betrieblichen Gesundheitsmanagements (BGM) hinzugekommen. In einer Reihe von Bundesländern gibt es inzwischen sowohl die Einrichtung eines Gesundheitsmanagements als auch Projekte zur

131 Dazu *Kohte* in Kollmer/Klindt/Schucht (Hrsg.), ArbSchG 2021 § 3 Rn. 97.
132 *Pieper*, ArbSchR, § 3 ArbSchG Rn. 11.

Gesundheitsförderung. Die Begrifflichkeiten werden in sehr unterschiedlicher und nicht hinreichend präzisierter Weise verwandt.[133] Eine erste Klärung ist 2012 durch einen Beschluss des OVG Berlin-Brandenburg erfolgt, der im Februar 2013 vom Bundesverwaltungsgericht ausdrücklich bestätigt worden ist. Danach wird das BGM definiert als »systematische, zielorientierte und kontinuierliche Steuerung aller betrieblichen Prozesse, mit dem Ziel, Gesundheit, Leistung und Erfolg für die Beschäftigten und damit auch für den Betrieb zu erhalten und zu fördern«.[134] Damit wird das BGM als »Dach« für die unterschiedlichen Funktionen des Arbeitsschutzes, des Betrieblichen Eingliederungsmanagements und der betrieblichen Gesundheitsförderung nach § 20b SGB V verwandt.[135]

Die betriebliche Gesundheitsförderung ist für den jeweiligen Arbeitgeber/Dienstherrn eine freiwillige Aktivität, mit der sowohl Prozesse der Verhältnisprävention als auch der Verhaltensprävention im Betrieb in Kooperation mit den Beschäftigten initiiert und realisiert werden. Sie folgen dem Leitbild der »Salutogenese« (»Gesundheitsentstehung«) und haben daher einen weiteren Aktionsrahmen.[136] Dies kann die gesundheitsförderliche Ausgestaltung der Arbeitsstätte sein und zusätzliche Maßnahmen zum Lärmschutz genauso umfassen wie Entspannungsübungen, Rückenschule und Unterstützung bei der gesunden Ernährung sowie Maßnahmen der Organisationsentwicklung. In der Schule kommt hinzu, dass sich die Projekte der Gesundheitsförderung auch an Schülerinnen und Schüler richten können. Die von verschiedenen Bundesländern initiierten Projekte »gesunde und sichere Schule«, die auch von Krankenkassen und Unfallkassen[137] unterstützt werden,[138] sind regelmäßig als solche Maßnahmen der Gesundheitsförderung und der Erziehung der Schülerinnen und Schüler zu gesundheitsbewusstem Verhalten zu qualifizieren. Auch die Projekte zur »Lehrergesundheit« wurden von Anfang an vorrangig auf

133 Dazu *Kiesche*, Betriebliches Gesundheitsmanagement, 2013, S. 18, vgl. *Kohte/Kiesche* in HaKo-ArbSchR, 2023, § 1 ASiG Rn. 26.

134 *OVG Berlin-Brandenburg* vom 8.11.2012 – OVG 62 PV 2.12, bestätigt durch *BVerwG* vom 14.2.2013 – 6 PB 1/13 – PersR 2013, 176.

135 Ebenso *Oppolzer*, Gesundheitsmanagement im Betrieb, 2. Aufl. 2010, S. 22ff.

136 *Nebe* in HaKo-ArbSchR 2023 § 20b SGB V Rn. 7ff.; MünchArbR/*Bücker*, § 172 Rn. 34ff.

137 So z. B. *Hundeloh*, Lehrergesundheit – ein Handlungsfeld der gesetzlichen Unfallkassen, DGUV-Forum 2012 Nr. 11, S. 10ff.

138 Grundlegend DAK und Unfallkasse Nordrhein-Westfalen (Hrsg.), Handbuch Lehrergesundheit, 2. Aufl. 2012; inzwischen DGUV-Informationen 202-058 und 202-083.

Fragen der Gesundheitsförderung zentriert.[139] Ein weiteres Beispiel ist die DAK-Initiative »gemeinsam gesunde Schule entwickeln«.
Unter dem Blickwinkel des Arbeitsschutzrechts muss allerdings Folgendes berücksichtigt werden: Die Modelle der Gesundheitsförderung dürfen keine Abstriche von den arbeitsschutzrechtlichen Notwendigkeiten der Gefährdungsbeurteilungen machen und die Unterweisung und die strikte Verhältnisprävention muss durch eine entsprechende Gestaltung der Arbeitsstätte und der Arbeitsorganisation zugelassen werden. Teilweise ist zu beobachten, dass öffentlichkeitswirksame Projekte der Gesundheitsförderung fälschlicherweise zulasten des Budgets des Arbeitsschutzes eingesetzt werden. Die beiden Modalitäten der Gesundheitsförderung des Arbeitsschutzes ergänzen sich, dürfen aber nicht gegeneinander ausgespielt werden.[140]
Es ist daher zu begrüßen, dass das Bundesverwaltungsgericht das Mitbestimmungsrecht der Personalräte nach § 75 Abs. 3 Nr. 11 BPersVG a. F. auf alle Modalitäten des betrieblichen Gesundheitsschutzes erstreckt, sodass in der praktischen Arbeit der Personalräte und in der Kooperationstätigkeit – ggf. in der Einigungsstelle – eine kohärente Gesundheitspolitik formuliert werden kann.[141] Allerdings ist zu beachten, dass die schülerbezogenen Aktivitäten nicht der Mitbestimmung unterliegen. Da jedoch alle Maßnahmen der betrieblichen Gesundheitsförderung dem Kooperationsprinzip unterliegen, ist auch insoweit eine Beratung mit den Personalräten erforderlich. Diese Auslegung ist für Einzelmaßnahmen, wie z. B. Gesundheitszirkel, auch auf § 80 Abs. 1 Nr. 16 BPersVG und die Mitbestimmungsrechte nach den Ländergesetzen zu erstecken. Fragen des BGM-Systems und der allgemeinen Verfahrensgrundsätze werden jetzt durch § 80 Abs. 1 Nr. 17 BPersVG erfasst, die ebenfalls letztlich in der Einigungsstelle zu entscheiden sind.[142] In den Ländergesetzen findet sich eine solche Differenzierung überwiegend nicht, sodass vor allem die einzelnen BGM- und BGF-Maßnahmen weiter dem Mitbestimmungsrecht der Personalräte bei Maßnahmen unterfallen können.
Eine typische Handlungsform in der betrieblichen Gesundheitsförderung sind Gesundheitszirkel, in denen Beschäftigte – ggf. mit fachlicher Unterstützung – die arbeitsplatzbezogene Situation erfassen, analysieren und Verbesserungsvorschläge unterbreiten.[143] In Konsequenz der Recht-

139 So bereits BAuA (Hrsg.), Lehrergesundheit, Tagungsbericht 141, Dortmund 2005.
140 *Kohte*, FS für Slesina, 2008, S. 193, 200ff.
141 *Kohte*, jurisPR-ArbR 27/2014 Anm. 1.
142 *Altvater/Dierßen*, BPersVG, 11. Aufl. 2023, § 80 Rn. 161.
143 *Kohte*, FS Slesina, 2008, S. 193, 194ff.; *Slesina/Broekmann*, Arbeit 1992, S. 166ff.

sprechung des BVerwG wird hier auch in der Gerichtspraxis das Mitbestimmungsrecht der Personalräte anerkannt.[144] In der Empirie der Gesundheitsförderung ist bekannt, dass Gesundheitszirkel von Lehrkräften überwiegend positiv bewertet werden.[145] Aus Sachsen wurde über die Einrichtung und den erfolgreichen Abschluss einer Einigungsstelle zu Gesundheitszirkeln berichtet.

In der Praxis wird zwischen verbindlichem Arbeitsschutz und optionaler Gesundheitsförderung nicht immer trennscharf unterschieden, so wird im Abschnitt 3.9 der Branchenregel Schule (DGUV-Regel 102-601) zunächst auf ausgewogene Ernährung eingegangen – also ein Thema der Gesundheitsförderung – und danach werden wichtige arbeitsschutzbezogene Hinweise für den Schutz der Beschäftigten in der Schulküche erläutert. Vergleichbar werden auf der Homepage *www.arbeitsschutz-schulen-nds.de* sowohl Schutzmaßnahmen bei der Arbeit in der Schulküche als auch die Kooperation mit der DGE (Deutsche Gesellschaft für Ernährung) dargestellt.

Verschiedene Projekte der Gesundheitsförderung entwickelten sich als wichtige Wege, um arbeitsschutzpolitische Notwendigkeiten schulbezogen zu erfassen und in Angriff zu nehmen. Dazu gehören z. B. die Projekte »ergonomisches Klassenzimmer« und »flüsterndes Klassenzimmer«, mit denen der Lärmschutz in der Schule sowohl im Interesse der Schülerinnen und Schüler als auch als gesetzlicher Arbeitsschutz im Interesse der Lehrkräfte verbessert werden soll und verbessert werden muss. Darauf wird in Teil F näher eingegangen.

144 *VerwG Berlin* vom 20. 9. 2006 – 61 A 7/06, PersR 2007, 43.
145 *Reinke*, Der Krankenstand bei Lehrkräften, 2007, S. 169 ff.

D. Grundsätzliche Hemmnisse für die Rechtsdurchsetzung im Bereich der öffentlichen Schulen

Auch wenn die Kosten für unterlassenen Arbeits- und Gesundheitsschutz in Gestalt von Arbeitsunfähigkeiten, Frühverrentungen/-pensionierungen oder demotivierten Beschäftigten bekannt sind, wird häufig nicht hinreichend beachtet, dass diese Kosten durch effektiven Arbeitsschutz vermieden oder verringert werden könnten. Stattdessen wird der Fokus auf die unmittelbaren Kosten der Maßnahmen des Arbeitsschutzes gelegt, deren Wirksamkeit kurzfristig nur schwer messbar ist. Speziell im Schulbereich ergeben sich bei diesem Ausgangspunkt mit dem Hinweis auf fehlende Haushaltsmittel und dem »Jonglieren« zwischen den Zuständigkeiten und Hierarchiestufen des Schulhoheitsträgers sowie des in der Regel kommunalen Schulträgers spezifische Blockaden, deren rechtliche und sachliche Begründungen bis dato kaum hinterfragt worden sind.

I. Arbeits- und Gesundheitsschutz in Zeiten knapper Kassen: Der Haushaltsvorbehalt

Die Notwendigkeit, Maßnahmen zu treffen, um das in § 1 Abs. 1 ArbSchG normierte übergreifende Schutzziel des Arbeitsschutzrechts, Sicherheit und Gesundheitsschutz der Beschäftigten bei der Arbeit zu sichern und zu verbessern, ist im Grundsatz in den meisten Fällen unbestritten. Dennoch werden nicht selten die sachlich erforderlichen Schutzmaßnahmen nicht umgesetzt. Begründet wird dies scheinbar apodiktisch damit, dass hierfür kein (ausreichender) Titel im Haushalt vorgesehen sei. Eine genauere Auseinandersetzung mit der Berechtigung und vor allem der Reichweite eines solchen Haushaltsvorbehalts fehlt demgemäß zumeist. Ein geradezu idealtypisches Beispiel liegt einer Entscheidung des VGH Hessen aus dem Jahr 1993 zugrunde. Hier war zwischen Dienststellenleitung und Personalrat völlig unstreitig, dass die Arbeitsstätte – ein

Staatstheater – den Anforderungen der damaligen Arbeitsstättenverordnung nicht genügte. Die auf einem Einigungsstellenspruch basierende Dienstvereinbarung wurde mit der schlichten Begründung nicht durchgeführt, dass hierfür im Haushaltsplan des Landes keine Mittel bereitgestellt worden seien. Der VGH Hessen war 1993 dieser Argumentation und der offenbar »unverrückbaren« Grundannahme gefolgt, dass sich der Aufwand für den Arbeitsschutz nach der Haushaltslage zu orientieren hat und nicht an den Gefährdungen der Beschäftigten.[1] Nachfolgend werden wir zeigen, dass diese Sichtweise nicht nur schwer mit dem grundrechtlich durch Art. 2 Grundgesetz verbrieften Grundrecht Recht auf Leben und körperliche Unversehrtheit sowie den unionsrechtlichen Vorgaben vereinbar ist, sondern auch haushaltsrechtlich zu kurz greift.

1. Einheitlichkeit des Arbeitsschutzrechts – Anwendbarkeit auch im Öffentlichen Dienst

Wie bereits oben ausgeführt gilt seit Inkrafttreten des Arbeitsschutzgesetzes im Jahr 1996 ein einheitliches Arbeitsschutzrecht für alle Tätigkeitsbereiche (§ 1 Abs. 1 ArbSchG), sodass heute an den Arbeits- und Gesundheitsschutz im Bereich des Öffentlichen Dienstes prinzipiell die gleichen rechtlichen Mindestanforderungen gestellt werden wie in der privaten Wirtschaft. Auch wenn § 20 Abs. 1 ArbSchG im Hinblick auf die Rechtsverordnungen nach dem Arbeitsschutzgesetz eine Öffnungsklausel für das Landesbeamtenrecht vorsieht, dürfen die entsprechenden landesrechtlichen Regelungen nicht zu einem Arbeitsschutz minderer Güte führen.[2] Die speziellen Bestimmungen des § 20 Abs. 2 ArbSchG betreffen nur besonders gefährliche Tätigkeitsbereiche, wie z. B. den Katastrophenschutz oder den Polizeidienst, und sind auf Lehrerinnen und Lehrer nicht anwendbar.

Es ist damit durch das Arbeitsschutzgesetz geklärt, dass eine Differenzierung des arbeitsschutzrechtlichen Schutzes anhand des Differenzierungskriteriums »Beschäftigter in einem öffentlichen Dienstverhältnis« unzulässig ist.[3] Hieraus folgt wiederum arbeitsschutzrechtlich, dass das Aufbringen der finanziellen Mittel für den Arbeits- und Gesundheitsschutz im Öffentlichen Dienst keinen geringeren Maßstäben unterliegt als in der

1 *VGH Hessen* vom 18.3.1993 – HPV TL 3730/89 = PersR 1994, 123ff.

2 *Graue* in HaKo-ArbSchR 2023, § 20 ArbSchG Rn. 1.

3 Vgl. auch zur Unzulässigkeit der Absenkung des Arbeitnehmerschutzes im Befristungsrecht unter genereller Berufung auf das Haushaltsrecht: *BAG* vom 27.10.2010 –7 AZR 485/09, AP Nr. 17 zu § 14 TzBfG Haushalt m. Anm. *Greiner.*

privaten Wirtschaft. Auch für den öffentlichen Arbeitgeber gilt somit § 3 Abs. 2 und 3 ArbSchG: Er hat die erforderlichen Mittel bereitzustellen und darf die Kosten der erforderlichen Maßnahmen des Arbeitsschutzes nicht den Beschäftigten auferlegen.

2. Arbeitsschutzrechtliche Pflicht des Arbeitgebers, die erforderlichen Mittel für den Arbeits- und Gesundheitsschutz bereitzustellen

Weder im klassischen noch im modernen Arbeitsschutzrecht des Arbeitsschutzgesetzes hängt die Verpflichtung, die erforderlichen Mittel bereitzustellen, davon ab, dass in der Haushaltsplanung des Unternehmens entsprechende Mittel reserviert sind. Dies wäre eine sachwidrige Begrenzung des Schutzes von Leben und körperlicher Unversehrtheit, die im Grundgesetz durch Art. 2 GG exponiert als Grundrecht höchsten Ranges geschützt werden. Der aufzubringende finanzielle Aufwand für den Arbeits- und Gesundheitsschutz hängt vielmehr von den Gefährdungen ab, mit denen sich die Beschäftigten während ihrer Arbeitstätigkeit konfrontiert sehen sowie von den zur Kontrolle dieser Gefährdungen erforderlichen Schutzmaßnahmen. Deutlich wird dieser Grundsatz in § 3 Abs. 2 Nr. 1 ArbSchG, der den Arbeitgeber kategorisch verpflichtet, die für die Planung und Durchführung der Maßnahmen erforderlichen Mittel bereitzustellen. Diese Pflicht ist umfassend und betrifft daher ohne Unterschied die sächlichen, personellen und finanziellen Mittel.[4] Rechtlich begrenzt wird diese unbedingte Pflicht nur durch den Verhältnismäßigkeitsgrundsatz,[5] d. h., es sind nur die finanziellen Mittel aufzubringen und bereitzustellen, die geeignet, erforderlich und angemessen sind, um die arbeitsschutzrechtlich gebotenen Schutzziele zu erfüllen. Auch insoweit gilt wiederum, dass nicht die spezifische wirtschaftliche Situation (Haushaltsplan) Kriterium für die Bestimmung der Verhältnismäßigkeit im Einzelfall ist, sondern die objektive Gefährdung sowie der Nutzen für die Sicherheit und Gesundheit der Beschäftigten. Deutlich wird dieser Zusammenhang im Unionsrecht in den Erwägungsgründen der Rahmenrichtlinie Arbeitsschutz 89/391/EWG. Dort heißt es ausdrücklich, dass die »Verbesserung von Sicherheit, Arbeitshygiene und Gesundheitsschutz

4 *Kohte* in Kollmer/Klindt/Schucht (Hrsg.), ArbSchG 2021, § 3 Rn. 57.

5 Zum Beispiel *Wank*, TAS, § 3 Rn. 11; *Faber*, Die arbeitsschutzrechtlichen Grundpflichten, S. 348 ff.

der Arbeitnehmer am Arbeitsplatz Zielsetzungen darstellen, die keinen rein wirtschaftlichen Überlegungen untergeordnet werden dürfen«.[6]

3. Konfliktlage zwischen der Pflicht, die erforderlichen Mittel für den Arbeitsschutz bereitzustellen und dem Haushaltsrecht?

Aus den vorstehenden Erwägungen folgt, dass aus einer originär arbeitsschutzrechtlichen Perspektive kein Raum für einen »Haushaltsvorbehalt« besteht. Dies steht keineswegs im Widerspruch zum Haushaltsrecht, das wie dargestellt in der Praxis häufig der Umsetzung erforderlicher Maßnahmen entgegengehalten wird. Die Rechtsgrundlagen des Haushaltsrechts werden erstaunlicherweise im hier interessierenden Kontext nur selten genauer unter die Lupe genommen. So wurde in der eingangs erwähnten Entscheidung des VGH Hessen ein »Haushaltsvorbehalt« schlicht vorausgesetzt, ohne dies näher anhand der einschlägigen Bestimmungen des Haushaltsrechts zu begründen. Das Gericht verweist in seinem Beschluss lediglich darauf, dass die in dem zugrunde liegenden Fall gebildete Einigungsstelle nach § 71 PersVG Hessen a. F. (= § 70 PersVG Hessen n. F. = § 74 Abs. 4 BPersVG) an das Haushaltsgesetz gebunden und deswegen gehindert sei, Maßnahmen zu beschließen, für die der Haushalt keine Mittel bereitstellt. Es sei Sache des Gesetzgebers – und nicht der gegenüber dem Parlament nicht verantwortlichen Einigungsstelle –, über die Ausgaben zu entscheiden.[7]

Dem ist zwar in dieser Allgemeinheit nicht zu widersprechen. Der VGH Kassel verkennt aber, dass heute insbes. mit dem ArbSchG nebst Arbeitsschutzverordnungen (z. B. BioStoffV, BetrSichV, ArbStättV) für alle Arbeitgeber, d. h. auch für öffentliche Arbeitgeber durch das Parlament die Rechtspflicht normiert ist, die erforderlichen Maßnahmen des Arbeitsschutzes tatsächlich zu treffen (§ 3 Abs. 1, 2 ArbSchG). Die Kosten dieser Maßnahmen können nicht den Beschäftigten auferlegt werden (§ 3 Abs. 3 ArbSchG).[8] Eine Schlechterstellung der Beschäftigten im öffentlichen Sektor gegenüber der Privatwirtschaft, mit der die öffentlichen Finanzen geschont werden sollen, ist nach einer aktuellen Entscheidung des EuGH mit dem Gesundheitsschutz nicht vereinbar.[9] Die Entscheidung des

6 Dazu mit Blick auf das Leitbild der RL, *Bücker/Feldhoff/Kohte*, Vom Arbeitsschutz zur Arbeitsumwelt, Rn. 246.

7 *VGH Kassel* vom 18. 3. 1993 – HPV TL 3730/89 = PersR 1994, 123 ff.

8 So zur Bildschirmbrille *BVerwG* vom 4. 7. 2019 – 2 C 38/17, NZA-RR 2019, 614.

9 *EuGH* vom 24. 2. 2022 – C 262/20, NZA 2022, 467, 470 Rn. 77 ff., dazu *Kohte*, jurisPR-ArbR 48/2022 Anm. 1.

VGH Kassel beruht letztlich noch auf dem überkommenen, Arbeitsschutz im Öffentlichen Dienst, der kaum parlamentarisch durch Gesetze und Rechtsverordnungen gesteuert war. Seit dem Inkrafttreten des ArbSchG und der unionsrechtlich gebotenen Anpassung der ArbStättV sind aber die wesentlichen Anforderungen des Arbeits- und Gesundheitsschutzes Gegenstand einer gesetzlichen Verpflichtung[10] des Arbeitgebers. Konkret ging es im zugrunde liegenden Fall des VGH Kassel darum, dass die Maßnahmen ergriffen werden, um die bis dahin unbestritten nicht erreichten Mindeststandards des Arbeitsstättenrechts zu realisieren. Diese Verpflichtungen sind heute hinreichend demokratisch legitimiert, da sie im verfassungsmäßig vorgesehen Normsetzungsverfahren durch das Parlament (Art. 70ff. GG) bzw. aufgrund einer Verordnungsermächtigung nach Art. 80 GG begründet wurden. »Haushaltswirksam« sind insofern also nicht die Entscheidungen der Einigungsstelle, sondern die vom Gesetzgeber/Verordnungsgeber erlassenen verpflichtenden Bestimmungen des Arbeitsschutzrechts.

Betrachten wir vor dem Hintergrund der skizzierten gesetzlichen Handlungspflichten des Arbeitgebers die einschlägigen Vorschriften des Haushaltsrechts, zeigt sich, dass die Pflicht des öffentlichen Arbeitgebers, Rechtspflichten zu erfüllen, nicht durch das Haushaltsgesetz eingeschränkt wird. Alle Haushaltsordnungen des Bundes und der Länder sind an einheitliche Grundsätze des Haushaltsrechts gebunden, die der Bundesgesetzgeber aufgrund seiner Gesetzgebungskompetenz nach Art. 109 Abs. 3 GG im Haushaltsgrundsätzegesetz (HGrG) geregelt hat. § 3 Abs. 2 HGrG bestimmt im Hinblick auf die Wirkung des Haushaltsplans, dass durch den Haushaltsplan Ansprüche und Verbindlichkeiten weder begründet noch aufgehoben werden.[11] Daraus folgt, dass die finanziellen Verpflichtungen (Verbindlichkeiten) der Dienstherrn, die sich

10 Insoweit ist die Rechtslage seit Inkrafttreten des Arbeitsschutzgesetzes und der Arbeitsschutzverordnungen klarer und deutlicher als zum Zeitpunkt der Entscheidung des *VGH Kassel* im Jahr 1993. Heute kann am Vorliegen einer *gesetzlichen* Handlungspflicht zum Erreichen der arbeitsstättenrechtlichen Schutzziele kein Zweifel mehr bestehen. Im Jahr 1993 beruhte die Anwendung der Arbeitsstättenverordnung noch auf einer allgemeinen Verwaltungsvorschrift, obgleich bereits damals die bis 1992 umzusetzende RL 89/391/EWG hätte berücksichtigt werden müssen.

11 Dazu auch *BAG* vom 26.9.1984 –4 AZR 343/83, AP Nr. 21 zu § 1 TVG; *Nitsche* in HaKo-ArbSchR, 2023, BPersVR Rn. 27; selbst bei Ermessensleistungen, um die es hier nicht geht, ist der pauschale Einwand fehlender Haushaltsmittel nicht ausreichend: *BSG* vom 25.10.1990 – 7 RaR 14/90, NZA 1991, 404.

aus dem zwingenden Arbeitsschutzrecht[12] ergeben, durch das Haushaltsrecht in keiner Weise tangiert werden.[13] Soweit es Ansprüche und Verbindlichkeiten der öffentlichen Hand betrifft, liegt die haushaltsrechtlich gebotene Reaktion darin, die Verbindlichkeiten ggf. in einen Nachtragshaushalt einzustellen und in Zukunft die zu erwartenden Verpflichtungen im Haushaltsplan von vornherein angemessen zu berücksichtigen. In einem Rechtsstreit zwischen einer Kommune und dem Land BW über die Kostentragung für den Einbau eines Aufzugs in einer Schule, der nach § 164 Abs. 4 SGB IX für einen behinderten Lehrer erforderlich war, wies das VG Karlsruhe demgemäß zutreffend den Einwand des Landes zurück, das sich an den im Haushaltsplan zur Verfügung stehenden beschränkten Mitteln orientiert hatte. Maßgeblich sei die Schutzpflicht, die das Land zu erfüllen habe; diese werde nicht eingeschränkt durch einen unzureichenden Haushaltsplan.[14]

Speziell mit Blick auf die im Rahmen dieses Leitfadens im Mittelpunkt stehende Problematik der Mitbestimmung der Personalräte im Arbeits- und Gesundheitsschutz ergibt sich damit ein differenziertes Bild. Soweit es um die Mitbestimmung bei der Umsetzung von Rechtspflichten geht, ist das Haushaltsrecht nicht geeignet, Mitbestimmungsrechte einzuschränken. Erfasst sind damit z. B. Arbeitsschutzmaßnahmen, gestützt auf das ArbSchG, die ArbStättV, die BetrSichV, die BioStoffV oder auch die auf Grundlage der ArbMedVV zu organisierende individuelle Beratung der Lehrkräfte im Rahmen der arbeitsmedizinischen Vorsorge. Zu den Mitteln zur Erfüllung gesetzlicher Verpflichtungen zählen zudem die Aufwendungen für die arbeitsmedizinische und sicherheitstechnische Betreuung durch Betriebsärztinnen und Betriebsärzte sowie durch Fachkräfte für Arbeitssicherheit. Diese fachkundigen Beratungsdienstleistungen sind kategorisch zu unterscheiden von den vorstehend genannten Maßnahmen unter dem Dach des ArbSchG. Rechtsgrundlage der gesetzlich geforderten Beratungs- und Unterstützungsdienstleistungen sind insoweit das ASiG und die DGUV Vorschrift 2 »Betriebsärzte und Fachkräfte für Arbeitssicherheit«.

---

12 *Kohte* in Kollmer/Klindt/Schucht, ArbSchG § 3 Rn. 1; *Pieper*, ArbSchR, 7. Aufl., ArbSchG § 3 Rn. 8, 14ff.

13 *Jenter/Faber*, PersR 2008, 58, 59; *Kohte*, RdJB 2008, 198, 213.

14 *VerwG Karlsruhe* vom 21. 1. 2019 – 12 K 6942/17, bestätigt durch *VGH BW* vom 9. 6. 2020 – 9 S 801/19 VBlBW 2020, 524; dazu auch *Kohte/Faber*, jurisPR-ArbR 40/2019 Anm. 2.

Soweit Maßnahmen getroffen werden sollen, die über den arbeitsschutzrechtlich gebotenen Mindestschutz hinausgehen,[15] spielt der Haushaltsvorbehalt auch heute noch eine Rolle. In diesem freiwilligen Bereich sind Maßnahmen nur durchsetzbar, wenn entsprechende Mittel im Haushaltsplan vorgesehen sind.[16] Über die Bindung an das Haushaltsgesetz findet sich somit faktisch die aus dem Betriebsverfassungsrecht bekannte Differenzierung zwischen freiwilligen (§ 88 BetrVG) und erzwingbaren Betriebsvereinbarungen (§ 87 Abs. 1 Nr. 7 BetrVG) wieder.

II. Probleme der Rechtsdurchsetzung durch die Zuständigkeitsteilung von Schulhoheitsträgern und Schulträgern

Besondere Probleme bei der Durchsetzung der Mindeststandards des betrieblichen Arbeits- und Gesundheitsschutzrechts resultieren vor allem in den Flächenländern aus der im Schulorganisationsrecht angelegten Verteilung der Zuständigkeiten zwischen dem Land als Schulhoheitsträger und den kommunalen Gebietskörperschaften als Schulträgern. Ungeachtet landesrechtlicher Besonderheiten sind die kommunalen Schulträger regelmäßig für die »äußeren Schulangelegenheiten«, d. h. vor allem für die Bereitstellung und Unterhaltung der erforderlichen Gebäude, Anlagen, Einrichtungen und für den Sachbedarf sowie für das für die Schulverwaltung notwendige Personal (Verwaltungsangestellte, Hausmeisterinnen und Hausmeister) zuständig. Die Zuständigkeit der Länder erstreckt sich demgegenüber auf die »inneren Schulangelegenheiten«, d. h. auf die Lehrinhalte, Methoden und Strukturen sowie auf das Lehrpersonal.[17] Diese Zuständigkeitsverteilung setzt sich bei der Schulfinanzierung fort: Während die Länder die Kosten für das bei ihnen beschäftigte Lehrpersonal zu tragen haben, müssen die Schulträger für die übrigen Kosten

15 Z. B. Maßnahmen der freiwilligen betrieblichen Gesundheitsförderung nach § 20b SGB V.

16 In diesem Sinne wohl auch *OVG Sachsen-Anhalt* vom 30. 8. 2000 – A 5 S 9/99 = PersR 2001, 116f.

17 *BVerfG* vom 19. 11. 2014 – 2 BvL 2/13, BVerfGE 138, 1, 24f. Rn. 66; *Avenarius/Hanschmann*, Schulrecht, 9. Aufl. 2019, S. 202, vgl. z. B. §§ 27ff.; 38 SchG Baden-Württemberg; §§ 67f., 100 SchG Brandenburg; §§ 57, 78ff. SchG Nordrhein-Westfalen; §§ 50, 102 SchG Niedersachsen; §§ 30, 64f. SchG Land Sachsen-Anhalt.

aufkommen, vor allem für die Sachkosten und die Kosten für das Verwaltungspersonal.[18]
Diese Zuständigkeitsteilung stellt Personalräte und Beschäftigte wie auch Schulleitungen immer wieder vor Probleme. Durch den Hinweis auf die fehlende Zuständigkeit der Dienststelle werden Initiativen »geblockt«, Missstände mangels eigener Zuständigkeit nicht beseitigt[19] oder die Personalvertretung zu Begehungen nicht hinzugezogen, weil der Schulträger nicht Dienststelle des Lehrerpersonalrats ist.[20]
Arbeitsschutzrechtlich ist die Verantwortungsverteilung jedoch eindeutig: Adressat der arbeitsschutzrechtlichen Pflichten ist der Arbeitgeber, d. h. gemäß der gesetzlichen Definition des § 2 Abs. 3 ArbSchG, die natürliche oder juristische Person, für die die Beschäftigten tätig werden. Dies ist sachgerecht und folgerichtig. Der Arbeitgeber leitet den Betrieb bzw. die Dienststelle und bestimmt auf diese Weise kraft seines Direktionsrechts die Arbeitsbedingungen. Das Arbeitsschutzrecht weist dem Arbeitgeber vor diesem Hintergrund zutreffend die (Gesamt)Verantwortung zu, dafür zu sorgen, dass Sicherheit und Gesundheit der unter seiner Leitung tätig werdenden Beschäftigten gewährleistet sind.[21] Es ist von daher zu begrüßen, dass die DGUV in der Branchenregel Schule zutreffend diese elementare Ordnung der Verantwortlichkeiten und Zuständigkeiten zugrunde legt.[22] Das Land als Arbeitgeber/Dienstherr der Lehrkräfte[23] kann daher seine Pflichten gegenüber den Beschäftigten nicht schlicht auf die Schulträger abwälzen.[24] Zutreffend hat das Bundesarbeitsgericht den in allen drei Instanzen schematisch und erfolglos vorgetragenen Versuch des Landes Niedersachsen, den Anspruch der Lehrkräfte gegen ihren Arbeitgeber auf Erstattung der Schulbuchkosten an den Schulträger abzuwälzen, mit wenigen Sätzen zurückgewiesen.[25]

---

18 *Brosius-Gersdorf* in Dreier, GG, 4. Aufl. 2023, Art. 7 Rn. 134; *Oeynhausen/Birnbaum*, Schulrecht Nordrhein-Westfalen, 2. Aufl. 2005, Rn. 654; vgl. z. B. § 15 FAG Baden-Württemberg; §§ 108ff. SchG Brandenburg; §§ 92ff. SchG Nordrhein-Westfalen; §§ 112f. SchG Niedersachsen; §§ 69f. SchG Land Sachsen-Anhalt.

19 *VGH Baden-Württemberg* vom 29.9.1992 – 15 S 2773/91 = PersR 1993, 472.

20 Vgl. z. B. *OVG Münster* vom 11.11.1994 –1 A 1006/92.PVL = NWVBL 1995, 221f.; *OVG Münster* vom 24.11.2005 – 1 A 3019/04.PVL.

21 *N. Kollmer* in Kollmer/Klindt/Schucht, ArbSchG, Vor. § 1 Rn. 39.

22 DGUV Regel 102-601 »Branche Schule« (August 2019), S. 122.

23 *Avenarius/Hanschmann* (Fn. 17), S. 210.

24 Dazu zuletzt *BayVGH* vom 20.4.2023 – 7 BV 20.1905, juris.

25 *BAG* vom 12.3.2013 – 9 AZR 455/11, NZA 2013, 1086, 1087.

1. Beispiele arbeitsteiliger Erfüllung von Arbeitsschutzpflichten

Zentraler Adressat der arbeitsschutzrechtlichen Pflichten ist wie soeben ausgeführt der Dienstherr/Arbeitgeber.[26] Bereits oben (Teil C) wurde eingehend dargestellt, dass das Arbeitsschutzgesetz als Grundgesetz des betrieblichen Arbeits- und Gesundheitsschutzes dabei nicht von der wenig realistischen Annahme ausgeht, dass der Arbeitgeber seine Pflichten höchstpersönlich erfüllt. Vor allem die §§ 3, 13 ArbSchG verdeutlichen, dass das Gesetz den Arbeitsschutz aus guten Gründen als Organisationsaufgabe versteht, die darin besteht, die Erfüllung der Schutzanforderungen arbeitsteilig zu regeln.[27] In der Regel geht es um interne Funktionsträger und Vorgesetzte.[28] Eine Zuständigkeitsteilung zwischen verschiedenen unabhängigen Akteuren – hier: kommunaler Schulträger und Land als Schulhoheitsträger – bei der Erfüllung der arbeitsschutzrechtlichen Pflichten ist jedoch ebenfalls für den Arbeits- und Gesundheitsschutz möglich und in vielen Fällen sogar im Sinne einer Organisationspflicht (§ 3 Abs. 2 ArbSchG) rechtlich zwingend geboten. Bei dieser Organisationspflicht stand in der Vergangenheit vor allem die interne Sicherheits- und Gesundheitsschutzorganisation des jeweiligen Betriebs als Bezugspunkt des Arbeitsschutzrechts im Vordergrund.[29] Auf die im Schulordnungsrecht vorgesehene Zuständigkeitsteilung verschiedener Rechtsträger sind diese Organisationsmodelle nur sehr bedingt übertragbar.

Das Gesetz ist allerdings auch dafür offen, externe Akteure in die Arbeitsschutzorganisation einzubinden. Zu nennen ist hier vor allem § 13 Abs. 2 ArbSchG, der es ermöglicht, zuverlässige und fachkundige Personen mit der Wahrnehmung arbeitsschutzrechtlicher Pflichten zu beauftragen. Hierzu zählen auch externe Personen, sofern sie über die in § 13 Abs. 2 ArbSchG normierte Qualifikation verfügen.[30] Weiter zu nennen und für den Schulbereich von Relevanz ist § 8 ArbSchG, der die Zusammenarbeit mehrerer Arbeitgeber regelt. Das Erfordernis einer Abstimmung besteht in der Schule dadurch, dass mit dem Land als Arbeitgeber des Lehrper-

26 MünchArbR-*Kohte*, § 174 Rn. 42; *Bücker/Feldhoff/Kohte*, Vom Arbeitsschutz zur Arbeitsumwelt, Rn. 249.

27 Dazu ausführlich *Faber*, Die arbeitsschutzrechtlichen Grundpflichten, S. 291 ff.

28 Z. B. Dekan einer Fakultät oder Institutsdirektor: *VG Augsburg* vom 20.12.2012 – Au2 K 632/11, WissR 2013, 185.

29 Die einschlägigen Kommentierungen zu § 13 ArbSchG konzentrieren sich auf interne »verantwortliche Personen«, siehe z. B. *Klindt* in Kollmer/Klindt/Schucht (Hrsg.), 2021, ArbSchG, § 13 Rn. 49.

30 *Klindt* in Kollmer/Klindt/Schucht (Hrsg.), ArbSchG, § 13 Rn. 51a.

sonals und der Kommune als Arbeitgeberin des Verwaltungspersonals und der Hausmeisterinnen und Hausmeister regelmäßig Beschäftigte zweier Arbeitgeber zusammenarbeiten müssen, sodass § 8 ArbSchG die Abstimmung der beteiligten Arbeitgeber verlangt. Nicht selten werden weitere Arbeitgeber hinzukommen, wie z. B. Reinigungsunternehmen oder Handwerkspersonal.

Zusammenfassend kann also konstatiert werden, dass dem Arbeitsschutzrecht die im Schulbereich vorzufindende Konstellation – neben dem Land als Arbeitgeber übernimmt mit dem Schulträger ein weiteres externes Rechtssubjekt Aufgaben im Bereich des Arbeitsschutzes – keineswegs fremd ist. Die §§ 3, 13 ArbSchG stellen in Kenntnis dieser Zusammenhänge klare Regelungen, auch für die rechtlichen Folgen einer solchen Aufgabenteilung im Arbeits- und Gesundheitsschutz, auf.

2. Primäre Arbeitsschutzverantwortung des Arbeitgebers/Dienstherrn

Durch die arbeitsteilig organisierte Pflichtenwahrnehmung wird die grundsätzliche rechtliche Verantwortung des Arbeitgebers/Dienstherrn – für die Lehrkräfte regelmäßig das jeweilige Bundesland – für die Sicherheit und Gesundheit nicht berührt. Es gilt insoweit, dass der Arbeitgeber gemäß § 3 Abs. 1 ArbSchG die erforderlichen Maßnahmen zu veranlassen hat, damit Sicherheit und Gesundheit der unter seiner Leitung tägig werdenden Beschäftigten unter Berücksichtigung aller relevanten Umstände zu gewährleisten hat. Der Arbeitgeber bleibt deswegen stets neben den übrigen verantwortlichen Personen in der Pflicht. Dies ordnet das Gesetz in § 13 ArbSchG ausdrücklich an. Wird der Arbeitgeber nicht höchstpersönlich tätig, ändert sich lediglich der Inhalt der arbeitsschutzrechtlichen Pflichtenstellung. Die teilweise weiterhin bestehende Durchführungsverantwortung wird durch die Pflicht ergänzt, die Prozesse so zu organisieren und zu beaufsichtigen, dass die lückenlose Erledigung der Arbeitsschutzpflichten sichergestellt ist. Bildlich gesprochen muss der Arbeitgeber die Fäden immer in der Hand halten.[31] Im Rahmen ihrer Befugnisse tragen die übrigen verantwortlichen Personen eine abgeleitete, sekundäre Verantwortung für die ihnen übertragenen Aufgaben. In diesem Rahmen sind sie für die Erfüllung fremder Pflichten verantwortlich. Hiervon unberührt bleibt die Gesamtverantwortung des Arbeitgebers und seine nicht delegierbaren originären Pflichten zur Organisations-

31 So anschaulich *Schliephacke*, Führungswissen Arbeitssicherheit, 2000, S. 38.

gestaltung und »Oberaufsicht«.[32] Nach § 13 Abs. 1 ArbSchG besteht daher die Verantwortung der »verantwortlichen Personen« stets nur neben dem Arbeitgeber.

Diese unverrückbare Verantwortung des Arbeitgebers/Dienstherrn ist sachgerecht und für eine effektive Durchsetzbarkeit des Arbeitsschutzrechts unverzichtbar. Arbeitgeber der angestellten Lehrkräfte bzw. Dienstherr der Beamtinnen und Beamten ist allein das Land als Anstellungskörperschaft. Ansprüche auf »Fürsorge« bestehen aufgrund dieses Beschäftigungsverhältnisses nach § 618 BGB bzw. §§ 45 BeamtStG, 78 BBG[33] lediglich gegenüber dem Land. Bei einer »Verantwortungsbefreiung« durch Pflichtenübertragung würde ihnen – und dem Personalrat als kollektiver Interessenvertretung – der Schuldner dieser elementaren Pflichten aus dem Beschäftigungsverhältnis abhandenkommen, was wiederum den eindeutigen gesetzlichen Wertungen der §§ 618 BGB, 45 BeamtStG, 78 BBG widerspräche.[34]

3. Modifizierung der Arbeitsschutzverantwortung durch das Schulorganisationsrecht?

In den Flächenländern finden sich regelmäßig Regelungen, wonach die jeweiligen Bundesländer für die »innere Arbeitssicherheit«, die kommunalen Schulträger für die »äußere Arbeitssicherheit« an den Schulen zuständig sind.[35] Damit erfolgt keine Abkehr von der durch Bundesgesetz geregelten Verantwortung des Arbeitgebers nach § 3 ArbSchG. Deutlich wird dies in der ebenfalls 1996 getroffenen Regelung in § 21 Abs. 2 SGB VII, mit der die Bedeutung der Organisationspflichten der jeweiligen Bundesländer – dort als Schulhoheitsträger bezeichnet – ausdrücklich bekräftigt und deren Ausstrahlungen auf die in der Unfallversicherung versicherten Schülerinnen und Schüler geregelt werden, damit

---

32 *Blume/Faber* in HaKo-ArbSchR 2023, § 3 ArbSchG Rn. 62f.

33 Beziehungsweise der jeweils entsprechenden Bestimmungen der Landesbeamtengesetze.

34 Zutreffend und grundlegend dazu bereits *BVerwG* vom 18.10.1966 – VIC 39/64 = BVerwGE 25, 138ff.; dieser Rechtsprechung folgend *VGH Baden-Württemberg* vom 3.5.2006 – 9 S 778/04.

35 In diesem Sinne etwa *VGH Baden-Württemberg* vom 29.9.1992 – 15S 2773/91 = PersR 1993, 472, im Hinblick auf Gesundheitsgefahren durch die Lackierung von Korktafeln in Klassenräumen.

die Prävention durch die organisatorische Doppelung nicht beeinträchtigt wird.[36]

Das Schulorganisationsrecht ordnet allein die Zuständigkeit, d.h. das Innenverhältnis[37] zwischen den kommunalen Gebietskörperschaften als Schulsachkostenträger und dem Land als Schulhoheitsträger. Es handelt sich um Bestimmungen, die – wie das Verwaltungs- und Staatsorganisationsrecht im Allgemeinen – die Zuständigkeiten von Hoheitsträgern bei der Erfüllung öffentlicher Aufgaben regeln. Sie sind als solche nicht geeignet, die im »Außenverhältnis« zwischen Land und Lehrkräften bestehenden Rechtsbeziehungen (vor allem die »Fürsorgepflicht«) und die hiermit einhergehenden Verantwortlichkeiten einzuschränken oder auszuschließen.[38] Sie bewirken lediglich eine Begrenzung der Gestaltungsfreiheit des Landes als Arbeitgeber im Sinne des Arbeitsschutzrechts bei der Erfüllung seiner aus § 3 Abs. 2 ArbSchG folgenden Organisationspflicht: Arbeitsschutzpflichten im Zusammenhang mit den Zuständigkeiten der Schulträger (z.B. Sicherheit von Gebäuden, Einrichtungen oder Arbeitsmitteln) dürfen kraft Schulorganisationsrechts nur von den Schulträgern, nicht aber vom Land oder von durch ihn beauftragten sonstigen Dritten i.S.v. § 13 Abs. 2 ArbSchG wahrgenommen werden. Die Organisationspflicht fokussiert sich vor diesem Hintergrund auf das Ziel zu gewährleisten, dass der Schulträger im Rahmen seiner Zuständigkeiten seine Aufgaben ordnungsgemäß umsetzt, sodass die aus dem Arbeitsschutzrecht folgenden Arbeitgeberpflichten erfüllt werden.

Das beinhaltet vor allem eine angemessene Überwachung der Tätigkeit der Schulträger und ggf. ein Einschreiten, wenn Aufgaben nicht ordnungsgemäß erfüllt werden. Der verwaltungsrechtlich vorgezeichnete Weg ist in diesen Fällen die Kommunal- und Schulaufsicht. Sie liegt jeweils im Zuständigkeitsbereich der Länder, und damit bei der Anstellungskörperschaft der Lehrkräfte.

---

36 BT-Drs. 13/2204, S. 81; *Eichenhofer* in Koppenfels-Spies/Wenner, SGB VII, 3. Aufl. 2022, § 21 Rn. 4.

37 Dazu eindeutig *BAG* vom 12.3.2013 – 9 AZR 455/11, NZA 2013, 1086, 1087; problematisch daher die in diesem Text nicht näher zu diskutierende »Beteiligungslücke« bei arbeitsschutzrechtlich relevanten Planungen des Schulträgers durch *BVerwG* vom 16.6.2011 – 6 PB 3/11 und 27.11.2012 – 6 PB 12/12; zur Kritik *Kohte*, Gute Arbeit 4/2013, 15, 17.

38 So zutreffend die beiden rechtskräftigen Urteile des *VGH Baden-Württemberg* vom 3.5.2006 – 9 S 778/04 und 9 S 2708/04 – dazu auch *BVerwG* vom 4.10.2006 –6 B 41/06 – sowie bereits *BVerwG* vom 18.10.1966 – VI C 39.64 = BVerwGE 25, 138ff. und jetzt vor allem *BAG* vom 12.3.2013 – 9 AZR 455/11, NZA 2013, 1086, 1087.

Maßstab des Handelns des Landes muss dabei sein, dass die gegenüber dem Lehrpersonal bestehenden arbeitsschutzrechtlichen Schutzpflichten effektiv erfüllt werden. So ist ein Einschreiten geboten, wenn Uneinigkeit mit dem Schulträger über die Erforderlichkeit einer Maßnahme besteht oder Maßnahmen mit Hinweis auf die angespannte Haushaltslage der Kommune unterbleiben.[39] Binnenstreitigkeiten zwischen Land und Schulträger über die Kosten dürfen angesichts der überragenden Bedeutung des Grundrechts der Lehrkräfte auf Leben und körperliche Unversehrtheit im Außenverhältnis (Art. 2 GG) nicht zu Verzögerungen bei der Durchführung erforderlicher Maßnahmen für einen effektiven Arbeits- und Gesundheitsschutz des Lehrpersonals führen. Das Land muss als arbeitsschutzrechtlich primär verantwortlicher Akteur insoweit ggf. in Vorleistung treten und »im Nachgang« eine Lösung durch die Geltendmachung eines öffentlich-rechtlichen Erstattungsanspruches suchen.[40] Auch insoweit gilt aber, dass selbst eine mangelhafte Ausstattung der Kommunen durch das Land es nicht rechtfertigt, im »Außenverhältnis« zu den Beschäftigten Abstriche von den erforderlichen Maßnahmen des Arbeitsschutzes vorzunehmen.

Aus der Perspektive der kommunalen Schulträger folgt aus dem Vorstehenden, dass sie in einer fremden Angelegenheit tätig werden, wenn sie Maßnahmen zum Schutz der Sicherheit und der Gesundheit der Lehrkräfte vornehmen.[41] Ihnen kann dann ein Erstattungsanspruch gegen das Land zustehen.[42] Demzufolge handeln Schulträger bei Begehungen der Schule mit Blick auf das Lehrpersonal auch für die Dienststellenleitung,

---

39 Dazu *Ennuschat* in Löwer/Tettinger (Hrsg.): Landesverfassung Nordrhein-Westfalen – Kommentar, Art. 5 Rn. 56; *Oeynhausen/Birnbaum*, Schulrecht Nordrhein-Westfalen, 2. Aufl. 2005, Rn. 654.

40 Gutes Anschauungsmaterial bieten insoweit die beiden genannten Urteile des *VGH Baden-Württemberg* vom 3.5.2006 – 9 S 778/04 und 9 S 2708/04. Darüber hinaus kann es notwendig sein, die Zuweisungen der Länder an die Kommunen im Rahmen des Schullastenausgleichs zu überprüfen. Die Kommunen bekommen diese Transferleistungen üblicherweise auf Grundlage des kommunalen Finanzausgleichs (vgl. z.B. §§ 15ff. Finanzausgleichsgesetz Baden-Württemberg).

41 Hierzu nochmals die beiden Entscheidungen des *VGH Baden-Württemberg* vom 3.5.2006 –9 S 778/04 und 9 S 2708/04, in denen zutreffend ein Anspruch des Landes aus öffentlich-rechtlicher Geschäftsführung ohne Auftrag mit der Begründung abgelehnt wurde, dass es sich bei den vom Land beschafften orthopädischen Schuhen bzw. einem bandscheibengerechten Schreibtischstuhl nicht um eine fremde, sondern um eine eigene Angelegenheit des Landes handelte.

42 *VerwG Karlsruhe* vom 21.1.2019 – 12 K 6942/17; dazu *Kohte/Faber*, jurisPR-ArbR 40/2019 Anm. 2; *BayVGH* vom 20.4.2023 – 7 BV 20.1905, juris.

sodass auch der Lehrerpersonalrat nach den landesrechtlichen Bestimmungen, die § 68 BPersVG entsprechen, hinzuzuziehen ist.
Bei den raumbezogenen Schutzmaßnahmen im Arbeitsstättenrecht berufen sich die Bundesländer als Arbeitgeber oft darauf, dass sie nicht Eigentümer der Schule seien. Das greift allerdings zu kurz. Seit vielen Jahren ist anerkannt, dass Arbeitgeber auch dann Arbeit nur in einer gesundheitsgerechten Arbeitsstätte zuweisen dürfen, wenn sie Mieter sind.[43] Dies gilt auch für das Verhältnis zwischen Land und Schulträger, auch wenn zwischen ihnen kein Mietvertrag besteht. Zutreffend hat das OVG Münster in einer ähnlichen Konstellation hervorgehoben, dass der öffentliche Dienstherr die Arbeitsstätte »betreibt« und daher nach § 3a ArbStättV verpflichtet ist, sie so zu betreiben, dass von der Arbeitsstätte keine Gefährdungen für die Sicherheit und Gesundheit der Beschäftigten ausgehen.[44]
Zusammenfassend ist daher festzuhalten, dass die im Schulrecht angelegte Zuständigkeitsaufteilung allein das Binnenverhältnis zwischen dem Land und den kommunalen Schulträgern regelt. Hiervon nicht betroffen sind die gegenüber den beschäftigten Lehrkräften bestehenden Rechtspflichten des Landes als Dienstherr bzw. Arbeitgeber der Lehrkräfte. Das Land hat daher mit allen geeigneten Mitteln dafür zu sorgen, dass die dem materiellen Grundrechtsschutz der Lehrkräfte dienenden »erforderlichen Maßnahmen des Arbeitsschutzes« i. S. v. § 3 Abs. 1 ArbSchG getroffen, geplant und durchgeführt werden.[45] Die Personalräte sind hiervon ausgehend von ihren Dienststellenleitungen über die Ergebnisse und Erkenntnisse der »Oberaufsicht« sowie ggf. über Aufsichtsmaßnahmen zu informieren und entsprechend den Maßgaben der Landespersonalvertretungsgesetze zu beteiligen.

43 *BVerwG* vom 29.4.1983 – 1 C 167/79, GewArch 1983, 339; MünchArbR/*Nebe* § 177 Rn. 3.

44 *OVG Münster* vom 29.6.2012 – 20 A 632/10 PVL, PersR 2013, 373, dazu *Faber*, PersR 2013, 358ff.

45 In der Branchenregel »Schule« (DGUV Regel 102-601 »Branche Schule«, August 2019, S. 122) wird insofern zutreffend auf die übergreifende Verantwortlichkeit der Schulhoheitsträger für die sichere Durchführung des Schulbetriebes und die Notwendigkeit der Abstimmung der Präventionsmaßnahmen mit der die Sachkosten tragenden Einrichtung hingewiesen. Sicherlich kommt der gegenseitigen Abstimmung dabei zentrale Bedeutung zu. Angesichts der überragenden Bedeutung von Leben und Gesundheit müssen aber insbes. die Mittel der Kommunalaufsicht genutzt werden, wenn die Schulgebäude und die schulischen Anlagen entgegen den gesetzlichen Vorgaben nicht ordnungsgemäß gemäß den arbeitsschutzrechtlichen Mindeststandards bereitgestellt und unterhalten werden.

E. Beteiligung und Mitbestimmung der Interessenvertretungen im betrieblichen Arbeits- und Gesundheitsschutz

Im Zentrum dieses Leitfadens stehen die Handlungsmöglichkeiten von Personalräten beim Arbeits- und Gesundheitsschutz in der Schule. Nachfolgend sollen zunächst die Funktion der Partizipation im Arbeits- und Gesundheitsschutz sowie die rechtlichen Grundlagen für Beteiligung und Mitbestimmung in den Personalvertretungsgesetzen vorgestellt werden. Einzelne konkrete Handlungsbeispiele werden dann in Teil F vorgestellt.

I. Beteiligung im Arbeits- und Gesundheitsschutz – Funktionen und unionsrechtlicher Hintergrund

In den Kategorien des früheren – primär ordnungsrechtlich verstandenen – Arbeitsschutzrechts bestanden für die Durchsetzung des materiellen Arbeitsschutzrechts juristisch klare und erprobte Wege. Das Gesetz bzw. behördliche Verwaltungsakte machten detaillierte, inhaltlich klar bestimmbare Verhaltensvorgaben, die im Idealfall ohne besondere Probleme ggf. im Wege der Verwaltungsvollstreckung durchsetzbar waren. Die originäre Verantwortung für die Durchführung von Arbeitsschutzmaßnahmen lag – wie auch heute noch[1] – ausschließlich beim Arbeitgeber bzw. bei den von ihm mit der Erfüllung von Arbeitsschutzpflichten betrauten verantwortlichen Personen (vor allem Führungskräften).
Für die Betriebe bzw. Dienststellen eröffneten sich durch die detaillierten arbeitsschutzrechtlichen Vorgaben in der Regel keine Gestaltungsspielräume. Das hatte zur Folge, dass sich die Frage einer (Mit)Gestaltung des Arbeits- und Gesundheitsschutzes durch die betrieblichen Interessenvertretungen nur selten stellte. Wenn die betrieblichen Gestaltungsfragen

1 Vgl. z. B. *Herget* in Altvater, BPersVG, 11. Aufl. 2023, § 68 Rn. 1.

durch das Gesetz oder die Aufsicht (fremdbestimmt) entschieden sind, ist auch keine Mitbestimmung erforderlich. Mitbestimmung setzt voraus, dass etwas zu entscheiden ist, weil Handlungsalternativen bestehen.[2] Konsequenterweise fokussierte sich die Bedeutung der betrieblichen Interessenvertretungen im klassischen deutschen Arbeitsschutz auf die Rolle einer internen Kontrollinstanz, die darüber wachte, dass die an den Arbeitgeber/Dienstherrn gerichteten Schutzvorschriften und behördlichen Anordnungen tatsächlich umgesetzt werden. Ausdruck dieses klassischen Verständnisses ist die Norm des § 68 BPersVG bzw. der entsprechenden Bestimmungen der Landespersonalvertretungsgesetze über die Beteiligung des Personalrats in Fragen des Arbeitsschutzes und der Unfallverhütung. Die Bestimmung verlangt die Hinzuziehung des Personalrats bei allen Besichtigungen und Fragen des Arbeits- und Gesundheitsschutzes und begründet die Pflicht, die staatliche Arbeitsschutzaufsicht und die Unfallkassen durch Anregung, Beratung und Auskunft zu unterstützen.[3] Die Perspektiven änderten sich spätestens im letzten Viertel des vergangenen Jahrhunderts, als der Gesetzgeber zunehmend dazu übergegangen ist, anstelle präziser Verhaltensvorgaben allgemeine Schutzziele zu normieren, die von den Akteuren der Dienststelle in Eigenverantwortung zu konkretisieren sind. Diese Regulierungsstrategie ist im Interesse eines effektiven Gesundheitsschutzes geboten, denn die Verhältnisse in den einzelnen Branchen und in jedem einzelnen Betrieb sind heute mehr denn je sehr unterschiedlich. Es lassen sich deswegen kaum mehr für alle Branchen konkrete Verhaltensanforderungen in generalisierbarer Form regeln.

Für die Betriebe und Dienststellen entstand so die Notwendigkeit einer eigenständigen betrieblich-konkreten Gestaltung von Sicherheit und Gesundheit bei der Arbeit, da es nicht mehr reicht, lediglich schematisch Verhaltensanforderungen zu befolgen. Das führte zur Frage, auf welche Weise und von wem die nunmehr erforderlichen Gestaltungsentscheidungen zu treffen sind. Von Beginn an stand dabei die Notwendigkeit außer Frage, die Beschäftigten und ihre Vertretungen intensiv zu beteiligen. Um das Ziel – einen speziell auf die betrieblichen Gegebenheiten zugeschnittenen Arbeits- und Gesundheitsschutz – zu erreichen, erschien es zu Recht als unverzichtbar, auf die speziellen Kenntnisse der Beschäftigten als unmittelbar Betroffene zurückzugreifen. Die Optimierung des Arbeits- und Gesundheitsschutzes ist daher ein wesentlicher Grund, Be-

2 Vgl. z. B. *Ilbertz/Widmaier*, BPersVG, 15. Aufl. 2022, § 80 Rn. 133.
3 So BVerwGE 13, 226.

triebs- und Personalräte mit speziellen Rechten zur Ausgestaltung der Schutzmaßnahmen in der Dienststelle auszustatten.[4]
Hinzu kommt ein weiterer wichtiger Aspekt. Der Arbeitsschutz dient vor allem dem Schutz der vitalen Interessen der Beschäftigten. Es wäre nicht sachgerecht und würde die Bedeutung des Grundrechts auf Leben und körperliche Unversehrtheit[5] verkennen, die Beschäftigten bzw. ihre Vertretungen von Entscheidungen über Sicherheit und Gesundheit auszuschließen und diese allein der Eigenverantwortung des Arbeitgebers zu überlassen. Zutreffend ist daher bereits 1989 in der Gemeinschaftscharta der sozialen Grundrechte in Nr. 19 das Grundrecht auf gesunde Arbeitsbedingungen mit dem Recht der Beschäftigten auf Partizipation verbunden worden. Partizipation im Arbeits- und Gesundheitsschutz geht daher einher mit der Anerkennung, dass die Beschäftigten mehr sind als Objekte fürsorglichen Schutzes, sondern individuell und kollektiv handelnde, mit (Grund-)Rechten ausgestattete Subjekte.[6] Dieser Grundsatz wird seit 2009 durch Art. 31 Abs. 1 der EU-Grundrechte-Charta bekräftigt.[7]
Es lassen sich somit zusammenfassend folgende drei Funktionen der Partizipation im Arbeits- und Gesundheitsschutz unterscheiden:

1. Innerbetriebliche Kontrollfunktion;
2. Verbesserung des Arbeits- und Gesundheitsschutzes durch die Sichtweise und das Erfahrungswissen der Beschäftigten als »Expert:innen vor Ort«;
3. Faire Teilhabe der Betroffenen bei Angelegenheiten, die ihre elementaren Rechte auf Gesundheit und Leben (Art. 2 GG) betreffen.

Diese funktionale Ausrichtung prägt das Unionsrecht, aus dem sich heute verbindliche Vorgaben für den deutschen Gesetzgeber ergeben. So hebt Art. 1 Abs. 2 der Arbeitsschutz-RL (89/391/EWG)

»die Information, die Anhörung, die ausgewogene Beteiligung nach den nationalen Rechtsvorschriften bzw. Praktiken, die Unterweisung der Arbeitnehmer und ihrer Vertreter«

als zentrale Ziele des Arbeitsschutzrechts hervor. Der europäische Gesetzgeber zielt hierbei auf eine Kooperation der Betriebsparteien ab. In den

4 *BAG* vom 8.6.2004 – 1 ABR 13/03 = DB 2004, 2274ff.; dazu bereits mit Blick auf die Vorgaben des Unionsrechts *Bücker/Feldhoff/Kohte*, Vom Arbeitsschutz zur Arbeitsumwelt 1994, Rn. 267ff.

5 Dazu *BVerfG* vom 28.1.1992 –1 BvR 1025/82 – NZA 1992, 270, 273; vgl. *Colneric*, NZA 1992, 393, 395.

6 Dazu ausführlich *Faber*, Die arbeitsschutzrechtlichen Grundpflichten, S. 58ff.

7 Dazu *Bücker* in HaKo-ArbSchR, 2023, Grundrecht Rn. 74ff.

Erwägungsgründen der Arbeitsschutz-RL heißt es in diesem Zusammenhang weiter:

»Es ist ferner unerlässlich, dass sie[8] *in die Lage versetzt werden, durch eine angemessene Mitwirkung entsprechend den nationalen Rechtsvorschriften bzw. Praktiken zu überprüfen und zu gewährleisten, dass die erforderlichen Schutzmaßnahmen getroffen werden.«*

Die konkrete rechtliche Ausgestaltung dieser Kooperation wird dabei den Mitgliedsstaaten überlassen, deren kollektivrechtliche Traditionen gewahrt bleiben sollen.[9] Die Bundesregierung hatte daher 1996 erklärt, dass bei der Umsetzung der RL 89/391/EWG zum Arbeitsschutz durch das Arbeitsschutzgesetz im Jahr 1996 keine neuen Vorschriften über die Beteiligung erlassen werden sollten, weil sich mitbestimmungsrechtliche Vorschriften bereits in den Personalvertretungsgesetzen und im Betriebsverfassungsgesetz befanden.[10] Dies setzt allerdings voraus, dass diese Vorschriften in Übereinstimmung mit dem Unionsrecht ausgelegt werden.
Es ist hierbei weiter zu beachten, dass unionsrechtlich ein Basisrecht an Beteiligung zwingend zu wahren ist. Die kollektiven Beteiligungsrechte der Personalräte müssen mindestens dem Standard des Art. 11 der Richtlinie entsprechen. Einer Beschränkung der Beteiligungsrechte sind hier durch das Unionsrecht durchaus enge Grenzen gezogen.

II. Erlangen von Informationsmacht

Information ist nicht nur im Arbeits- und Gesundheitsschutz die Basis für Arbeit der betrieblichen Interessenvertretung. Aktivitäten können nur entfaltet werden, wenn Probleme oder auch Gestaltungsspielräume bekannt sind. Dies gilt sowohl für die kontrollierenden Aufgaben im Zusammenhang mit der Gesundheit und Sicherheit als auch für die Mitwirkung und Mitbestimmung bei der Gestaltung von Maßnahmen. Daher regelt Art. 10 der RL 89/391/EWG die Informationsrechte der Arbeitnehmer:innen und ihrer Vertretungen als die Basis für die weitere

8 Das heißt in der Terminologie der Richtlinie »die Arbeitnehmer bzw. ihre Vertreter«.
9 *Ritschel*, Arbeitnehmerpartizipation im Arbeitsschutz, 2022, S. 146.
10 Vgl. Gesetzesbegründung zum Arbeitsschutzgesetz, BT-Drs. 13/3540, S. 22.

Partizipation.[11] In den Personalvertretungsgesetzen wird dieser Grundbedingung der Interessenvertretungsarbeit im Arbeitsschutz durchweg durch die Normierung von Unterrichtungspflichten, Informationsansprüchen und Pflichten zur Hinzuziehung der Personalräte Rechnung getragen. Dies geschieht in der Regel angelehnt an die Bestimmungen des BPersVG, wobei es im Detail aber durchaus Unterschiede zwischen verschiedenen Personalvertretungsgesetzen gibt. Auf einzelne länderspezifische Besonderheiten wird dann – wie auch bei der Erörterung der Mitbestimmungsrechte – in einem gesonderten Abschnitt eingegangen (vgl. nachfolgend E.II.4).

1. Allgemeiner Informationsanspruch

Nach § 62 Nr. 2 BPersVG zählt es zu den allgemeinen Aufgaben der Personalräte, »darüber zu wachen, dass die zugunsten der Beschäftigten geltenden Gesetze, Verordnungen, Tarifverträge, Dienstvereinbarungen und Verwaltungsanordnungen durchgeführt werden«.[12] Hierzu zählen vor allem alle Bestimmungen des technischen und sozialen Arbeitsschutzrechts,[13] also vor allem das Arbeitsschutzgesetz und die auf Grundlage der §§ 18, 19 ArbSchG erlassenen Rechtsverordnungen (z. B. BetrSichV, GefStoffV, ArbStättV, BioStoffV) und das Arbeitssicherheitsgesetz. Um diese Aufgabe erfüllen zu können, normiert § 66 Abs. 1 BPersVG eine Pflicht des Dienststellenleiters, die Personalräte rechtzeitig und umfassend zu informieren.[14] Hierzu zählt auch die Vorlage der erforderlichen Unterlagen.[15] Mit der Unterrichtungspflicht korrespondiert anerkanntermaßen ein Informationsanspruch des Personalrats. Dieser Informationsanspruch besteht unabhängig vom Anlass, d. h. es bedarf weder eines konkreten Beteiligungsfalls oder einer konkreten Besorgnis einer Rechtsverletzung.[16] Verlangt wird allerdings, dass die Information für die Aufgaben des Personalrats erforderlich ist, so z. B. für Fragen des Personalbedarfs oder der Personalplanung.[17]

---

11 EAS/*Kohte*, B 6100 Arbeitsschutzrahmenrichtlinie, 2023, Rn. 91.

12 Entsprechende Regelungen sind in allen Personalvertretungsgesetzen enthalten.

13 *Ilbertz/Widmaier*, BPersVG, 15. Aufl. 2022, § 62 Rn. 14.

14 Dazu grundsätzlich *BVerwG* vom 4. 9. 2012 – 6 P 5/11, PersR 2012, 508; dazu auch *Baden*, PersR 2013, 346 ff.

15 *BVerwG* vom 23. 1. 2002 – 6 P 5.01 – AP Nr. 7 zu § 68 BPersVG.

16 *BVerwG* vom 22. 4. 1998 – 6 P 4.97 – PersR 1998, 461, 465.

17 *BVerwG* vom 19. 12. 2018 – 5 P 6/17, PersR 6/2019, 40 m. Anm. Kröll; anschaulich OVG Weimar 11. 10. 2021 – 5 PO 208/20, PersV 2022, 188 zum Programm »Borkenkäfer«; *Ilbertz/Widmaier*, BPersVG, 15. Aufl. 2022, § 66 Rn. 10.

§§ 62 Nr. 2, 68 BPersVG bieten damit die Rechtsgrundlage für eine umfassende und zeitnahe (»rechtzeitig«) Information zu allen Fragen im Zusammenhang mit der Sicherheit und der Gesundheit der Beschäftigten. Hierzu zählen vor allem die Vorbereitung, Erstellung und Dokumentation der Gefährdungsbeurteilung sowie der getroffenen Maßnahmen des Arbeitsschutzes. Sie ist erforderlich zur Prüfung,

- ob überhaupt den Verpflichtungen aus §§ 5, 6 ArbSchG nachgekommen worden ist;
- ob die getroffenen Maßnahmen hinreichend wirksam und damit erforderlich i. S. v. §§ 3, 5 ArbSchG sind;
- ob die getroffenen Maßnahmen tatsächlich in der vorgesehenen Weise (in der Schule) durchgeführt werden.

Zur sachgerechten Vorbereitung dieser Beteiligungsrechte kann der Personalrat auf das allgemeine, aus § 66 Abs. 1 BPersVG abzuleitende Informationsrecht zurückgreifen.[18] Dieses Recht erfasst die notwendigen Informationen für die Ausübung jedes konkreten Mitbestimmungsrechts. Dies gilt auch für sensible personenbezogene Daten (z. B. Gesundheitsdaten), sofern diese für die Wahrnehmung von Aufgaben des Personalrats erforderlich sind. Der Anspruch setzt insoweit voraus, dass der Personalrat über ein Datenschutzkonzept verfügt, das die Daten vor unbefugtem Zugriff und zweckwidriger Verwendung sichert.[19]

2. Spezielle Informationsrechte für den Arbeits- und Gesundheitsschutz

Neben den skizzierten allgemeinen Informationsrechten des Personalrats gibt es mit dem mit »Hinzuziehung in Fragen des Arbeitsschutzes und der Unfallverhütung« überschriebenen § 68 BPersVG eine weitere Rechtsgrundlage für die Informationsbeschaffung. § 68 BPersVG beinhaltet zum einen eine Erweiterung der Informationsmöglichkeiten der Personalräte, zum anderen eine Reihe von Konkretisierungen der allgemeinen Informationspflicht.

---

18 *Herget* in Altvater, BPersVG, 11. Aufl. 2023, § 66 Rn. 1a.

19 *Herget* in Altvater, BPersVG, 11. Aufl. 2023, § 66 Rn. 7, unter zutreffendem Hinweis auf *BAG* vom 9.4.2019 – 1 ABR 51/17, NZA 2019, 1015ff., dazu *Kiesche*, jurisPR-ArbR 26/2020 Anm. 1.

a) Verdeutlichung der allgemeinen Informationsrechte durch § 68 BPersVG

Durch § 68 BPersVG werden die Unterrichtungspflichten/-rechte mit Blick auf die Spezifika des Arbeitsschutzes verdeutlicht. Dies hat nicht zuletzt Bedeutung für die reibungslose Kooperation der Betriebsparteien im Arbeits- und Gesundheitsschutz. Hinzuweisen ist insoweit auf folgende Verpflichtungen der Dienststellenleitung/Arbeitgeber:

- Aushändigung der Kopien von Unfallmeldungen (§ 68 Abs. 5 BPersVG);
- Aushändigung der Protokolle der gemeinsamen Besprechungen der Dienststellenleitung mit den Sicherheitsbeauftragten nach § 22 SGB VII (§ 68 Abs. 4 BPersVG);
- Aushändigung der Protokolle von Betriebsbegehungen (§ 68 Abs. 4 BPersVG);
- Mitteilung von Auflagen und Anordnungen der Arbeitsschutzaufsicht und sonstigen für den Arbeitsschutz zuständigen Stellen (§ 68 Abs. 2 BPersVG). Zu den sonstigen Stellen zählen auch die intern für den Arbeitsschutz zuständigen Personen, wie Fachkraft für Arbeitssicherheit, Betriebsarzt, Sicherheitsbeauftragte, verantwortliche Personen i. S. v. § 13 ArbSchG, Strahlenschutzbeauftragte.

In der Gerichtspraxis werden diese spezifischen Informationsrechte so zusammengefasst, dass der Dienstherr die Personalräte bei »allen im Zusammenhang mit dem Arbeitsschutz stehenden Fragen hinzuziehen« hat.[20]

b) Unmittelbare Information durch Teilnahmerechte

§ 68 BPersVG geht insoweit über den allgemeinen Informationsanspruch nach § 66 BPersVG hinaus, als er dem Personalrat das Recht und die Pflicht einräumt, an Arbeitsschutzbegehungen und -untersuchungen (§ 68 Abs. 2 BPersVG) sowie gemäß § 68 Abs. 3 BPersVG an den turnusmäßigen Besprechungen des Arbeitgebers mit den Sicherheitsbeauftragten i. S. v. § 22 SGB VII teilzunehmen. Der Personalrat hat also – über § 66 BPersVG hinausgehend – das Recht, sich unmittelbar ein – direktes und eigenständiges – Bild zu machen und sich in den Prozess der Meinungsbildung durch seine Teilnahme einzumischen. Hierzu zählt vor allem, dass Termine rechtzeitig mit dem Personalrat abgestimmt werden und er über das Ziel von Begehungen, Besprechungen (z. B. durch eine

20 Zuletzt *OVG Berlin-Brandenburg* vom 12.3.2020 – OVG 60 PV 9/18, NZA-RR 2020, 442 Rn. 11.

Tagesordnung) so rechtzeitig informiert[21] wird, dass er sich entsprechend vorbereiten kann.

Der Personalrat ist damit an allen arbeitsschutzrelevanten Aktionen in der Dienststelle zu beteiligen. Auch hier ist noch einmal darauf hinzuweisen, dass zu den zuständigen Stellen i. S. v. § 68 Abs. 2 BPersVG auch alle betrieblichen Akteure des Arbeits- und Gesundheitsschutzes zählen. Wann immer der externe Betriebsarzt oder die externe Fachkraft in der Schule ist, ist hierüber der zuständige Personalrat so früh wie möglich zu informieren. Nach der Rechtsprechung des Bundesverwaltungsgerichts hat der Personalrat vor allem auch das Recht, an Erhebungen und Befragungen im Rahmen der Gefährdungsbeurteilung teilzunehmen.[22]

3. Sonderprobleme im Schulbereich, vor allem bei Begehungen und Besichtigungen

Im Schulbereich kommt es immer wieder zu Problemen bei der konkreten Umsetzung der soeben beschriebenen Informations- und Hinzuziehungspflichten des Dienststellenleiters. Sie beruhen – in den Flächenländern – nicht selten darauf, dass in der Praxis mit dem Land (als Schulhoheitsträger) und den Kommunen (als Schulträger) zwei Institutionen in den Arbeits- und Gesundheitsschutz des Lehrpersonals involviert sind. Anschauliches Beispielsmaterial bietet eine Entscheidung des OVG Münster.[23] Im zugrunde liegenden Fall erfuhr der Personalrat für Grund- und Hauptschulen beim staatlichen Schulamt erst aus der Zeitung, dass in Grund- und Hauptschulen Begehungen und Gebäudeuntersuchungen zur Feststellung von Schadstoffbelastungen stattgefunden haben und weiter stattfinden sollen. Die Forderung des Personalrats gegenüber seiner Dienststellenleitung auf Hinzuziehung lehnte die Leitung mit der Begründung ab, dass die Begehungen vom kommunalen Schulträger vorgenommen würden, auf dessen Verhalten er keinen Einfluss nehmen könne.

Das OVG Münster hat entschieden, dass zu diesen – unter der Regie des kommunalen Schulträgers stattfindenden – Begehungen der örtliche Personalrat Grund- und Hauptschulen hinzuzuziehen ist. Es hat seinen Beschluss im Kern damit begründet, dass die dem Personalrat zugeordnete

21 Vgl. auch *OVG Münster* vom 24.11.2005 – 1 A 3019/04.PVL.

22 *BVerwG* vom 14.10.2002 – 6 P 7.01 = PersR 2003, 113ff.

23 *OVG Münster* vom 24.11.2005 – 1 A 3019/04.PVL; vgl. außerdem die vergleichbaren Fallgestaltungen bei *OVG Münster* vom 11.11.1994 – 1 A 1006/92.PVL = NWVBL 1995, 221; *VGH Baden-Württemberg* vom 29.9.1992 – 15 S 2773/91 = PersR 1993, 472.

Dienststelle – das Staatliche Schulamt – hier als eine für den Arbeitsschutz zuständige Stelle agiere. Das Gericht geht dabei davon aus, dass eine Beteiligung des Lehrerpersonalrats dann ausscheiden würde, wenn es sich bei den Begehungen um eine Maßnahme handeln würde, die ausschließlich dem kommunalen Schulträger zuzurechnen wäre. Zuständige und allein hinzuziehende Personalvertretung wäre in einem solchen Fall allein der bei der Dienststelle des Schulträgers gebildete Personalrat. Eine solche ausschließliche Zurechnung der Begehungen zum Schulträger sieht das OVG Münster aber aufgrund der institutionellen Regelungen des nordrhein-westfälischen Schulrechts nicht. Danach werden die Aufgaben des Arbeitsschutzes zwar beim Schulträger vom Oberbürgermeister/der Oberbürgermeisterin (also der kommunalen Verwaltungsspitze) wahrgenommen, zu beachten sei aber weiter, dass der Oberbürgermeister/die Oberbürgermeisterin in »Personalunion« zugleich als (zweites) Mitglied eine Leitungsfunktion im Staatlichen Schulamt (also der Dienststelle des Lehrerpersonalrats) habe (§ 91 Abs. 1 SchG NRW). Das bedeute, es liege ein Fall der gesetzlichen Organ- bzw. Institutionsleihe vor. Die Anordnung von Begehungen erfolge in einem solchen Falle zugleich auch in seiner Funktion als leitendes Mitglied des Schulamtes, das für die Sicherheit und Gesundheit des Lehrpersonals verantwortlich ist, sodass er als zuständige Stelle den Lehrerpersonalrat Grund- und Hauptschulen hinzuzuziehen habe.

Dem Beschluss des OVG Münster ist im Ergebnis, nicht aber in der Begründung zu folgen. Zuzustimmen ist der Entscheidung insofern, als sie davon ausgeht, dass eine Beteiligung des Lehrerpersonalrats nur ausscheidet, wenn und soweit es sich bei den Begehungen um Maßnahmen handelt, die ausschließlich dem Schulträger zuzurechnen sind. Dies ist aber, unabhängig von den Besonderheiten des nordrhein-westfälischen Schulorganisationsrechts, bei Begehungen von Schulen durch bzw. unter Beteiligung des Schulträgers nicht der Fall. Diese zielen immer zugleich auch auf den Arbeits- und Gesundheitsschutz der Lehrerinnen und Lehrer, deren Arbeitsstätten die Schulen sind.[24] Arbeitsschutzrechtlich verantwortlich ist mit Blick auf die Lehrkräfte in solchen Fällen primär ihr Arbeitgeber. Das ist nach § 2 Abs. 3 i. V. m. Abs. 2 Nrn. 1, 4 ArbSchG die juristische Person, die Beamtete, Arbeitnehmerinnen und Arbeitnehmer

24 Der Schulträger agiert daneben selbst originär in Erfüllung eigener – nicht abgeleiteter – Arbeitgeberpflichten gegenüber den bei ihm als Anstellungsbehörde beschäftigten Schulpersonal (Hausmeister, Sekretariat etc.). Insofern ist auch der Personalrat des Schulträgers als Interessenvertreter dieser Personengruppe zu solchen Begehungen hinzuzuziehen.

beschäftigt, also das Land. Dieses – nicht aber der Schulträger – ist nach § 3 Abs. 1, 2 ArbSchG verpflichtet, die Sicherheit und die Gesundheit[25] des bei ihm beschäftigten Lehrpersonals zu gewährleisten.[26] Wie oben ausgeführt, lässt § 13 ArbSchG zwar zu, dass andere Akteure die dem Arbeitgeber obliegenden Verpflichtungen verantwortlich wahrnehmen. Wichtig in diesem Zusammenhang ist aber, dass eine solche von der Pflichtenstellung des Arbeitgebers »abgeleitete Verantwortung« nach dem klaren Wortlaut des § 13 Abs. 1 ArbSchG »neben« der fortbestehenden primären Verantwortung des Arbeitgebers steht. Der Arbeitgeber ist deswegen nach § 3 Abs. 2 ArbSchG verpflichtet, die Arbeitsteilung im Bereich des Arbeits- und Gesundheitsschutzes so zu organisieren, dass er stets »die Fäden in der Hand hält« und dass die an ihn adressierten Arbeitsschutzpflichten erfüllt werden.[27] Zu dieser Verantwortung des – delegierenden – Arbeitgebers gehört es auch, die Voraussetzungen (z. B. durch entsprechende Verfahrensanweisungen oder Verwaltungsanordnungen) dafür zu schaffen, dass die betrieblichen Interessenvertretungen ihre Beteiligungs- und Mitbestimmungsrechte wahrnehmen können. Bestätigt wird dieses Ergebnis durch § 68 Abs. 2 BPersVG, wonach die für den Arbeitsschutz zuständigen Stellen (hier der kommunale Schulträger) bei Besichtigungen den jeweils zuständigen Personalrat hinzuzuziehen haben. Zuständig für die Arbeitsplätze der Lehrkräfte ist insoweit der von den Lehrkräften durch Wahl legitimierte Personalrat. Zu dessen gesetzlichen Aufgaben gehört es, das spezifische Erfahrungswissen der Lehrkräfte einzubringen und deren Interessen zu vertreten.

Zusammenfassend lässt sich festhalten, dass das Arbeitsschutzrecht das Recht des Arbeitgebers anerkennt, sich bei der Erfüllung seiner Arbeitsschutzpflichten – im Innenverhältnis – arbeitsteilig zu organisieren. Dies führt aber nicht dazu, dass sich der Arbeitgeber im Außenverhältnis gegenüber seinen Beschäftigten aus seiner Verantwortung entfernen kann.[28] Verantwortliche Personen i. S. v. § 13 ArbSchG nehmen (fremde)

---

25 Konkret ging es vor allem um die Frage, ob das zugunsten des Lehrpersonals geltende Schutzziel des § 3 Abs. 1 ArbStättV, wonach die Arbeitsstätte (Schule) so einzurichten und zu betreiben ist, dass von ihr keine Gefährdungen für die Sicherheit und Gesundheit der Beschäftigten ausgeht, eingehalten ist oder aber aufgrund von Gefahrstoffen eine Gefährdung besteht.

26 Dazu sowie zur wenig geglückten Umsetzung der insoweit maßgeblichen Vorgaben der RL durch das Arbeitsschutzgesetz vgl. *Faber*, Die arbeitsschutzrechtlichen Grundpflichten, S. 46ff.

27 *Schliephacke*, Führungswissen Arbeitssicherheit, 2000, S. 38.

28 Vgl. auch für eine ähnliche Konstellation *BAG* vom 12.3.2013 –9 AZR 455/11, NZA 2013, 1086, 1087.

Pflichten des Arbeitgebers in eigener Verantwortung war. Begehungen von Schulen betreffen daher also stets den Pflichtenkreis des Landes als arbeitsschutzrechtlich Verantwortlichem für die Belange des Lehrpersonals, sodass es sich nicht um eine Angelegenheit handelt, die nur dem Schulträger zuzurechnen wäre.

Hieran ändert sich auch nichts dadurch, dass § 13 ArbSchG die Zuweisung arbeitsschutzrechtlicher Verantwortung durch Verwaltungsorganisationsrecht – hier das Schulrecht – nicht explizit regelt. Das ist nicht erforderlich: Arbeitsschutzrechtlich gilt für das Verhältnis zwischen Schulträgern und Schulhoheitsträgern das in § 13 ArbSchG verankerte allgemeine und übergreifende arbeitsschutzrechtliche Prinzip der Letztverantwortung des Landes als Dienstherr/Arbeitgeber.[29] Die Regelungskompetenz der Länder für das Schulrecht beschränkt sich hierbei darauf, die Binnenorganisation der internen Arbeitsteilung im Arbeitsschutz in der Schule zu regeln. Der Landesgesetzgeber ist demgegenüber aber nicht befugt, Kernbegriffe des Arbeitsschutzgesetzes neu zu definieren und den durch § 2 Abs. 3 ArbSchG definierten »Arbeitgeber« im Sinne des Arbeitsschutzrechts auf diese Weise aus seiner Verantwortung zu entlassen. Eine solche neue Definition ist folgerichtig in keinem Bundesland erfolgt.

Unabhängig von den Besonderheiten des nordrhein-westfälischen Schulrechts sind Begehungen durch den Schulträger wie auch materielle Schutzmaßnahmen in den Schulen also Maßnahmen, die zumindest nicht allein dem Schulträger zuzurechnen sind. Mit Blick auf das Lehrpersonal wird der Schulträger arbeitsschutzrechtlich für das Land tätig, sodass zu Begehungen stets der zumeist zuständige örtliche Lehrerpersonalrat hinzuzuziehen ist. Es gehört zu den Organisationspflichten des Landes als Arbeitgeber nach § 3 Abs. 2 ArbSchG, insoweit mit den Kommunen Verfahrensregeln festzulegen, die sicherstellen, dass entsprechende Einladungen zu Begehungen an den Lehrerpersonalrat gehen. Bei Verstößen gegen diese Informationspflicht kann auch ein Einschreiten im Rahmen der Kommunalaufsicht geboten sein.[30] Unabhängig davon kann es notwendig sein, dass bei solchen Begehungen auch die kommunalen Personalräte hinzugezogen werden, da in den Schulen auch kommunale Beschäftigte (Verwaltungspersonal, Hausmeister) tätig sind, die ebenfalls ein Recht

29 So auch zutreffend die »Branchenregel Schule« (DGUV Regel 102-601), S. 122.

30 Ergänzend sei darauf hingewiesen, dass in aller Regel auch der Personalrat des Schulträgers als Interessenvertretung des in der Schule beschäftigten kommunalen Personals einzubeziehen ist.

auf mitbestimmten Gesundheitsschutz haben.[31] Dies gibt Raum für eine Kooperation zwischen den verschiedenen Personalräten.
Wenig diskutiert wurde in Deutschland, dass ein Hinzuziehen des Lehrerpersonalrats zu Begehungen und Besichtigungen der Schulgebäude auch aus unionsrechtlichen Gründen geboten ist. Nach Art. 11 Abs. 6 der Arbeitsschutz-RL müssen die Vertreter der Arbeitnehmerinnen und Arbeitnehmer die Möglichkeit haben, bei Besuchen und Kontrollen – auch der Aufsichtsbehörden – ihre Bemerkungen vorzubringen. Da nur Lehrerpersonalräte als Vertreter der Lehrkräfte zu agieren legitimiert sind, ergibt sich insoweit wie bereits ausgeführt auch unionsrechtlich die Notwendigkeit, § 68 BPersVG und die entsprechenden Vorschriften der Landespersonalvertretungsgesetze richtlinienkonform dahingehend auszulegen, dass diese bei allen für das Lehrpersonal relevanten Besichtigungen hinzuzuziehen sind. Dies gilt unabhängig davon, ob das Land als Dienstherr/Arbeitgeber im Sinne des Arbeitsschutzrechts oder der Schulträger diese veranlasst bzw. ermöglicht.

4. Differenzierungen zwischen den Beteiligungsrechten in den Bundesländern

Die Bestimmungen der Landespersonalvertretungsgesetze entsprechen im Wesentlichen den Regelungen des Bundespersonalvertretungsgesetzes, an dem sich die vorstehende Darstellung orientiert. Das gilt ganz überwiegend auch für die neue Norm des § 68 BPersVG, die die spezifische Rechtsstellung des Personalrats im Arbeits- und Gesundheitsschutz näher ausformt. Zuletzt ist in Sachsen-Anhalt 2019 die Norm des § 59 PersVG Sachsen-Anhalt an das Bundesrecht angeglichen worden.[32]
Relativ deutliche Unterschiede ergeben sich für die Länder Hessen (§ 60 Abs. 2 PersVG Hessen),[33] und Bremen (§ 64 PersVG Bremen).[34] Den Personalvertretungsgesetzen dieser Länder ist gemein, dass sie die Rechte der Personalräte schwächer formulieren, weil z. B. dem § 68 Abs. 3 bis 5 BPersVG entsprechende Regelungen sowie die Informationspflichten des § 68 Abs. 2 BPersVG fehlen.[35]
Unter dem Blickwinkel des Unionsrechts ist hier ein klares Defizit festzustellen, denn die Mitgliedsstaaten haben die Partizipationsrechte in

31 Dazu *OVG Münster* vom 9. 6. 2006 – 1 A 1492/05 PVL, PersR 2006, 478.
32 *Schneider* in Bieler u. a. LPVG Sachsen-Anhalt, 2022, § 59 Rn. 1.
33 Keine hinreichende Erneuerung im Jahr 2023, *Rothländer*, PersV 2023, 375 ff.
34 Die Norm wurde nicht geändert seit 1974.
35 Dazu *Herget* in Altvater, BPersVG, § 68 Rn. 26.

Art. 11 der RL 89/391/EWG so klar und deutlich umzusetzen, dass allen Beteiligten klar ist, welche Rechte und Pflichten ihnen zustehen.[36] Das ist hier nicht der Fall; eine Nachbesserung ist daher unverzichtbar. In der Zwischenzeit ist eine unionsrechtskonforme Auslegung geboten. Wie bereits oben dargestellt, verdeutlichen die in diesen Bestimmungen geregelten Informationsrechte den allgemeinen Informationsanspruch, d. h. sie greifen bestimmte Informationen heraus, die auch aus dem allgemeinen Anspruch auf umfassende und rechtzeitige Information bei sinn- und zweckgemäßer Auslegung der entsprechenden Normen ableitbar sind (Mitteilung von Auflagen und Anordnungen; Übermittlung von Niederschriften von Besprechungen und Begehungen; Unfallanzeigen). Es fehlen somit vor allem explizite Konkretisierungen des in allen Ländern gleichermaßen normierten allgemeinen Informationsanspruchs im Bereich des Arbeits- und Gesundheitsschutzes. Gleichwohl stehen den Personalräten in diesen Bundesländern die durch Art. 11 der Richtlinie garantierten Rechte vollständig zu.
Das wichtige Recht, sich im Rahmen von Begehungen und Besichtigungen unmittelbar durch die Teilnahme kundig machen zu können, ist hingegen auch in diesen »abgespeckten« Regelungen über die Beteiligung beim Arbeitsschutz in gleicher Weise normiert. Zur Klarstellung ist darauf zu verweisen, dass hiervon das Teilnahmerecht der Personalräte am Arbeitsschutzausschuss nach § 11 ASiG nicht betroffen ist. Die Personalräte zählen in jedem Falle nach den §§ 16, 11 ASiG zur gesetzlich geforderten »Mindestbesetzung« des Arbeitsschutzausschusses. In einigen Bundesländern ist im Personalvertretungsrecht klarstellend die Teilnahme von Personalratsmitgliedern im Arbeitsschutzausschuss normiert.[37]

III. Mitbestimmungsrechte

1. Überblick

Im Bundespersonalvertretungsgesetz (BPersVG) finden sich seit jeher Mitbestimmungstatbestände mit Bezug zum Arbeits- und Gesundheitsschutz. Hieran hat sich auch durch die Novellierung des BPersVG im Jahre 2021 nichts geändert. Hervorzuheben ist insoweit § 80 Abs. 1 Nr. 16

36 Dazu nur *EuGH* vom 14. 9. 2004 – C-168/03 (Kommission ./. Spanien) ZESAR 2005, 286 m. Anm. *Kohte/Faber*.
37 Z. B. § 77 Abs. 3 NPersVG; § 81 Abs. 3 ThürPersVG; § 59 Abs. 3 PersVG LSA.

BPersVG,[38] der ein Mitbestimmungsrecht bei Maßnahmen zum Arbeits- und Gesundheitsschutz statuiert. Daneben bestehen Mitbestimmungsrechte bei der Bestellung von Vertrauens- oder Betriebsärztinnen rsp. Betriebsärzten als Beschäftigte (§ 78 Abs. 1 Nr. 14 BPersVG).[39] Von Relevanz für sichere und gesunde Arbeit ist zudem der Mitbestimmungstatbestand der Gestaltung der Arbeitsplätze gemäß § 80 Abs. 1 Nr. 4 BPersVG (ehemals § 75 Abs. 3 Nr. 16 BPersVG a. F.).

In Übereinstimmung mit dem BPersVG gibt es in allen Bundesländern Mitbestimmungstatbestände in Bezug auf Maßnahmen des Arbeitsschutzes. Größtenteils sind diese Bestimmungen wörtlich am Vorbild des § 75 Abs. 3 Nr. 11 BPersVG a. F. orientiert. In einer Reihe von Ländern sind die Mitbestimmungstatbestände bei Maßnahmen des Arbeitsschutzes zwischenzeitlich weiter gefasst worden. So umfassen das niedersächsische und das rheinland-pfälzische Personalvertretungsrecht heute auch die Erstellung von Arbeitsschutzprogrammen sowie Regelungen, die mittelbar dem Arbeits- und Gesundheitsschutz dienen (§ 66 Abs. 1 Nr. 11 PersVG Niedersachsen; § 80 Abs. 2 Nr. 7 PersVG Rheinland-Pfalz). Hierdurch sollten Einschränkungen der Mitbestimmung des Personalrats im Prozess der Gestaltung von Sicherheit und Gesundheit bei der Arbeit beseitigt werden, die sich aus der Rechtsprechung zum personalvertretungsrechtlichen Begriff der Maßnahme ergeben (dazu unten E.III.4.a). Der »klassische Maßnahmenbegriff« umfasst nach nicht unstreitiger Rechtsprechung des Bundesverwaltungsgerichts[40] keine Vorbereitungshandlungen wie z. B. eine Gefährdungsbeurteilung zur systematischen Ermittlung von Arbeitsschutzmaßnahmen. Das Ziel, die Beteiligung und Mitbestimmung des Personalrats früher einsetzen zu lassen, wird in Nordrhein-Westfalen seit der Personalvertretungsrechtsnovellierung 2011 durch § 72 Abs. 4 Satz 1 Nr. 7 PersVG NRW deutlich formuliert. Danach ist im Arbeits- und Gesundheitsschutz von einem spezifischen Maßnah-

38 Vorgängervorschrift des § 80 Abs. 1 Nr. 16 BPersVG ist § 75 Abs. 3 Nr. 11 BPersVG a. F., dessen Auslegung durch Gerichte und Literatur auch für die Auslegung des novellierten Rechts von erheblicher Bedeutung ist.

39 Im abgelösten BPersVG wurde weiter differenziert zwischen Vertrauens- und Betriebsärztinnen und –ärzten als Arbeitnehmerinnen und Arbeitnehmer oder als Beamtinnen bzw. Beamte. Nach dem 2021 neu eingeführten § 78 Abs. 1 Nr. 14 BPersVG richtet sich die Mitbestimmung bei der Bestellung aller abhängig beim Dienstherrn/Arbeitgeber beschäftigten Ärztinnen und Ärzten nach dem einheitlichen eingeschränkten Mitbestimmungstatbestand (§ 75 Abs. 3 BPersVG).

40 Grundlegend *BVerwG* vom 14. 10. 2002 – 6 P 7/01, NZA-RR 2003, 273 ff.; dagegen zutreffend z. B. *Nitsche* in HaKo-ArbSchR, 2023, BPersV Rn. 43 ff. m. w. N.

menbegriff auszugehen, der explizit auch Maßnahmen vorbereitender und präventiver Art, wie z. B. Gefährdungsbeurteilungen umfasst.[41]
Eine Öffnung der Mitbestimmung für die vorbereitenden und die Maßnahmen begleitenden Prozesse des Arbeits- und Gesundheitsschutzes findet sich seit der BPersVG-Novelle 2021 auch im Bundespersonalvertretungsrecht. Nach § 80 Abs. 1 Nr. 17 BPersVG unterliegen nunmehr auch die »Grundsätze des behördlichen oder betrieblichen Gesundheits- und Eingliederungsmanagements« der Mitbestimmung des Personalrats. In Übereinstimmung hiermit finden sich in einigen Ländern vergleichbare Mitbestimmungstatbestände bei der Ausgestaltung des Gesundheits- und Eingliederungsmanagements (Baden-Württemberg,[42] Hessen, Sachsen), die die Beteiligung auf sicherheits- und gesundheitsbezogene Prozesse in der Dienststelle, insbes. auch in den Schulen ausdehnt.
Deutliche Unterschiede ergeben sich zwischen den Ländern im Hinblick auf die Mitbestimmung bei der Bestellung von besonderen Funktionsträgern des Arbeits- und Gesundheitsschutzes. Neben der im Bundespersonalvertretungsgesetz vorgesehenen Mitbestimmung bei der Bestellung von Betriebsärztinnen und Betriebsärzten, werden in einzelnen Personalvertretungsgesetzen auch Bestimmungen zur Abberufung getroffen. Neben den Betriebsärztinnen und Betriebsärzten werden weitere Funktionsträger wie die Sicherheitsfachkraft, Sicherheitsbeauftragte nach § 22 SGB VII, Strahlenschutzbeauftragte oder auch Fachkräfte und Beauftragte für biologische Sicherheit ausdrücklich genannt. In anderen Personalvertretungsgesetzen wiederum finden sich überhaupt keine expliziten Regelungen über die Bestellung von besonderen Funktionsträgern des Arbeits- und Gesundheitsschutzes. Gravierende Unterschiede ergeben sich zwischen den Ländern bei der Durchsetzung der Mitbestimmung, insbesondere im Hinblick auf die Befugnisse der Einigungsstelle. Während bei der »Mitbestimmung bei Maßnahmen« das Letztentscheidungsrecht durchweg bei der Einigungsstelle liegt, endet das Einigungsstellenverfahren bei personell-organisatorischen Fragen vielfach mit einer Empfehlung an die oberste Dienstbehörde.
Hintergrund der z. T. unterschiedlichen Entscheidungsbefugnisse der Einigungsstellen sind nicht zuletzt die durch die Rechtsprechung des Bundesverfassungsgerichts gezogenen Grenzen der Mitbestimmung der Personalräte.[43] Diese werden sogleich unter E.III.2 nachgezeichnet.

41 *Welkoborsky*, PersR 2013, 14, 16; *Cecior/Vallendar/Lechtermann*, PersVG Nordrhein-Westfalen § 72 Rn. 958.
42 *Melzer*, PersR 2014, 201, 207.
43 *BVerfG* vom 24. 5. 1995 – 2 BvF 1/92 – PersR 1995, 483 ff.

Folge der Rechtsprechung des Bundesverfassungsgerichts und der föderalen Regelungsvielfalt ist, dass die mitbestimmungsrechtliche Situation nicht verallgemeinernd beurteilt werden kann. Sie ist vielmehr für jedes Gestaltungsfeld anhand der jeweils spezifischen Rechtslage eines jeden Bundeslandes gesondert zu beurteilen.

2. Grenzen der Mitbestimmung nach der Rechtsprechung des Bundesverfassungsgerichts

Aus der verfassungsgerichtlichen Judikatur ergeben sich Grenzen der Mitbestimmung, die sich zwar nicht unmittelbar aus dem Wortlaut des Gesetzes ergeben, ungeachtet dessen aber nach Auffassung des Bundesverfassungsgerichts aus dem Grundgesetz folgen.[44] Die für die Rechtspraxis grundsätzliche Orientierungen bietende verfassungsgerichtliche Judikatur[45] unterscheidet dabei mit Blick auf die Durchsetzbarkeit von Mitbestimmungsrechten zwischen der Schutzzweckgrenze und der Verantwortungsgrenze. Die Rechtsprechung des Bundesverfassungsgerichts wird diesem Text zugrunde gelegt, ohne dass damit sämtliche Implikationen dieser Entscheidung kritiklos übernommen würden.

Die Schutzzweckgrenze geht von der Prämisse aus, dass sich die Mitbestimmung nur auf die innerdienstlichen Maßnahmen erstrecken und nur soweit gehen darf, als die spezifischen Interessen der Angehörigen der Dienststelle sie rechtfertigen. Sie umfasst die Angelegenheiten, die in ihrem Schwerpunkt die Beschäftigten in ihrem Beschäftigungsverhältnis treffen, typischerweise aber nicht oder nur unerheblich auf der Wahrnehmung von Amtsaufgaben gegenüber dem Bürger beruhen.[46] Sie kommt nur zur Anwendung, wenn die Maßnahme keinen innerdienstlichen Charakter aufweist.[47] Das ist im Gesundheitsschutz bei organisatorischen Fragen typischerweise nicht der Fall; so hat das Bundesverwaltungsgericht in Übereinstimmung mit den Vorinstanzen mehrfach den Einsatz der Schutzzweckgrenze abgelehnt, wenn es um Waffen oder Schutzhelme für die Polizei ging, weil hier immer auch der Gesundheitsschutz zu beachten ist.[48] Maßgeblich ist in diesen Fällen in der Regel nur die Kategorie der Verantwortungsgrenze.[49]

---

44 *BVerfG* vom 24. 5. 1995 – 2 BvF 1/92 – PersR 1995, 483ff.

45 *BVerfG* vom 24. 5. 1995 – 2 BvF 1/92 – PersR 1995, 483.

46 *Büge*, PersR 2003, 171.

47 *BVerwG* vom 24. 11. 2021 – 5 P 7/20, PersV 2022, 259.

48 Dazu auch *BVerwG* vom 11. 12. 2020 – 5 PB 25/19, PersV 2021, 228; HaKo-ArbSchR/Nitsche, 2023, BPersVR 21.

49 *BVerwG* vom 24. 11. 2021 – 5 P 5/20, PersV 2022, 312.

Die zweite Grenze ist die Verantwortungsgrenze. Diese hinterfragt Maßnahmen im Hinblick auf ihre konkreten Auswirkungen auf die Ausübung der Regierungsgewalt bzw. für die staatliche Aufgabenerfüllung. Das Bundesverfassungsgericht geht hierbei von einer Art Stufenmodell aus, nach dem die Mitbestimmung des Personalrats umso weiter reicht, je weniger die zu treffenden Entscheidungen die Erfüllung des Amtsauftrages betreffen und je intensiver die Interessen der Beschäftigten berührt werden.[50]

a) »Volle Mitbestimmung«

Hiervon ausgehend wird die Mitbestimmung bei Maßnahmen zum Arbeits- und Gesundheitsschutz[51] nach allgemeiner Ansicht zutreffend zu denjenigen Angelegenheiten gerechnet, die schwerpunktmäßig die Beschäftigten betreffen, sodass diese Mitbestimmung nicht von der Schutzzweckgrenze beschränkt wird und ein »volles Mitbestimmungsrecht« besteht. Bei Meinungsverschiedenheiten über Maßnahmen des Arbeits- und Gesundheitsschutzes entscheidet demgemäß regelmäßig die Einigungsstelle, wie dies zuletzt noch einmal vom Bundesgesetzgeber in § 75 Abs. 1 BPersVG anerkannt worden ist. Die Entscheidungen sind dabei in aller Regel verbindlich.
Entscheidungen über Maßnahmen können ausnahmsweise neben den Belangen der Beschäftigten (hier: Lehrkräfte) auch den Amtsauftrag und damit die Verantwortungsgrenze berühren. Daraus hatte das Bundesverwaltungsgericht ursprünglich die Schlussfolgerung gezogen, dass in solchen Fällen kein Mitbestimmungsrecht eingreift; grundlegend waren zwei Entscheidungen zur Asbestsanierung von (Hoch)Schulräumen.[52] Diese Rechtsprechung hat der 6. Senat des Bundesverwaltungsgerichts in der Folge modifiziert. Die Verantwortungsgrenze kassiere nicht das Mitbestimmungsrecht, sondern ausschließlich das Letztentscheidungsrecht der Einigungsstelle, wenn die Maßnahme intensive Auswirkungen auf die staatliche Aufgabenerfüllung habe.[53] In der Praxis bedeutet dies,

50 *Lenders* in Altvater, BPersVG, 2023, § 75 Rn. 1 unter Hinweis auf *BVerfG* vom 24.5.1995 – 2 BvF 1/92 – PersR 1995, 483ff.

51 § 80 Abs. 1 Nr. 16 BPersVG, bzw. entsprechende Bestimmungen der Landespersonalvertretungsgesetze, z. B. § 81 Abs. 2 Nr. 7 PersVG Sachsen, Art. 75 Abs. 4 Nr. 8 PersVG Bayern; § 72 Abs. 4 Satz 1 Nr. 7 PersVG NRW.

52 *BVerwG* vom 2.10.1995 – 6 P 27/93, PersR 1996, 151 sowie *BVerwG* vom 29.1.2006 – 6 P 1/93, PersR 1996, 280.

53 *BVerwG* vom 23.8.2000 – 6 P 12/99, PersR 2001, 20 (zur Asbestsanierung an einer Hochschule); zu dieser Entscheidung vgl. auch *Dierßen* in Altvater, BPersVG, 2023, § 80 Rn. 159.

dass auch in solchen Fällen das Mitbestimmungsrecht besteht und bei fehlender Einigung die Einigungsstelle für die Beratungen zuständig ist. In diesen Beratungen sind dann auch die Auswirkungen auf das staatliche Handeln und auf den Amtsauftrag zu thematisieren.[54] Gerade in den diskutierten Sanierungsfällen ist eine solche Divergenz nur schwer vorstellbar, denn der Schutz der Schülerinnen und Schüler dürfte nicht geringer sein als der Schutz der Lehrkräfte. Wenn also für die Gesundheit der Lehrkräfte eine durchgreifende Asbestsanierung erforderlich ist, dann wird dies regelmäßig auch unter der Perspektive der staatlichen Aufgabenerfüllung gegenüber den Schülerinnen und Schülern gelten.[55] Insoweit sind überhaupt nur wenige Konstellationen denkbar, in denen in der Schule Maßnahmen des Gesundheitsschutzes die Verantwortungsgrenze überschreiten.

Sofern die Dienststelle im Einzelfall die Verantwortungsgrenze überschritten sieht, kann sie ggf. auf das sog. Evokationsrecht zurückgreifen, das jetzt in § 75 Abs. 2 BPersVG ausdrücklich geregelt ist.[56] Danach kann die oberste Dienstbehörde mit eingehender Begründung einen Beschluss der Einigungsstelle, der im Einzelfall wegen seiner Auswirkungen wesentlicher Teil der Regierungsgewalt ist, mit entsprechender Begründung in schriftlicher oder elektronischer Form aufheben. In der Begründung des Gesetzgebers zum novellierten BPersVG wie auch in der Literatur wird dabei darauf verwiesen, dass die Ausübung des Evokationsrechts nur in engen Grenzen ausnahmsweise zulässig ist[57] und der Eingriff zur gerichtlichen Überprüfung gestellt werden kann.[58] Der inzwischen zuständige 5. Senat des Bundesverwaltungsgerichts hat daher bekräftigt, dass im Umfeld der Verantwortungsgrenze regelmäßig das Einigungsstellenverfahren durchzuführen ist; es ist dann Sache der Dienststelle darzulegen und zu begründen, warum hier das Letztentscheidungsrecht der Einigungsstelle einzuschränken ist (jetzt § 75 Abs. 2 BPersVG).[59] Die Aufhebung der Entscheidungen der Einigungsstelle ist insgesamt auf »außergewöhnliche Einzelfälle« beschränkt.[60]

---

54 *Büge*, PersR 2003, 171.
55 Dazu *Kohte*, RdJB 2008, 198, 217.
56 So jetzt R/D/W/*Annuß*, 6. Aufl. 2024, § 80 Rn. 200.
57 *Lenders* in Altvater, BPersVG, 2023, § 75 Rn. 12.
58 *Lenders* in Altvater, BPersVG, 2023, § 75 Rn. 14.
59 *BVerwG* vom 11. 12. 2020 – 5 PB 25/19, PersV 2021, 228.
60 *Ilbertz/Widmaier*, BPersVG, 15. Aufl. 2022, § 75 Rn. 5; Regierungsbegründung BR-Drs. 14/21, S. 132.

b) Eingeschränkte Mitbestimmung

Sofern eine Angelegenheit nicht eindeutig innerdienstlich ist und die Ausführung der staatlichen Aufgaben tangiert, soll nach der Rechtsprechung des Bundesverfassungsgerichts das Demokratieprinzip einer gleichberechtigten Mitbestimmung des Personalrats und einem Letztentscheidungsrecht der Einigungsstelle entgegenstehen.[61] In diesen Fällen entscheidet vor diesem Hintergrund die Einigungsstelle nicht abschließend, sondern gibt lediglich als Ergebnis eine Empfehlung an die Dienststelle. Der Gesetzgeber ist vorrangig gehalten zu klären, welche Angelegenheiten der »vollen Mitbestimmung« und welche Angelegenheiten der »eingeschränkten Mitbestimmung« unterliegen. In den Landespersonalvertretungsgesetzen finden sich daher Bestimmungen zur Differenzierung zwischen den Angelegenheiten der vollen und eingeschränkten Mitbestimmung.[62]

Nach Auffassung des Bundesverfassungsgerichts ist die Bestellung von Vertrauens- und Betriebsärztinnen und -ärzten mit Blick auf die Verantwortungsgrenze ein exemplarisches Beispiel einer Angelegenheit, die lediglich der eingeschränkten Mitbestimmung unterliegt.[63] Das sollte, obgleich es im Gesetz so nicht angelegt war, auch für das Mitbestimmungsrecht bei der Bestellung von Vertrauens- und Betriebsärztinnen und -ärzten nach § 75 Abs. 3 Nr. 10 BPersVG a. F. gelten, weil diese Position schwerpunktmäßig die Erledigung von Amtsaufgaben betreffe.[64] In der Literatur wird diese Aussage mit guten Gründen kritisiert, denn (angestellte) Betriebsärztinnen und -ärzte haben keine zentrale Funktion für den Staatsapparat und die Erledigung staatlicher Aufgaben. Betriebsärztinnen und Betriebsärzte haben nach dem ASiG eine gesetzliche Aufgabe, die allein auf die Beratung und Unterstützung der Gesundheitsprävention der Beschäftigten der Dienststelle abzielen. Es fehlt damit an jeder unmittelbaren Außenwirksamkeit. Vor allem aber wird vom Bundesverfassungsgericht übersehen, dass der Grund für die uneingeschränkte Mitbestimmung darin liegt, dass Betriebsärztinnen und Betriebsärzte effektiv nur arbeiten können, wenn ihnen die Beschäftigten – hier repräsentiert durch den Personalrat – vertrauen.[65] Offenkundig wird in dieser

---

61 *BVerfG* vom 24. 5. 1995 – 2 BvF 1/92 – PersR 1995, 483 ff.

62 Vgl. z. B. § 80 ff. PersVG Sachsen; Art. 70 Abs. 5, 6 PersVG Bayern; § 75 Abs. 4–6 PersVG Rheinland-Pfalz; § 72 Abs. 7 PersVG Niedersachsen.

63 *BVerfG* vom 24. 5. 1995 – 2 BvF 1/92 – PersR 1995, 483 ff.; dagegen zu Recht kritisch *Kaiser/Annuß* in Richardi/Dörner/Weber, BPersVG 2020, § 75 Rn. 412.

64 *BVerfG* vom 24. 5. 1995 – 2 BvF 1/92 – PersR 1995, 483 ff.

65 *BVerwG* vom 25. 1. 1995 – 6 P 19/93, PersR 1995, 300 ff.; *Kaiser/Annuß* in Richardi/Dörner/Weber, BPersVG 2020, § 75 Rn. 419; ebenso *Nitsche* in HaKo-ArbSchR, 2023, BPersVR Rn. 62.

Entscheidung aus dem Jahr 1995 noch nicht hinreichend zwischen Vertrauens- und Betriebsärztinnen sowie –ärzten differenziert. Die neuere Entwicklung im Arbeitsschutzrecht der Arbeitsmedizin verlangt jedoch eine solche Trennung. So ist die arbeitsmedizinische Vorsorge als weiteres arbeitsmedizinisches Aktionsfeld in der Dienststelle etwas substanziell anderes als Untersuchungen auf Eignung und Dienstfähigkeit, wie sich explizit aus § 2 Abs. 1 Nr. 5 ArbMedVV ergibt. Für die gesetzlich geforderte arbeitsmedizinische Vorsorge gemäß ArbMedVV und die Präventionsaktivitäten nach dem gesetzlichen Auftrag des ASiG §§ 1, 2 ASiG kann die Aussage aus dem Jahr 1995, die nicht zu den tragenden Aussagen der Entscheidung gehört, nicht mehr bindend sein.
Zusammenfassend lässt sich daher festhalten, dass sich die Bestellung von präventiv tätig werdenden Akteuren, wie z. B. Betriebsärztinnen und Betriebsärzte, Fachkräfte für Arbeitssicherheit, Sicherheitsbeauftragte nach § 22 SGB VII, Strahlenschutzbeauftragte etc. regelmäßig innerhalb der Schutzzweckgrenze bewegen wird und die Verantwortungsgrenze jedenfalls nicht betroffen ist, wenn es sich allein um beratende Aktivitäten handelt. Bestimmungen in den Landespersonalvertretungsgesetzen, die insoweit die volle Mitbestimmung vorsehen, sind daher als gesetzgeberische Entscheidungen nicht zu beanstanden. Auch dürften die Voraussetzungen für die Ausübung des Evokationsrechts (§ 75 Abs. 2 BPersVG) regelmäßig nicht vorliegen.

3. Sachmaßnahmen

Unstreitig umfassen Maßnahmen im Sinne des § 80 Abs. 1 Nr. 16 BPersVG Vorkehrungen, die auf eine Änderung des bestehenden Zustands abzielen, sodass die Arbeitsbedingungen nach der Durchführung der Maßnahme eine Veränderung erfahren haben.[66] Erfasst vom Mitbestimmungsrecht sind damit z. B. Anlage, Änderung, Ingangsetzung oder Außerbetriebnahme technischer Vorrichtungen.[67] Der Mitbestimmung unterliegen weiter bauliche und technische Maßnahmen an der »Arbeitsstätte Schule« (z. B. raumakustische Vorkehrungen, Lärmampeln, Installation elektrischer Anlagen, Chemikalienlager, Blendschutz durch Rollos, Hitze- und Kälteisolierungen, Sanierungsmaßnahmen an Gebäuden – Schimmel). Weiter ist hierbei entscheidend, dass die betreffende

66 *BVerwG* vom 14. 10. 2002 – 6 P 7/01 = PersR 2003, 113 ff., m. w. N.; *Dierßen* in Altvater, BPersVG 2023, § 80 Rn. 154.

67 *OVG Münster* vom 9. 6. 2006 – 1 A 1492/05.PVL, PersR 2006, 478 = PersV 2007, 18.

Maßnahme den Zweck verfolgt, die Gefahr von Unfällen oder Gesundheitsschädigungen zu mindern.[68] Wichtig für den Schulbereich ist, dass es nicht erforderlich ist, dass die Maßnahme allein den genannten Zweck des Arbeits- und Gesundheitsschutzes der Lehrkräfte verfolgt. So kommen arbeitsstättenrechtlich begründete Schutzmaßnahmen in aller Regel nicht nur den Lehrerinnen und Lehrern, sondern auch den Schülerinnen, Schülern und den Beschäftigten des Schulträgers zugute. Maßgeblich ist, dass der Schutz vor Unfällen und Gesundheitsschädigungen des Lehrpersonals nicht nur von untergeordneter Bedeutung ist.[69] Es ist deswegen wichtig, die Bedeutung der zu treffenden Maßnahmen für die vom jeweiligen Lehrerpersonalrat vertretenen Kolleginnen und Kollegen deutlich herauszustellen.

In Übereinstimmung mit § 75 Abs. 3 Nr. 11 BPersVG a. F.[70] werden nach den meisten Landespersonalvertretungsgesetzen sowohl Maßnahmen erfasst, die auf eine gesetzliche Vorschrift zurückgeführt werden können, als auch Maßnahmen, die auf freiem Entschluss der Dienststellenleiterin/des Dienststellenleiters ergriffen werden sollen.[71] Es ist allerdings bei freiwilligen Maßnahmen im vorstehenden Sinne zu beachten, dass die Regelungsbefugnis des Personalrats und der Dienststellenleitung bzw. der Einigungsstelle durch § 74 Abs. 4 BPersVG bzw. den entsprechenden landesrechtlichen Vorschriften begrenzt ist. Neben den geltenden Rechtsvorschriften (hier: des Arbeitsschutzrechts) ist vor allem das Haushaltsgesetz zu beachten. Wie bereits oben ausgeführt, kann »der Haushaltsvorbehalt« nicht dazu herangezogen werden, um die arbeitsschutzrechtlich gebotenen Maßnahmen zurückzustellen. Die Einigungsstelle kann auch dann erforderliche Maßnahmen beschließen, wenn ein entsprechender Titel im Haushaltsplan nicht eingestellt ist, denn § 3 HGrG kann und will gesetzliche Pflichten nicht aufheben. Auch unter dem Gesichtspunkt der vom Bundesverfassungsgericht[72] formulierten »Schutzzweckgrenze«

68 *Ilbertz/Widmaier*, BPersVG, 15. Aufl. 2022, § 80 Rn. 130.

69 *BVerwG* vom 19.5.2003 – 6 P 16/02 = PersR 2003, 314ff.; speziell für den Schulbereich OVG *Münster* vom 9.6.2006 – 1 A 1492/05.PVL, PersV 2007, 18; jetzt auch *BVerwG* vom 11.12.2020 – 5 PB 25/19, PersV 2021, 228.

70 Die Regelung zur Mitbestimmung bei Maßnahmen des Arbeitsschutzes wurde durch § 80 Abs. 1 Nr. 16 BPersVG durch die Novellierung 2021 dahingehend geändert, dass die Mitbestimmung – in Übereinstimmung mit § 87 Abs. 1 Nr. 7 BetrVG – im Rahmen der gesetzlichen Vorschriften oder der Unfallverhütungsvorschriften besteht.

71 Vgl. z.B. *BVerwG* vom 8.1.2001 – 6 P 6/00 = NZA 2001, 570ff.

72 *BVerfG* vom 24.5.1995 –2 BvF 1/92 – BVerfGE 93, 37, 70 = PersR 1995, 483; dazu *I. Schmidt*, PersR 1996, 472; *von Roetteken*, NVwZ 1996, 552.

kommt eine Einschränkung dieses elementaren Mitbestimmungsrechts bei typischerweise innerdienstlichen Maßnahmen nicht in Betracht.[73] Der Haushaltsvorbehalt greift allerdings dann, wenn über die gesetzlichen Pflichten hinausgehende, also freiwillige Maßnahmen getroffen werden sollen. In einem solchen Fall kann das Haushaltsgesetz die Regelungsbefugnis des Dienststellenleiters und des Personalrats begrenzen, wenn entsprechende Haushaltstitel fehlen. Letztlich findet sich damit auch im Personalvertretungsrecht die aus dem Betriebsverfassungsrecht bekannte Differenzierung zwischen Regelungen zur Umsetzung des gesetzlichen Arbeitsschutzes und freiwilligen Regelungen und Maßnahmen.[74]

4. Prozesse und Verfahren: Insbesondere Mitbestimmung bei Gefährdungsbeurteilungen i.S.v. § 5 ArbSchG

Wie oben eingehend beschrieben, ist es ein wesentliches Ziel des Arbeitsschutzgesetzes, einen Rechtsrahmen für einen Arbeits- und Gesundheitsschutz zu schaffen, der sich an den spezifischen betrieblichen Problemlagen (hier also dem Arbeitsplatz Schule) orientiert. Der europäisch geprägte Arbeitsschutz widmet aus diesem Grund den betrieblichen Verfahrensweisen, die Sicherheit und Gesundheit herstellen sollen,[75] große Aufmerksamkeit. Der Gefährdungsbeurteilung nach § 5 ArbSchG oder aber auch den Wirksamkeitskontrollen der getroffenen Maßnahmen nach § 3 Abs. 1 ArbSchG kommt hierbei rechtlich eine Schlüsselrolle zu. Im Gegensatz zu den soeben erörterten Sachmaßnahmen des Arbeitsschutzes ist die Reichweite der Mitbestimmungsrechte des Personalrats an der Gestaltung dieser Prozesse und Verfahren des Arbeits- und Gesundheitsschutzes umstritten.[76] Es ist insbes. für jedes einzelne Landespersonalvertretungsrecht genau zu prüfen, wie die Mitbestimmung des Personalrats bei Fragen des Arbeits- und Gesundheitsschutzes konkret ausgestaltet ist.

---

73 *BVerwG* vom 19.5.2003 – 6 P 16/02 – PersR 2003, 314, 316; *OVG Münster*, PersV 2007, 18.

74 Vgl. *Kohte*, jurisPR-ArbR 27/2014 Anm. 1.

75 *Bieback/Oppolzer*, Strukturwandel des Arbeitsschutzes, S. 7ff. (10).

76 Betriebsverfassungsrechtlich ist diese Frage seit den beiden Entscheidungen des *BAG* vom 8.6.2004 – 1 ABR 4/03 und 1 ABR 13/03 – im Sinne der Anerkennung eines umfassenden Mitbestimmungsrechts der Betriebsräte auf der Grundlage des § 87 Abs. 1 Nr. 7 BetrVG entschieden. Das Bundesarbeitsgericht hat in den genannten Entscheidungen explizit darauf hingewiesen, dass die Anforderungen im Betriebsverfassungsgesetz und in den Personalvertretungsgesetzen anders formuliert sind, sodass keine Entscheidung des Großen Senats der obersten Bundesgerichte einzuholen war. Dazu auch *Nitsche*, PersR 2005, 346ff. (349).

a) Mitbestimmung bei Maßnahmen zum Gesundheitsschutz

Das Bundesverwaltungsgericht lehnt in seinem Beschluss vom 14.10.2002[77] für das Bundespersonalvertretungsrecht ein Mitbestimmungsrecht des Personalrats nach § 75 Abs. 3 Nr. 11 BPersVG a. F. (heute: § 80 Abs. 1 Nr. 16 BPersVG) bei Gefährdungsbeurteilungen ab. Zur Begründung führt das Gericht vor allem den personalvertretungsrechtlichen Maßnahmenbegriff an. Danach müsse eine Maßnahme im Sinne des Personalvertretungsrechts auf eine Veränderung des bestehenden Zustandes abzielen, d.h. die Arbeitsbedingungen müssten nach Durchführung der Maßnahme eine Änderung erfahren haben. Diese Anforderungen seien durch eine Befragung im Rahmen einer Gefährdungsbeurteilung nicht erfüllt, denn es handele sich lediglich um eine Handlung zur Vorbereitung einer Maßnahme. In dieser vorbereitenden Phase sollen sich die Rechte des Personalrats im Kern aus den Informations- und Hinzuziehungsrechten in Fragen des Arbeitsschutzes und der Unfallverhütung gemäß § 68 BPersVG ergeben.

Die Entscheidung des Bundesverwaltungsgerichts ist mit guten Gründen kritisiert worden.[78] So sprechen Sinn und Zweck des Mitbestimmungsrechts nach § 75 Abs. 3 Nr. 11 BPersVG a.F. (heute § 80 Abs. 1 Nr. 16 BPersVG) dafür, unter dem Begriff Maßnahme alle Handlungen zu verstehen, die das Ziel eines effektiven Arbeits- und Gesundheitsschutzes verfolgen.[79] Eine Differenzierung in Vorbereitungshandlungen und Maßnahmen ist im Wortlaut des Mitbestimmungstatbestandes nicht angelegt.[80] Durch eine solche einschränkende Auslegung würde dem Verständnis des modernen Arbeitsschutzrechts, das den Arbeits- und Gesundheitsschutz als kontinuierlichen betrieblichen Prozess begreift, mitbestimmungsrechtlich nicht angemessen Rechnung getragen. Die Gefährdungsbeurteilung wirkt im Übrigen zudem durchaus gestaltend, da

77 *BVerwG* vom 14.10.2002 – 6 P 7/01 = PersR 2003, 113ff.; dieser Entscheidung folgend z.B. *Ilbertz/Widmaier*, BPersVG, 15. Aufl. 2022, § 80 Rn. 132.

78 *Dierßen* in Altvater, BPersVG 2023, Rn. 154; *Nitsche* in HK-ArbSchR, 2023, BPersVR, Rn. 42ff., m.w.N.

79 *Lorenz*, PersR 2002, 38f.

80 Mit Blick auf den Arbeits- und Gesundheitsschutz findet sich die Argumentation der lediglich vorbereitenden Maßnahme auch bei der Entscheidung des *OVG Münster* vom 13.9.1988 – CB 12/86 = PersR 1989, 104ff., im Hinblick auf den Personalbedarf für die betriebsärztliche und sicherheitstechnische Betreuung nach dem Arbeitssicherheitsgesetz. Die Festlegung des Personalbedarfs soll danach eine lediglich vorbereitende Maßnahme sein, was in der Sache ebenfalls verfehlt ist.

sie betrieblich maßstabsbildend ist für die Festlegung der Maßnahmen, für die Evaluation und für die kontinuierliche Verbesserung.[81]

Schließlich ist zu Recht darauf hingewiesen worden, dass die in der Arbeitsschutz-RL in Art. 11 Abs. 1 normierte Forderung einer angemessenen Beteiligung der betrieblichen Interessenvertretungen bei der Auslegung des § 75 Abs. 3 Nr. 11 BPersVG a. F. (heute: § 80 Abs. 1 Nr. 16 BPersVG) durch das Bundesverwaltungsgericht nicht adäquat berücksichtigt worden ist. Den unionsrechtlichen Anforderungen wird nicht allein durch das Hinzuziehen des Personalrats zu den Erhebungen i. S. v. § 68 BPersVG Genüge getan. Es bedarf einer echten Beteiligung an allen für den Arbeits- und Gesundheitsschutz maßgeblichen Entscheidungen.[82]

Ungeachtet dieser berechtigten Kritik an der Entscheidung des Bundesverwaltungsgerichts ist es für die praktische Personalratsarbeit in den Ländern, deren Mitbestimmungstatbestände inhaltsgleich an § 75 Abs. 3 Nr. 11 BPersVG a. F. orientiert sind, wichtig, die Konsequenzen aus dieser Rechtsprechung zu beachten. Das Bundesverwaltungsgericht stellt in dem Beschluss vom 14. 10. 2002 ausführlich die aus seiner Sicht verbleibenden Optionen des Personalrats bei der Mitgestaltung des Arbeits- und Gesundheitsschutzes dar. Es stellt in diesem Zusammenhang heraus, dass es dem Personalrat unbenommen bleibe, im Rahmen seines reaktiv wie aktiv ausübbaren Mitbestimmungsrechts nach § 75 Abs. 3 Nr. 11 BPersVG a. F. (heute: § 80 Abs. 1 Nr. 16 BPersVG)

- die Zustimmung zu einer Maßnahme wegen der Zugrundelegung unzureichender Prüflisten zu verweigern oder aber
- aus dem gleichen Grund eine Maßnahme unter Nutzung des Initiativrechts zu beantragen, wenn der Dienststellenleiter untätig bleibt. Unschädlich sei es dabei, dass der Personalrat in diesen Fällen naturgemäß nicht den konkreten Inhalt der Maßnahme bezeichnen könne. Insoweit seien in diesen Fällen weniger strenge Anforderungen an die Bestimmtheit der Initiativanträge der Personalräte zu stellen.

Die Personalräte können damit in der Praxis erheblichen Einfluss auf das Verfahren der Gefährdungsbeurteilung nehmen. Mängel der Gefährdungsbeurteilung sind ein beachtlicher Grund zur Verweigerung der Zustimmung zu Maßnahmen oder aber auch, um Initiativanträge leicht und pragmatisch zu begründen. Die vom Bundesverwaltungsgericht auf-

81 *Nitsche*, PersR 2005, 349 f.

82 Das Bundesverwaltungsgericht sieht in seiner Entscheidung vom 14. 10. 2002 die Anforderungen des Art. 11 Arbeitsschutz-RL als gewahrt an, da der Personalrat an der Entscheidung über die »materiellen Schutzmaßnahme« mitzubestimmen habe. Dagegen zutreffend *Nitsche*, PersR 2005, 349 f.; zu Art. 11 Arbeitsschutz-RL vgl. auch *Kohte*, EAS B 6100 – Arbeitsschutzrahmenrichtlinie, 2023, Rn. 116.

gezeigten Vorgehensweisen müssen in ihrem unionsrechtlichen Kontext gesehen werden, aus dem sich die Notwendigkeit einer effektiven Beteiligung des Personalrats ergibt. Es handelt sich aber ungeachtet dessen um einen schwerfälligen und auch Konflikte geradezu heraufbeschwörenden Weg, der dem Ziel sicherer und gesunder Arbeitsbedingungen nicht unbedingt zuträglich ist.[83] Beide Seiten – Dienststellenleitung und Personalrat – sind daher gut beraten, sich vorab auf eine Vorgehensweise der Gefährdungsbeurteilung zu einigen, um kontraproduktive Auseinandersetzungen zu vermeiden. Dies entspricht der neueren Gerichtspraxis des BAG, wonach sich die Mitbestimmung auf die methodischen Fragen der Gefährdungsbeurteilung und deren Organisation bezieht.[84]

Eine andere Situation ergibt sich in den Ländern, in deren Personalvertretungsgesetzen der Maßnahmenbegriff weiter als im BPersVG gefasst ist. So unterliegen nach den Beschlüssen der Verwaltungsgerichte Göttingen[85] und Düsseldorf[86] Gefährdungsbeurteilungen als Maßnahmen zum Gesundheitsschutz der Mitbestimmung des Personalrats. Diese Rechtsprechung steht wegen der weiter gefassten Mitbestimmungsrechte nicht im Widerspruch zur dargestellten Rechtsprechung des Bundesverwaltungsgerichts. So unterstellt § 66 Abs. 1 Nr. 11 PersVG Niedersachsen explizit auch Maßnahmen einschließlich der Arbeitsschutzprogramme, die *mittelbar* zur Verhütung von Dienst- und Arbeitsunfällen sowie dem Gesundheitsschutz dienen der Mitbestimmung des Personalrats.[87] Nach § 72 Abs. 4 Satz 1 Nr. 7 PersVG NRW umfasst das Mitbestimmungsrecht auch Arbeitsschutzmaßnahmen vorbereitender oder präventiver Art. Ein erweiterter Begriff der Maßnahme ist zudem auch in § 74 Abs. 2 Nr. 8 PersVG Baden-Württemberg geregelt.

83 Dazu auch *Faber/Riesenberg-Mordeja*, sopoaktuell Nr. 31, S. 8; Download über die Homepage der Gewerkschaft ver.di: *www.sopo.verdi.de*, dort unter der Rubrik Arbeits- und Gesundheitsschutzpolitik.

84 R/D/W/*Annuß*, PersVR, 6. Aufl. 2024, § 80 Rn. 219 mit Bezugnahme auf *BAG* vom 13.8.2019 – NZA 2019, 1717.

85 *VG Göttingen* vom 7.3.2001 –7 A 7003/99 = PersR 2002, 35ff., mit zustimmender Anmerkung *Lorenz*.

86 *VG Düsseldorf* vom 22.1.2016 – 34 K 1918/14.PVL, BeckRS 2016, 42271.

87 Zu den Motiven des niedersächsischen Gesetzgebers und zur Abgrenzung zum Bundespersonalvertretungsgesetz vgl. auch die Ausführungen des *VG Göttingen* vom 7.3.2001 –7 A 7003/99 = PersR 2002, 35ff.

b) Grundsätze des behördlichen Gesundheits- und Eingliederungsmanagements

In das novellierte BPersVG (§ 80 Abs. 1 Nr. 17 BPersVG) und in einigen Landespersonalvertretungsgesetzen (§ 74 Abs. 1 Nr. 5 PersVG Hessen, § 81 Abs. 2 Nr. 13 PersVG Sachsen) sind jüngst in der Substanz ähnliche neue Mitbestimmungstatbestände mit Bezug zum Arbeits- und Gesundheitsschutz eingefügt worden. So bezieht sich das Mitbestimmungsrecht nach § 80 Abs. 1 Nr. 17 BPersVG, anders als § 80 Abs. 1 Nr. 16 BPersVG, nicht auf »Maßnahmen«, sondern auf die Grundsätze des behördlichen oder betrieblichen Gesundheits- und Eingliederungsmanagements. Damit ist auch klargestellt, dass die Ausgestaltung des konkreten Verfahrens des gesetzlich durch § 167 Abs. 2 SGB IX vorgeschriebenen BEM der Mitbestimmung des Personalrats unterliegt.

Auch die Grundsätze für alle anderen der Prävention dienenden Prozesse in der Dienststelle sind von Dienststellenleitung und Personalrat im Konsens zu regeln. Das OVG Berlin-Brandenburg[88] definiert das Betriebliche Gesundheitsmanagement (BGM) als *»die systematische, zielorientierte und kontinuierliche Steuerung aller betrieblichen Prozesse, mit dem Ziel Gesundheit, Leistung und Erfolg für den Betrieb und alle seine Beschäftigten zu erhalten und zu fördern (vgl. z. B. den Leitfaden der Unfallkasse des Bundes zum BGM). Hierzu gehören außer dem gesetzlichen Arbeitsschutz gemäß den Arbeitssicherheits- und Arbeitsschutzvorschriften sowie dem Betrieblichen Eingliederungsmanagement nach § 84 SGB IX auch die – gesetzlich nicht vorgeschriebene – Gesundheitsförderung und Prävention«*. Gegenstand des Mitbestimmungsrechts sind danach gerade die Prozesse und die Organisation von Sicherheit und Gesundheit in der Dienststelle.[89] Die Mitbestimmung greift damit zeitlich vor der Mitbestimmung bei Maßnahmen nach § 80 Abs. 1 Nr. 16 BPersVG.[90] Die zentralen Arbeitsschutzprozesse, deren Grundsätze mitbestimmt zu regeln sind, ergeben sich aus §§ 3–6 ArbSchG. Danach ist ein kontinuierlicher Verbesserungsprozess zu organisieren und zu dokumentieren, ausgehend von der systematischen Ermittlung und Planung der Arbeitsschutzmaßnahmen auf Grundlage von Gefährdungsbeurteilungen, der Durchführung der so ermittelten Maßnahmen, über systematische Wirksamkeitskontrollen bis hin zur Optimierung der Maßnahmen.

---

88 *OVG Berlin-Brandenburg* vom 8.11.2012 – OVG 62 PV 2.12, BeckRS 2013, 45877.

89 *Pieper*, ArbSchR, Bundespersonalvertretungsgesetz, Rn. 26, mit Hinweis auf die Gesetzesbegründung, BT-Drs. 19/26820, S. 76.

90 *Dierßen* in Altvater, BPersVG 2023, § 80 Rn. 161.

Es kann somit festgehalten werden, dass die Mitbestimmung bei den Grundsätzen des Gesundheitsmanagements bewirkt, dass die grundlegenden Instrumente und Methoden der Gefährdungsbeurteilung gemeinsam im Konsens von Dienststellenleitung und Personalrat zu vereinbaren sind. Auf die Grundsätze des BEM-Verfahrens gehen wir in Teil F.VIII ein.

5. Organisatorische Aspekte

Unabhängig von der Streitfrage der Mitbestimmung bei »vorbereitenden Maßnahmen« wird im Übrigen der Begriff der Maßnahme i. S. v. § 80 Abs. 1 Nr. 16 BPersVG in der Rechtsprechung der Verwaltungsgerichte weit verstanden. Er umfasst neben technischen Maßnahmen auch organisatorische und personelle Entscheidungen, die auf die Verhütung von Dienst- und Arbeitsunfällen und sonstigen Gesundheitsschädigungen abzielen.[91] Solche organisatorischen Maßnahmen können sich zum einen auf die Organisation der Arbeitsabläufe beziehen. So hat das Bundesverwaltungsgericht die Mitbestimmung bei der Einführung von Erholungspausen zur Reduzierung der gesundheitlichen Belastungen durch bildschirmgebundene Arbeit bejaht.[92] Zutreffend sind daher auch die typischen Corona-Schutzmaßnahmen dem Mitbestimmungsrecht der Personalräte zugeordnet worden, weil sie auch dem Schutz der Beschäftigten dienten.[93]

Zum anderen unterliegen die zentralen Weichenstellungen für den organisierten Arbeitsschutz der Mitbestimmung der Personalräte. Hierzu zählen sowohl Maßnahmen, die sich auf die Organisation der Arbeitsteilung bei der Erfüllung der materiellen Arbeitsschutzpflichten beziehen (wer ist für was zuständig) als auch personelle und institutionelle Fragen der speziellen Arbeitsschutzorganisation, z. B. im Hinblick auf die

---

91 Dazu z. B. *BVerwG* vom 25. 1. 1995 – 6 P 19.93 = ZTR 1995, 524ff.; *OVG Münster* vom 15. 12. 1999 – 1 A 5101/97.PVL = PersR 2000, 375ff.; aus der Literatur z. B. ausführlich *Annuß* in Richardi/Dörner/Weber, PersVR, 6. Aufl. 2024, § 80 Rn. 216ff.

92 *BVerwG* vom 8. 1. 2001 – 6 P 6/00 = NZA 2001, 570ff.; *Ilbertz/Widmaier*, BPersVG, 15. Aufl. 2022, § 80 Rn. 134.

93 *VerwG Berlin* vom 20. 8. 2020 – 61 L 10/20 PVL, PersV 2020, 475.

- Sicherheitsbeauftragten nach § 22 SGB VII;[94]
- Strahlenschutzbeauftragten;[95]
- Prüfer elektrischer Betriebsmittel;[96]
- Gefahrstoffbeauftragten;
- Betriebsärztinnen und Betriebsärzte;[97]
- Fachkräfte für Arbeitssicherheit;
- Arbeitsschutzausschüsse.

Unter das Mitbestimmungsrecht nach § 80 Abs. 1 Nr. 16 BPersVG fallen neben den amtsbezogenen Entscheidungen über die Bestellung und Abberufung der betreffenden Funktionsträger auch die dienststellenbezogene Festschreibung von Zuständigkeitsbereichen sowie das Verfassen von Arbeitsplänen.

Nicht in den Anwendungsbereich des Mitbestimmungstatbestands des § 85 Abs. 1 Nr. 7 PersVG Berlin (= § 80 Abs. 1 Nr. 16 BPersVG) fällt nach einer Entscheidung des OVG Berlin die Übertragung von Arbeitgeberpflichten auf die Schulleiterinnen und Schulleiter, da diese bereits kraft Gesetz für den Arbeitsschutz in den von ihnen geleiteten Schulen verantwortlich seien.[98] Dem ist zuzustimmen, sofern es sich bei den einzelnen Schulleiterinnen und Schulleitern um Dienststellenleiterinnen und Dienststellenleiter handelt.[99] Nicht abschließend geklärt ist, ob die *Übertragung einzelner Arbeitsschutzpflichten* an fachkundige und zuverlässige Personen (z. B. Fachlehrerinnen und -lehrer: § 13 Abs. 2 i. V. m. § 13 Abs. 1 Nr. 5 ArbSchG) im Einzelfall von der Mitbestimmung des Personalrats abhängig ist. Angesichts der Weite des Maßnahmenbegriffs des § 80 Abs. 1 Nr. 16 BPersVG und der Pflicht zur Organisation des Arbeits- und Gesundheitsschutzes (§ 3 Abs. 2 ArbSchG) ist insoweit dem OVG Berlin beizupflichten, das dieser Auffassung zuzuneigen scheint.[100]

---

94 *BVerwG* vom 18. 5. 1994 – 6 P 27.92, PersR 1994, 466 = AP Nr. 1 zu § 719 RVO; *OVG Münster* vom 15. 12. 1999 – 1 A 5101/97.PVL = PersR 2000, 375 ff.

95 *OVG Münster* vom 13. 7. 2006 – 1 A 990/05.PVL; dazu *Kohte/Faber*, jurisPR-ArbR 1/2007.

96 *OVG Münster* vom 9. 6. 2006 – 1 A 1492/05.PVL – PersV 2007, 18; dazu *Klose*, jurisPR-ArbR 38/2006.

97 Zur Mitbestimmung des Personalrats bei der Bestellung freiberuflicher Betriebsärztinnen und Betriebsärzte nach dem Bundespersonalvertretungsgesetz vgl. *BVerwG* vom 25. 1. 1995 – 6 P 19.93 = ZTR 1995, 524 f.

98 OVG *Berlin* vom 27. 3. 2001 – 60 PV 8.00 = PersR 2002, 251 f.

99 *Klindt* in Kollmer/Klindt/Schucht (Hrsg.), Kommentar zum ArbSchG, 2021, § 13 Rn. 44.

100 *OVG Berlin* vom 27. 3. 2001 – 60 PV 8.00 = PersR 2002, 251 f., a. E.

6. Bedeutung spezieller Mitbestimmungsrechte über die Bestellung und Abberufung von Funktionsträgern des Arbeits- und Gesundheitsschutzes

Neben der Mitbestimmung bei Maßnahmen des Arbeits- und Gesundheitsschutzes nach § 80 Abs. 1 Nr. 16 BPersVG findet sich im Bundespersonalvertretungsgesetz mit § 78 Abs. 1 Nr. 14 BPersVG ein Mitbestimmungstatbestand, der sich auf die Bestellung von Vertrauens- und Betriebsärztinnen und -ärzten als Beschäftigte bezieht. Vergleichbare, speziell auf Funktionsträger des Arbeits- und Gesundheitsschutzes zugeschnittene Mitbestimmungstatbestände finden sich auch in der überwiegenden Zahl der Landespersonalvertretungsgesetze.[101] Der Sinn und Zweck dieser Bestimmungen ist in aller Regel nicht die Stärkung der Mitbestimmungsrechte des Personalrats, denn nach der Rechtsprechung des Bundesverwaltungsgerichts zählen insbes. organisatorische und personelle Maßnahmen im Rahmen des Arbeits- und Gesundheitsschutzes ohnehin zu den mitbestimmungspflichtigen Angelegenheiten nach § 80 Abs. 1 Nr. 16 BPersVG.[102] Bezweckt ist im Gegenteil die Einschränkung der Mitbestimmung, indem für diese konkreten Beteiligungsrechte das Letztentscheidungsrecht der Einigungsstelle durch das wesentlich schwächere Empfehlungsrecht ersetzt wird (vgl. § 75 Abs. 3 BPersVG i.V.m. § 78 Abs. 1 Nr. 14 BPersVG). Nicht abschließend diskutiert ist die Frage, ob und in welchem Umfang diese Einschränkungen mit Blick auf die Verantwortungs- und Schutzzweckgrenze (vgl. oben E.III.2.) verfassungsrechtlich geboten sind.[103] Es ist insoweit zu bedenken, dass die Aufgaben der entsprechenden Funktionsträger, d.h. neben den Betriebsärztinnen und Betriebsärzten z.B. Fachkräfte für Arbeitssicherheit, Sicherheitsbeauftragte oder Strahlenschutzbeauftragte, allein innerdienstliche Belangen betreffen, die sich normalerweise nicht unmittelbar auf die Art und Weise der Verrichtung der Dienstgeschäfte auswirken.

Anders als beim Mitbestimmungstatbestand nach § 80 Abs. 1 Nr. 16 BPersVG bestehen bei diesen speziellen organisatorisch-personellen Mitbestimmungstatbeständen Unterschiede zwischen den verschiedenen Personalvertretungsgesetzen. Zur Beurteilung der Mitbestimmungsrechte bezüglich der besonderen Funktionsträger des Arbeits- und Gesundheitsschutzes ist es deswegen geboten, besonders deutlich die länderspezifischen Regelungen herauszuarbeiten. Folgende Unterschiede sind jeweils zu berücksichtigen:

---

101 Sie fehlen insbes. in Bremen und Schleswig-Holstein.
102 *BVerwG* vom 25.1.1995 – 6 P 19/93, PersR 1995, 300ff.
103 Dazu *von Roetteken*, PersR 2005, 3, 11.

- *Personeller Anwendungsbereich der speziellen Bestimmungen*: In einigen Ländern sind wie im Bundespersonalvertretungsgesetz allein die Betriebs- und Vertrauensärztinnen und – ärzte genannt. In anderen Ländern beziehen sie sich auch auf die Fachkräfte für Arbeitssicherheit nach dem Arbeitssicherheitsgesetz, in wiederum anderen Ländern sind daneben auch die Sicherheitsbeauftragten nach § 22 SGB VII sowie andere Beauftragte (wie Strahlenschutzbeauftragte) in den personellen Anwendungsbereich einbezogen.
- *Sachlicher Anwendungsbereich*:
  - Zum Teil wird neben der Bestellung die Abberufung dem Mitbestimmungsrecht zugeordnet.
  - Zum Teil sind die Regelungen eindeutig auf interne – angestellte und/oder beamtete – Funktionsträgerinnen und -träger begrenzt; zum Teil sind sie auch für externe Funktionsträgerinnen und -träger (Freiberufler, überbetriebliche Dienste) offen.
- Stärke des Mitbestimmungsrechts (Letztentscheidung der Einigungsstelle bzw. Empfehlung an oberste Dienstbehörde).

Für die Personalräte gehen diese speziellen Mitbestimmungstatbestände daher zumeist mit einer Einschränkung ihrer Handlungs- und Gestaltungsmöglichkeiten einher. In den meisten Fällen hat die Einigungsstelle bei den so ausdrücklich geregelten Fragen der personellen Organisation des Arbeits- und Gesundheitsschutzes kein Letztentscheidungsrecht, d.h., das Verfahren endet mit einer Empfehlung an die oberste Dienstbehörde. Neue Aspekte der Mitbestimmung, die über das maßnahmenbezogene Mitbestimmungsrecht des § 80 Abs. 1 Nr. 16 BPersVG sachlich hinausreichen würden, ergeben sich im Übrigen aus diesen Sonderregelungen nicht.

Insoweit ist zu konstatieren, dass der weite Begriff der Maßnahme i.S.v. § 80 Abs. 1 Nr. 16 BPersVG, der vor allem auch personelle Entscheidungen einschließt, als Auffangtatbestand sämtliche personellen Aspekte der besonderen Funktionsträger des Arbeitsschutzes von der Bestellung über die Aufgabenzuweisung bis hin zur Abberufung erfasst.[104] Insoweit reichen die Mitbestimmungsrechte in den Ländern, in denen Sonderbestimmungen über Funktionsträger des Arbeitsschutzes fehlen, keines-

104 Insoweit unzutreffend *OVG Berlin*, das vor dem Hintergrund des in § 77 Abs. 6 PersVG Berlin vorgesehenen Anhörungsrechts des Personalrats bei der Bestellung von freiberuflichen Betriebsärzt:innen und Fachkräften für Arbeitssicherheit bzw. überbetrieblichen Diensten, die Vorfrage, ob interne oder extern Kräfte eingesetzt wurden, als nicht mitbestimmungspflichtig ansieht. § 77 Abs. 6 PersVG Berlin regelt eben dies nicht, sondern setzt die Entscheidung voraus (*OVG Berlin* vom 3.3.1999 – OVG PV 14/97 = PersR 1999, 400f.).

wegs kürzer. Im Gegenteil: Die Einigungsstelle hat in diesen Ländern das Letztentscheidungsrecht.

Das OVG Münster hat das Verhältnis zwischen § 72 Abs. 4 Nr. 6 PersVG Nordrhein-Westfalen (= § 78 Abs. 1 Nr. 14 BPersVG) und § 72 Abs. 4 Nr. 7 PersVG Nordrhein-Westfalen (= § 80 Abs. 1 Nr. 16 BPersVG) treffend als ein Verhältnis von Ausnahme und Grundvorschrift charakterisiert.[105] Es handelt sich bei den Regelungen zu den Funktionsträgern des Arbeitsschutzes um einen Gegenstand, der grundsätzlich unter den maßnahmenbezogenen Mitbestimmungstatbestand fällt, für den aber ausnahmsweise andere Regelungen (vor allem im Hinblick auf das Letztentscheidungsrecht der Einigungsstelle) gelten. Es zeigt sich somit, dass die ausdrückliche Erwähnung von Mitbestimmungsgegenständen nicht notwendigerweise mit einer stärkeren Position des Personalrats verbunden sein muss.

Unabhängig von den skizzierten Fragen der personenzentrierten Bestellungsentscheidung von Betriebsärztinnen und Betriebsärzten bzw. Fachkräften für Arbeitssicherheit, bedarf es für die genannten Arbeits- und Gesundheitsschutzexpertinnen und -experten gemäß ASiG und DGUV Vorschrift 2 grundlegender organisatorischer Weichenstellungen. So ist zu regeln, ob interne Personen oder externe Personen bzw. Dienste mit der fachkundigen arbeitsmedizinischen und sicherheitstechnischen Betreuung gemäß ASiG und DGUV Vorschrift 2 beauftragt werden sollen. Auch diese grundlegenden organisatorischen Entscheidungen unterliegen der Mitbestimmung nach § 80 Abs. 1 Nr. 16 BPersVG,[106] sodass z. B. neben rein internen und rein externen Betreuungsmodellen auch – wie z. B. in Niedersachsen – Mischformen vereinbart werden können. Angesichts der Größe der Dienststellen stellen solche Mischmodelle eine attraktive Möglichkeit dar, fachkundige Beratung von Schulleitungen und Lehrkräften basisnah zu verankern.

IV. Stufenvertretungen

Die Struktur der Personalvertretungen im öffentlichen Dienst orientiert sich an den Strukturen der öffentlichen Verwaltung. Da die öffentliche Verwaltung in aller Regel hierarchisch aufgebaut ist, ist die Personalver-

105 *OVG Münster* vom 13. 7. 2006 – 1 A 990/05.PVL; *OVG Münster* vom 15. 12. 1999 – 1 A 5101/ 97.PVL.

106 *OVG Münster* vom 18. 4. 2023 – 34 A 2844/21.PVL, BeckRS 2023, 13622.

tretung vor allem in den Flächenländern in Hauptpersonalräte, Bezirkspersonalräte und örtliche Personalräte gestuft. Von großer Bedeutung ist daher die Klärung der Zuständigkeit des jeweiligen Personalrats. Im Betriebsverfassungsrecht ist nach §§ 50, 58 BetrVG die Zuständigkeit basisorientiert. Sie liegt grundsätzlich bei den örtlichen Betriebsräten und nur im Ausnahmefall beim Gesamtbetriebsrat oder beim Konzernbetriebsrat, sodass hier eine Übereinstimmung mit den arbeitssicherheitsrechtlichen Zuständigkeitsregeln zu konstatieren ist. Für die Organisation der Arbeitssicherheit hat das Bundessozialgericht bereits vor über 40 Jahren entschieden, dass Arbeitssicherheit im Zweifel basisnah und örtlich zu organisieren ist.[107] In der Gesetzgebung ist dies bei der Zuordnung des Arbeitsschutzausschusses in der Seeschifffahrt 2013 durch § 115 SeeArbG noch einmal ausdrücklich bekräftigt worden.[108] Ebenso sind die Zuständigkeitsdifferenzierungen nach § 2 DGUV 2 seit 2010 betriebsbezogen formuliert.[109]

Für das Personalvertretungsrecht gilt eine andere Struktur, denn der Aufbau der Personalvertretungen ist, wie bereits ausgeführt, dem hierarchischen Aufbau der Verwaltung angepasst.[110] Die Zuständigkeit der Personalvertretungen ist daher aufgabenakzessorisch formuliert. Wenn also z. B. auf der Seite des Dienstherrn eine Zuständigkeit bei der obersten Dienstbehörde – hier also Schulministerium – festgelegt ist, dann ergibt sich daraus im Grundsatz, dass auf der Seite der Personalvertretungen der dort gebildete jeweilige Hauptpersonalrat zuständig ist.[111] Dabei stellt die Gerichtspraxis als weiteren Grundsatz heraus, dass eine Maßnahme nur entweder vom örtlichen Personalrat oder von einer Stufenvertretung geregelt werden kann. Ausgeschlossen sind also Doppelzuständigkeiten der Stufen der Personalvertretung. Die Zuständigkeit liegt mit anderen Worten immer bei nur einem Personalrat.[112]

Daraus ergibt sich in der Praxis, dass in der großen Mehrzahl der Bundesländer zahlreiche Fragen der Arbeitssicherheit und des Arbeitsschutzes zentral auf der obersten Ebene mit den jeweiligen Hauptpersonalräten geregelt werden. Dies steht z. B. mit Blick auf die arbeitsmedizinische und sicherheitstechnische Betreuung durch Betriebsärztinnen und -ärzte sowie durch Fachkräfte für Arbeitssicherheit in einem Spannungsfeld zur Struktur des ASiG sowie der DGUV Vorschrift 2, das auch in der Praxis

107 BSGE 50, 107 (108); ebenso jetzt *BVerwG* vom 8. 1. 2024 – 8 C 4/23.
108 HK-ArbSchR/*Kohte/Kiesche*, 2023, § 11 ASiG Rn. 7.
109 HK-ArbSchR/*Faber*, 2023, § 14 ASiG Rn. 16.
110 BVerwGE 50, 80.
111 *Ilbertz/Widmaier*, BPersVG, 15. Aufl. 2022, § 92 Rn. 5.
112 *BVerwG* vom 2. 9. 2009 – 6 PB 22/09, PersR 2009, 458 Rn. 6.

zu beachtlichen Schwierigkeiten führt. Ein typischer Fall hatte sich vor wenigen Jahren in Nordrhein-Westfalen ergeben. Hier sind die überbetrieblichen Dienste im Schulbereich nach § 19 ASiG zentral strukturiert und geregelt, sodass die jeweiligen Hauptpersonalräte beteiligt werden. Dies betrifft zunächst die Strukturen und Kompetenzen der Dienste, die bereits vor der Durchführung eines möglichen Vergabeverfahrens geregelt werden müssen.[113] Regelungsbedürftig ist aber auch die weitere dezentrale Strukturierung und Prioritätensetzung der Aufgaben vor Ort in den Schulen des Flächenlandes NRW. Hierzu zählen insbes. auch die Betriebsbegehungen (§§ 3 Abs. 2 Nr. 3; 6 Nr. 3; 10 Abs. 2 ASiG), denn die Aufstellung des konkreten Arbeitsplans nach § 2 DGUV Vorschrift 2 unterliegt ebenfalls der Mitbestimmung.[114]

In Ostwestfalen war vor diesem Hintergrund ein Konflikt aufgetreten zwischen dem Bezirkspersonalrat der Förderschulen und dem Ministerium.[115] Der Bezirkspersonalrat verlangte eine Beteiligung bei der Setzung der Prioritäten der Betriebsbegehungen. Im Arbeitsplan war auf der obersten Ebene für die Aufgabe des überbetrieblichen Dienstes »Durchführung der Regelbegehungen in 860 Schulen« festgelegt worden. Der Bezirkspersonalrat der Förderschulen beanspruchte mit der Begründung der größeren Problemnähe ein Mitbestimmungsrecht bei der Setzung von Prioritäten. Er unterlag mit diesem Antrag am OVG Münster. Nach Auffassung des Gerichts finde im zugrundeliegenden Fall der Grundsatz Anwendung, dass der Personalrat nur bei Maßnahmen mitbestimmen könne, die in der Entscheidungsmacht der Dienststelle liegen. Da die Festlegungen zu den Regelbegehungen bereits auf der obersten Ebene getroffen worden seien, könne der Bezirkspersonalrat hier nicht mitbestimmen. Das Mitbestimmungsrecht bestehe nicht bei Maßnahmen, die bereits auf einer anderen Ebene der Stufenvertretung (hier: Schulministerium) getroffen worden seien.[116]

Aus unserer Sicht ist hier ein wichtiges Strukturproblem sowohl der Mitbestimmung als auch der Arbeitssicherheit nicht beachtet worden. Im Ausgangspunkt zutreffend kann der Arbeitsplan des überbetrieblichen Dienstes nach § 2 DGUV Vorschrift 2 durch den Hauptpersonalrat und das Ministerium gemeinsam geregelt werden. Die Regelung, die hier getroffen wurde, war jedoch nur eine generelle Regelung, die notwen-

113 *OVG Münster* vom 18.4.2023 – 34 A 2844/21, PVL juris; ebenso die Vorinstanz *VG Düsseldorf*, dazu *Kohte*, jurisR-PR-ArbR 5/2022 Anm. 2.

114 HK-ArbSchR/*Faber*, 2023, § 14 ASiG Rn. 12; *Kohte*, jurisPR-ArbR 5/2023 Anm. 7 zu *OVG Münster*.

115 *OVG Münster* vom 25.10.2022 – 34 A 981/21 PVL.

116 *OVG Münster* vom 25.10.2022 – 34 A 981/21 BVL.

digerweise weiterer Konkretisierung bedurfte. Es war evident, dass die Betriebsärztinnen und -ärzte sowie die Sicherheitsfachkräfte mit den 860 Begehungen nicht alle Schulen des Landes Nordrhein-Westfalten abdecken konnten, sodass eine Regelung über die konkrete Auswahl der Schulen landesweit bzw. in den Bezirken notwendig war.

Für solcherart generelle Regelungen ist in der Judikatur und in der Fachliteratur eine Besonderheit herausgearbeitet worden. Wenn auf übergeordneter Ebene nur eine generelle Regelung getroffen worden ist, die zu ihrer Umsetzung weiterer Konkretisierung bedarf, dann gilt auch in der Personalvertretung der allgemeine Grundsatz, dass Maßnahmen auf der jeweils problemnahen Ebene zu treffen sind.[117] Daher ist in anderen Verfahren schon seit einiger Zeit entschieden worden, dass die Konkretisierung genereller Regelungen, die unter Beteiligung des Hauptpersonalrats getroffen worden waren, wie zum Beispiel Auswahlrichtlinien, von der jeweils unteren und sachnäheren Ebene zu treffen sei.[118] Für die Konkretisierung der Regelbegehungen der Förderschulen bedeutet dies, dass eine Prioritätensetzung sinnvollerweise nur durch die Bezirkspersonalräte und die Bezirksregierungen erfolgen kann und muss. Insofern war in dem Fall des OVG Münster bei Erkenntnis der Typik genereller Regelungen geboten, eine Zuständigkeit von Bezirksregierung und Bezirkspersonalrat zu ermöglichen. Zwar lag hier keine Maßnahme der Bezirksregierung vor, doch kommt dem Bezirkspersonalrat auch ein Initiativrecht zu, von dem er hier Gebrauch gemacht hatte. Gerade bei der basisorientierten Arbeitssicherheit ist eine solche Konkretisierung genereller Regelungen häufig geboten.[119] Folgerichtig hat der Bayerische Verwaltungsgerichtshof im Jahr 2011 das von einem örtlichen Personalrat beanspruchte Mitbestimmungsrecht bei der Konkretisierung der Rahmenvorgaben einer vom Hauptpersonalrat abgeschlossenen Dienstvereinbarung zur Festlegung von Mindeststandards für die Nutzung von Arbeitsräumen anerkannt (vgl. dazu auch Teil F.II.3).[120]

117 *BVerwG* vom 30. 3. 2009 – 6 PB 29/08, PersR 2009, 332, 336; *Klose*, jurisPR-ArbR 40/2009 Anm. 4; *Weber*, PersR 8–9/2023, 13, 14.

118 *BayVGH* vom 9. 5. 2011 – 18 P 09.2249, PersR 2011, 332 m. Anm. *Weinmann* im Anschluss an *BVerwG* vom 2. 9. 2009 – 6 P 22/09, PersR 2009, 458, 459; ebenso *Altvater/Baden*, BPersVG 11. Aufl. 2023, § 82 Rn. 14.

119 *Nitsche* in HK ArbSchR, 3. Aufl. 2023, PersVR Rn. 33; *Kohte*, jurisPR-ArbR 5/2023 Anm. 7.

120 *BayVGH* vom 9. 5. 2011 – 18 P 09.2249, PersR 2012, 332ff.

F. Exemplarische aktuelle Handlungsfelder

Im folgenden Abschnitt soll ein Überblick über exemplarische Handlungsfelder gegeben werden, damit einige praktische Konsequenzen der heutigen Rechtslage verdeutlicht werden können.

I. Mängel in der Arbeitsorganisation als Faktor psychischer Belastungen (z. B. Arbeitszeitgestaltung, soziale Beziehungen, Qualifizierung)

Ein wichtiger Bereich, der in bisherigen Untersuchungen wenig (systematisch) angesprochen wird, ist die Arbeitsorganisation im weiten Sinn.[1] Das hängt sicher mit verschiedenen Faktoren zusammen, u. a. mit dem »weichen« Charakter oder mit der Unklarheit in den Zuständigkeiten. Gerade für den Schulbereich bedarf dieser Aspekt einer genaueren Analyse, wobei Fragen der Kommunikation und der Führungsorganisation einen großen Raum einnehmen.[2] Ausgangspunkt bilden auch hier die Grundsätze von § 4 ArbSchG. Hervorzuheben sind dabei neben dem allgemeinen Grundsatz der Gefahrenverhinderung und -vermeidung (§ 4 Nr. 1 ArbSchG) vor allem

- der Grundsatz der Gefahrenbekämpfung an der Quelle (§ 4 Nr. 2 ArbSchG),
- die Verpflichtung zur Planung von Maßnahmen des Arbeits- und Gesundheitsschutzes mit dem Ziel, sachgerecht Technik, Arbeitsorganisation, sonstige Arbeitsbedingungen, soziale Beziehungen und

1 Zur Bedeutung der Arbeitsorganisation für psychische Belastungen: *G. Richter* in BAuA (Hrsg.), Gefährdungsbeurteilung psychischer Belastung, 2014, S. 173 ff.; *Ulich*, Arbeitspsychologie, 2011, S. 561 ff.

2 Dazu nur *Nübling/Stößel/Michaelis*, Fehlzeiten-Report 2009, S. 253 ff.

den Einfluss der Umwelt auf den Arbeitsplatz zu verknüpfen (§ 4 Nr. 4 ArbSchG: noch deutlicher in der RL 89/391/EWG Art. 6 Buchst. g: »Planung der Gefahrenverhütung mit dem Ziel einer kohärenten Verknüpfung von Technik, Arbeitsorganisation, Arbeitsbedingungen, sozialen Beziehungen und Einfluss der Umwelt auf den Arbeitsplatz« [Hervorhebung nicht im Original, Anm. Hrsg.]) und

- der Vorrang der Verhältnis- vor der Verhaltensprävention (entsprechend Art. 6 Buchst. h: »Vorrang des kollektiven Gefahrenschutzes vor individuellem Gefahrenschutz«; § 4 Nr. 5 ArbSchG formuliert: »individuelle Schutzmaßnahmen sind nachrangig zu anderen Maßnahmen«).

Auch wenn der Begriff der Arbeitsorganisation im Gesetz nicht näher definiert wird, kann hier doch auf wichtige Arbeiten zu den sicherheits- und gesundheitsrelevanten Elementen der Arbeitsorganisation zurückgegriffen werden, die zum großen Teil auch für den Schulbereich von erheblicher, wenn nicht sogar von entscheidender Bedeutung sind.

Die folgende Tabelle versucht, auf der Grundlage der gesundheitsrelevanten Elemente der Arbeitsorganisation (Spalte 1) wichtige Belastungsprobleme im Schulbereich anzusprechen (Spalte 2) und ihnen mögliche Maßnahmen des Arbeits- und Gesundheitsschutzes zuzuordnen (Spalte 3). Sie erhebt jedoch weder einen Anspruch auf Vollständigkeit noch auf umfassende arbeitswissenschaftliche Begründung, sondern hat eher einen Hinweischarakter auf die notwendigen Zusammenhänge im Arbeits- und Gesundheitsschutz des Schulbereichs.

Gesundheitsrelevante Elemente (allgemein)[3]	Belastungsgruppen/ Probleme (im Schulbereich)	Mögliche Maßnahmen (im Schulbereich)
Soziale Aspekte der Arbeitsorganisation		
Führung	Mangelnde Führungsqualitäten (Schulleitung, Schulaufsicht; Beispiel: Umgang mit Spannungen und Konflikten)	Entwicklung eines neuen Führungs- und Kommunikationsstils (z. B. mit wertschätzendem Feedback) und einer neuen Schulkultur; Fortbildung von Schulleitungen und Schulaufsicht vor allem zur Personalentwicklung; Fallbesprechungsgruppen, Coaching, Supervision für Schulleitungen
Kommunikation und Kooperation zwischen Beschäftigten	Umgangston im Kollegium, fehlendes Gemeinschaftsgefühl, fehlendes wertschätzendes Feedback, Mobbing	Schulinterne Unterstützungsangebote, Kooperation und Austausch fördern
Sozialer Rückhalt	Fehlende soziale Unterstützung und Wertschätzung, vor allem durch Vorgesetzte	Teamentwicklung fördern
Rolle	Rollenkonflikte	Zuständigkeiten klären, Transparenz herstellen, Absprachen und Vereinbarungen treffen; Coaching

3 Bundesverband der Unfallkassen, Psychische Belastungen am Arbeits- und Ausbildungsplatz – ein Handbuch – Phänomene, Ursachen, Prävention (GUV-I 8628), Ausgabe April 2005, S. 19ff.

Gesundheitsrelevante Elemente (allgemein)	Belastungsgruppen/ Probleme (im Schulbereich)	Mögliche Maßnahmen (im Schulbereich)
Soziale Aspekte der Arbeitsorganisation		
Möglichkeiten zur beruflichen Entwicklung		Aufstiegsmöglichkeiten und Möglichkeiten alters- und alternsgerechter Beschäftigung
Funktionale Aspekte der Arbeitsorganisation		
Regulationsbedingungen	Kein hinreichender Einfluss bei der Arbeit	Informationsabläufe verbessern; Betroffene bei Entscheidungen besser einbeziehen (z. B. bei der Deputatsverteilung, Stundenplangestaltung, Aufgabenverteilung) und Zuständigkeiten gemeinsam entwickeln
Arbeitszeit- und Pausenregelung	Hohe zeitliche Belastungen durch Arbeitszeitverlängerungen; hoher Zeitdruck; keine Entspannung und Erholung in den Unterrichtspausen; Vereinbarkeit von Beruf und Familie schwierig	Reduzierung der Arbeitszeit (mindestens spezifische Maßnahmen, z. B. für ältere Lehrkräfte wie Altersermäßigung); Mitgestaltung bei Pausenaufsicht, Stundenplanorganisation, Vertretungsunterricht; Fortbildung in Zeitmanagement und Arbeitsorganisation; Wirksame Berücksichtigung von Work-Life-Balance

Gesundheitsrelevante Elemente (allgemein)	Belastungsgruppen/ Probleme (im Schulbereich)	Mögliche Maßnahmen (im Schulbereich)
Funktionale Aspekte der Arbeitsorganisation		
Überforderung der Beschäftigten	(Zu) Hohe emotionale Anforderungen vor allem durch Disziplinprobleme, Aggressivität und Hyperaktivität von Kindern; Gewalt, Drogen; fachfremder Unterricht	Berufsbegleitende Supervision; Fortbildung in Entspannungsübungen; Fallbesprechungsgruppen, kollegiale Beratung, Konfliktgespräche führen lernen, Kommunikationstechniken
Personelle Ausstattung	Zu große Lerngruppen; Klassen mit besonderem Förderbedarf	Klassenteiler senken, vor allem bei besonderem Förderbedarf
–	Materiell-technische Ausstattung (Beispiel: PC- und Kopierer Ausstattung)	
–	Qualität und Aktualität der Lehrmittel	
Aus- und Weiterbildung	Qualifizierung für neue Aufgaben	
Sonstige organisatorische Bedingungen	Belastungen durch Lärm; schlechte Luft- und Lichtverhältnisse	Lärmminderung; Gestaltung der Arbeitsstätten

Dabei ist vor allem auf die Besonderheiten der Arbeitsorganisation des Schulbereichs hinzuweisen, und zwar auf die verschiedenen verwaltungsinternen Zuständigkeiten:

- einerseits zwischen den Bundesländern als Anstellungskörperschaften (Schulhoheitsträger) und den (kommunalen) Schulträgern,
- andererseits zwischen den verschiedenen Hierarchieebenen innerhalb der Schulverwaltung.

Der Schwerpunkt der zu treffenden Maßnahmen für eine bessere Arbeitsorganisation für Lehrkräfte liegt sicher bei der Schulverwaltung und hier zunächst einmal auf der untersten Ebene der jeweiligen Schule bzw. Schulleitung, soweit sie über die entsprechenden Zuständigkeiten und Ressourcen verfügt. Über die Realisierung der in der Tabelle aufgelisteten Maßnahmen wird zu einem erheblichen Teil auf zentraler (Ministeriums-)Ebene entschieden (z. B. Finanzen, Klassenstärke, Freistellungen), auch wenn das bisher nicht immer im Blick ist.
Dies hat erhebliche Konsequenzen für die Personalräte. Damit wächst nämlich nicht nur den örtlichen (und eventuell den Bezirks-)Personalräten, sondern vor allem auch den (Haupt-)Personalräten auf zentraler Ebene ein neuer wichtiger und umfassender Aufgabenkreis zu, sodass ihnen ebenso in eigener Kompetenz z. B. die in § 80 Abs. 1 Nr. 16 BPersVG entsprechenden Mitbestimmungsrechte der jeweiligen Landespersonalvertretungsgesetze und die entsprechenden Informations- und Überwachungsrechte zustehen.[4]
Wenn auf diese Weise die Analyse und Gestaltung der Organisation in das Blickfeld gerät, ist die Chance größer, dass psychische Belastungen, Beanspruchungen und Beanspruchungsfolgen zutreffend identifiziert werden können, weil gerade die Arbeitsorganisation in beachtlichem Umfang für psychische Belastungen verantwortlich ist.[5] Auch wenn die jeweiligen Beanspruchungen und Beanspruchungsfolgen immer eine entsprechende individuelle Komponente haben, können bei professionellen Mess- und Beobachtungsmethoden, die den Stand der DIN EN ISO 10075 – 1 + 3[6] beachten, die jeweiligen Belastungen so weit erfasst werden, dass entsprechende Gestaltungsstrategien möglich sind, mit denen z. B. hinreichende Transparenz einer Organisation, Mobilisierung von sozialem Rückhalt und/oder Konsequenzen für die Gestaltung und Verteilung der jeweiligen Arbeitszeit beeinflusst werden können. Auf diese Weise können ebenfalls die Ressourcen und das Bewältigungspotential gestärkt werden. Zutreffend hat z. B. das VG Berlin knapp und griffig formuliert:

4 Dazu das vom Hautpersonalrat eingeleitete Verfahren, vgl. *VGH Baden-Württemberg* vom 11. 3. 2010 – PVL 15 S 1773/08, PersR 2010, 455, zur Organisation der Sicherheitsfachkräfte an den Schulen in BW.

5 GUV-I 8628, Psychische Belastungen, S. 19 ff., später DGUV-Information 206-010; jetzt GDA-Leitlinie Gefährdungsbeurteilung, Nr. 10.2.

6 Dazu nur *Nachreiner/Schütte*, Zeitschrift für Arbeits- und Organisationspsychologie 2005, S. 154 ff.; *U. Bamberg*, DIN-Mitteilungen 2002, S. 529 ff.; *Blume/Faber* in HaKo-ArbSchR, 2023, ArbSchG § 5 Rn. 32 ff.

»Es liegt auf der Hand, dass für die Reduzierung psychischer Belastungen vornehmlich faktische Verbesserungen des Betriebsklimas vorzunehmen sind.«[7]

II. Aufbau der Arbeitsschutzorganisation

Kennzeichnend für die Organisation des Arbeitsschutzes im Schulbereich sind vor allem Defizite beim Aufbau der speziellen Arbeitsschutzorganisation, die bei keinem privaten Arbeitgeber mit mehr als 1000 Beschäftigten festzustellen sind. Die Kernelemente dieser Organisation sind auch für den Bereich des Öffentlichen Dienstes (§ 16 ASiG) im Arbeitssicherheitsgesetz verbindlich festgelegt. Auch mehr als 30 Jahre nach Inkrafttreten des Arbeitssicherheitsgesetzes fehlt es für den »Betrieb« Schule in der Mehrzahl der Bundesländer bereits an diesen Grundvoraussetzungen für einen effektiven Arbeits- und Gesundheitsschutz. Sicherheitsfachkräfte, Betriebsärztinnen und Betriebsärzte waren entweder noch nicht bestellt oder aber mit so geringen Einsatzzeiten ausgestattet, dass sie ihren Beratungs- und Unterstützungsauftrag nicht sachgerecht erfüllen konnten. Eine gezielte Nutzung der Dienstleistungen der Fachkräfte für Arbeitssicherheit und der Betriebsärztinnen und Betriebsärzte fand daher kaum statt. Tätigkeitsschwerpunkte werden von den Fachkräften weitgehend autonom gesetzt, nicht aber – wie im Arbeitssicherheitsgesetz vorgesehen – durch die Dienststellenleitung in Kooperation und Abstimmung mit den Personalräten. Die Arbeitsschutzausschüsse für den Schulbereich, in denen die Schwerpunkte verhandelt und formuliert werden könnten, sind nicht mit der erforderlichen Organisationsmacht versehen. Die gesetzlich gebotene Kooperation der für den Arbeits- und Gesundheitsschutz zuständigen Akteure bedarf dringend einer Optimierung. Gerade für die Schulverwaltung gilt das Fazit von Andreas Blume, dass in Deutschland kein Mangel an Leitfäden und Handlungshilfen für die Gefährdungsbeurteilung psychischer Belastungen besteht, es wohl aber an dafür qualifizierten und engagierten Personen fehlt.[8]

Die Berichte in unserem Leitfaden zeigen, dass dieser organisatorische Rückstand in den vergangenen Jahren zwar verringert, aber nicht entscheidend aufgeholt wurde. Die Fortschritte sind allerdings weder das Ergebnis von Aufsichtsanordnungen, die in solchen Fällen nach § 20

7 *VG Berlin* vom 20.9.2006 – VG 61 A 7.06, PersR 2007, 43, 44.

8 *Blume*, Festschrift für Kohte, 2016, S. 383, 390ff.

ASiG geboten wären,[9] noch von aufmerksamer Lektüre des Gesetzes in den Ministerialverwaltungen. Entscheidend waren vor allem diverse Initiativen von Schulpersonalräten. Insoweit hat sich die allgemeine Erfahrung auch im Schulbereich bestätigt, dass Fortschritte im Arbeitsschutz eng mit der aktiven Nutzung der Beteiligungsrechte der Betriebs- und Personalräte verzahnt sind.[10] Für Personalräte ist es deswegen weiterhin dringlich, sich für die Realisierung der organisatorischen Grundvoraussetzungen für Sicherheit und Gesundheit in der Schule einzusetzen und zumindest zu erreichen, dass die gesetzlichen Mindeststandards von den Dienststellenleitungen eingehalten werden.

1. Die Strukturen der Fachkräfte für Arbeitssicherheit und der Betriebsärztinnen bzw. Betriebsärzte klären, diese bestellen und deren Aufgaben regeln

Nach § 16 ASiG i. V. m. §§ 2, 5 ASiG ist der Dienstherr der Lehrerinnen und Lehrer verpflichtet, Fachkräfte für Arbeitssicherheit zu bestellen. Dies ist inzwischen im Grundsatz in der Mehrzahl der Länder unbestritten. Einen »Meilenstein« bildet in diesem Zusammenhang ein von einem Personalrat von Lehrkräften angestrengtes personalvertretungsrechtliches Beschlussverfahren, durch das die langjährige Weigerung der Landesregierung in Baden-Württemberg, Sicherheitsfachkräfte für den Schulbereich zu bestellen – da dies allein Aufgabe des Schulträgers sei – rechtskräftig als gesetzwidrig qualifiziert worden ist.[11] Die damit anerkannte gesetzliche Handlungspflicht des Dienstherrn zum Aufbau einer fachkundigen Beratungs- und Unterstützungsorganisation von Betriebsärztinnen und – ärzten sowie von Fachkräften für Arbeitssicherheit lässt vielfältige Gestaltungsspielräume offen. Diese sind unter aktiver Beteiligung der Personalräte einvernehmlich, d. h. mitbestimmt, zu füllen. Die rechtlichen Grundlagen für die Mitbestimmung divergieren dabei – wie oben dargestellt – erheblich zwischen den Personalvertretungsgesetzen der Länder, sodass im Einzelfall vor Ausübung der Mitbestimmung jeweils eine Reihe von Vorfragen landesspezifisch zu prüfen sind. Zu klären ist insbesondere,

---

9 So aber *BAG* vom 15. 4. 2014 – 1 ABR 82/12, Rn. 24.

10 Dazu eingehend *Faber*, Grundpflichten, 2004, S. 499 ff.

11 *VGH Baden-Württemberg* vom 11. 3. 2010 – PL 15 S 1773/08, PersR 2010, 455, dazu ausführlich *Jenter/Faber*, PersR 2010, 432; *Jenter*, Festschrift für Kohte, 2016, S. 475, 480.

- ob es im Landesrecht spezielle Regelungen über die Bestellung von Akteuren des Arbeits- und Gesundheitsschutzes gibt,
- ggf. ob nur Betriebsärztinnen und –ärzte oder aber auch die Fachkräfte für Arbeitssicherheit einer speziellen Regelung unterworfen sind,
- ggf. ob der spezielle Mitbestimmungstatbestand neben der Bestellung auch die Abberufung umfasst,
- ggf. ob das spezielle Mitbestimmungsrecht alle im Arbeitssicherheitsgesetz »angebotenen« Betreuungsmodelle abdeckt oder nur die Bestellung interner Personen (Angestellte/Beamtinnen bzw. Beamte).

Bei aller Regelungsvielfalt ist die Grundtendenz für alle Länder vergleichbar: Die Personalräte haben bei diesen für die Arbeitsschutzorganisation und die Qualität des Arbeits- und Gesundheitsschutzes wichtigen Weichenstellungen umfangreiche Mitbestimmungsrechte. Praktisch bedeutsame Unterschiede bestehen vor allem in den Fällen, in denen sich die Mitbestimmung aus speziellen Mitbestimmungstatbeständen ergibt. Während über das allgemeine Mitbestimmungsrecht am Ende in der Einigungsstelle entschieden wird, fehlt bei den speziellen Tatbeständen der Mitbestimmung der Einigungsstelle nach dem jeweiligen Landesrecht nicht selten das Letztentscheidungsrecht, sodass sie lediglich eine Empfehlung beschließen kann (dazu ausführlich oben Teil C.II.1.).

Platz für eine Mitgestaltung im Rahmen der Mitbestimmung besteht aufgrund der Vorgaben des Arbeitssicherheitsgesetzes wie bereits angesprochen in vielfältiger Weise. Das Arbeitssicherheitsgesetz kennt keine Einheitslösung für alle Betriebe und Dienststellen, sondern lässt die folgenden unterschiedlichen Modelle der betriebsärztlichen bzw. sicherheitstechnischen Expertinnen- bzw. Expertenorganisation zu:

- Bestellung interner Personen (Angestellte oder Beamtinnen/Beamte);
- Bestellung freiberuflicher Betriebsärztinnen/Betriebsärzte und Sicherheitsfachkräfte als »externe Lösung«;
- Verpflichtung eines überbetrieblichen Dienstes von Betriebsärztinnen/Betriebsärzten oder Fachkräften für Arbeitssicherheit (§ 19 ASiG) als weitere »externe Lösung«.

Der Bestellung von Betriebsärztinnen und Betriebsärzten sowie Fachkräften für Arbeitssicherheit geht vor diesem Hintergrund immer eine *Strukturentscheidung* voraus, bei der der Personalrat mitzubestimmen hat.[12] Grundlage für diese Strukturentscheidung ist zumeist das aktuelle

12 *OVG Münster*, Beschluss vom 18.4.2023 – 34 A 2844/21.PVL, BeckRS 2023, 13622; grundlegend zum Ganzen mit Blick auf § 87 Abs. 1 Nr. 7 BetrVG: *BAG* vom 10.4.1979 – 1 ABR 34/77, NJW 1979, 2362. Vgl. außerdem *Kiesche*, jurisPR-ArbR 2024/2 Nr. 7; *von Roetteken*, jurisPR-ArbR 24/2004 Nr. 5 und PersR 2005, 3,

Recht: § 80 Abs. 1 Nr. 16 BPersVG bzw. die entsprechenden maßnahmenbezogenen Mitbestimmungstatbestände der Landespersonalvertretungsgesetze. Die speziellen Mitbestimmungstatbestände kommen bei diesen grundlegenden Strukturentscheidungen noch nicht zur Geltung, weil sie der individuellen Bestellung von Personen oder Diensten vorgelagert sind.[13] Fehlt es an einer speziellen Bestimmung, greift nach der bisherigen und weiter zu beachtenden Rechtsprechung des Bundesverwaltungsgerichts[14] der allgemeine Mitbestimmungstatbestand des § 75 Abs. 3 Nr. 11 BPersVG a. F., jetzt in aller Regel § 80 Abs. 1 Nr. 16 BPersVG (sodass nach dem Bundesrecht auch die Bestellung freiberuflicher Ärztinnen und Ärzte stets dem Letztentscheidungsrecht der Einigungsstelle unterliegt). In der neueren Gerichtspraxis ist daher auch entschieden worden, dass die strukturellen Anforderungen an Sicherheitsfachkräfte ebenso dem Mitbestimmungsrecht unterliegen,[15] wie der nach § 14 ASiG aufzustellende Arbeitsplan.[16]

Nach der Rechtsprechung des Europäischen Gerichtshofs sind bei der Entscheidung dieser Frage im Grundsatz »interne Lösungen« vorzugswürdig.[17] Das gilt vor allem für so große Arbeitgeber, wie die Dienstherren der Lehrkräfte, die regelmäßig über mehr als Tausende von Beschäftigten verfügen. Vor dem Hintergrund des Zwecks der §§ 2, 5 ASiG, spezielle Expertise im Bereich Sicherheit und Gesundheit im Betrieb zu verankern, stellen die z. T. praktizierten Mischmodelle interner und externer arbeitsmedizinischer und sicherheitstechnischer Betreuung eine attraktive Variante zur Erfüllung der Pflichten aus dem Arbeitssicherheitsgesetz dar.[18] Dementsprechend können die Betreuungszeiten nach dem niedersächsischen Vorbild zwischen speziell qualifizierten Lehrerinnen und Lehrern, die als »Teilzeit-Sicherheitsfachkraft« arbeiten,[19] und externen Kräften

11; *Annuß* in Richardi/Dörner/Weber, PersVR 6. Aufl. 2024, § 80 Rn. 198; *Fischer/Goeres/Gronimus*, BPersVG, § 75 Rn. 101b; *Cecior/Vallendar/Lechtermann*, LPVG Nordrhein-Westfalen, § 72 Rn. 943.

13 Dazu präzise *VGH Baden-Württemberg* vom 11. 3. 2010 – PL 15 S 1773/08, PersR 2010, 455; vertiefend *Jenter/Faber*, PersR 2010, 432, 434.

14 *BVerwG* vom 25. 1. 1995 – 6 P 19/93 = ZTR 1995, 524f.

15 *Kohte*, jurisPR-ArbR 5/2022 Anm. 2 zu *VG Düsseldorf* vom 14. 10. 2021 – 40 K 2997/19 PVL.

16 *Faber* in HaKo-ArbSchR, 2023, ASiG, § 14 Rn. 12 und *Graue* in HaKo-ArbSchR, 2023, ASiG, § 16 Rn. 28 zu *OVG Münster* vom 4. 3. 2016 – 20 A 2364/14 PVL.

17 *EuGH* vom 6. 4. 2006 – C 428/04 – ZESAR 2007, 30, 34; *Kohte*, RdJB 2008, 198, 210.

18 *Kohte/Faber*, ZESAR 2007, 39, 41.

19 Vor allem in kleinen und mittleren Unternehmen der gewerblichen Wirtschaft sind solche Teilzeitlösungen weit verbreitet. Die Erfahrung zeigt dabei, dass es

aufgeteilt werden. Das kann intern zu einer wünschenswerten stärkeren Verankerung des Arbeits- und Gesundheitsschutzes führen und gleichzeitig die Chance eröffnen, auf besonders professionellen und qualifizierten Sachverstand bei schwierigen Problemlagen zurückgreifen zu können. Insoweit bietet gerade die große Zahl der Beschäftigten die Chance zu phantasievollen Lösungen, was wiederum darauf hinweist, wie weit die Spielräume für eine aktive Mitgestaltung durch die Personalräte sind.
Der Bedarf nach qualifizierter fachkundiger Unterstützung nach dem Arbeitssicherheitsgesetz orientiert sich an der konkreten betrieblichen Situation, vor allem an der Anzahl der Beschäftigten und den spezifischen Gefährdungen. Zentrale Anhaltspunkte hierfür lieferte für viele Jahre das Regelwerk der Unfallversicherungsträger (BGV A 2). Die dort angegebenen Werte basierten auf langjährigen Erfahrungen über den erforderlichen Betreuungsaufwand. Vor diesem Hintergrund war die sehr uneinheitliche Praxis, die z.T. deutlich hinter diesen Regeleinsatzzeiten zurückbleibt, offenkundig rechtswidrig. Seit mehr als zehn Jahren ist mit der DGUV Vorschrift 2 ein neues Regelwerk beschlossen worden, das einheitlich für private Unternehmen und den Öffentlichen Dienst gilt. Mit den neuen Regeln besteht ein der Mitbestimmung zugänglicher größerer Spielraum gerade für die betriebliche Betreuung.[20] Eine spezifische und fachkundige Gefährdungsbeurteilung ist hier von zentraler Bedeutung.
In der Sache handelt es sich bei den Verpflichtungen des Arbeitgebers aus dem Arbeitssicherheitsgesetz um eine gesetzlich regulierte Pflicht zur Inanspruchnahme sicherheitstechnischer und arbeitsmedizinischer Dienstleistungen. Dieser Dienstleistungscharakter wird – nicht nur im Schulbereich – immer noch zu selten gesehen. Üblicherweise bestimmt nicht der Dienstleister, sondern der Kunde den Gegenstand der Dienstleistung. In der Praxis geschieht dies nur selten, da die gesetzlich normierten Aufgabenkataloge der Fachkräfte für Arbeitssicherheit und der Betriebsärztinnen und Betriebsärzte ohne weitere Konkretisierung zum Gegenstand der Betreuung gemacht werden. Es gehört zu den wichtigen Aufgaben, hier zu klaren und spezifischen Arbeitsprogrammen zu gelangen, die die Tätigkeiten der Betriebsärztinnen/Betriebsärzte und der Sicherheitsfachkräfte anhand der spezifischen Problemlagen in den Schulen verbindlich konkretisieren. Die Vereinbarung solcher *Arbeitsprogramme* ist

---

von hoher Bedeutung ist, einen klaren Rahmen zu definieren, in dem die betroffenen »Teilzeit-Sicherheitsfachkräfte« ihren Aufgaben nach dem Arbeitssicherheitsgesetz nachkommen können. Hierzu bedarf es klarer organisatorischer Festlegungen, die wiederum der Mitbestimmung des Personalrats nach § 80 Abs. 1 Nr. 16 BPersVG unterliegen.

20 Dazu *Kohte*, PersR 10/2016, 8 ff.

als organisatorische Maßnahme nach § 80 Abs. 1 Nr. 16 BPersVG (bzw. nach den entsprechenden maßnahmenbezogenen Mitbestimmungstatbeständen der jeweiligen Landespersonalvertretungsgesetze) mitbestimmungspflichtig und das Letztentscheidungsrecht der Einigungsstelle insoweit in allen Ländern gleichermaßen gegeben. Möglich – und je nach Beteiligungskultur auch notwendig – ist es, in diesem Rahmen auch die Zusammenarbeit der Dienstleister mit dem Personalrat zu regeln. So kommt es immer wieder dazu, dass der Personalrat nicht informiert und auf Verlangen auch nicht beraten wird, mit der Begründung, dass der Arbeitgeber und nicht der Personalrat Auftraggeber ist. Das ist zwar zutreffend, verkürzt aber unzulässig die Rechtslage nach dem Arbeitssicherheitsgesetz. Nach § 9 ASiG zählt es zu den gesetzlichen Aufgaben der Betriebsärztinnen und Betriebsärzte sowie der Sicherheitsfachkräfte, den Personalrat zu informieren und auf sein Verlangen auch zu beraten.[21] Die Evaluation der DGUV Vorschrift 2 hat ermittelt, dass 37 % der betrieblichen Interessenvertretungen von ihrem Recht Gebrauch machen, die ASiG-Expertinnen und -experten zu ihren Sitzungen einzuladen.[22] Zumindest wenn hier Schwierigkeiten bestehen, sollte die nähere Ausgestaltung der Kooperation klar geregelt werden, wofür wiederum nach § 80 Abs. 1 Nr. 16 BPersVG ein Mitbestimmungsrecht besteht. Eine effektive Kooperation ist eine wichtige Voraussetzung für die Organisation gemeinsamer Betriebsbegehungen nach § 10 Satz 2 ASiG.

2. Sicherheitsbeauftragte bestellen

Arbeiten in einer Schule mehr als 20 Beschäftigte, sind nach § 22 SGB VII Sicherheitsbeauftragte zu bestellen. Auch hierbei bestehen für den Personalrat umfassende Mitbestimmungsrechte. In den meisten Ländern ergibt sich die Mitbestimmung aus dem allgemeinen maßnahmenbezogenen Mitbestimmungsrecht (bisher § 75 Abs. 3 Nr. 11, jetzt § 80 Abs. 1 Nr. 16 BPersVG).[23] Nur in einigen Ländern bestehen insoweit spezielle

21 In der Kommentarliteratur wird zutreffend darauf hingewiesen, dass es insoweit darum geht, den Gleichstand der Informationen über arbeits- und gesundheitsschutzrelevante Sachverhalte herzustellen und die Grundlage für eine zielführende Kooperation aller Beteiligten zu schaffen, vgl. *Anzinger/Bieneck*, Kommentar zum ASiG, § 9 Rn. 3 sowie *Kohte/Kiesche* in HaKo-ArbSchR, 2023, ASiG, § 9 Rn. 7 f.

22 DGUV-Report 1/2017, S. 97 ff.

23 *BVerwG* vom 18. 5. 1994 – 6 P 27/92, PersR 1994, 466; *Kohte*, FS für Wlotzke 1996, S. 563, 580 ff.; *Kohte/Kiesche* in HaKo-ArbSchR, 2023, SGB VII, § 22 Rn. 21 f.

Bestimmungen.[24] Die Mitbestimmung bezieht sich auf die Auswahl der Kolleginnen und Kollegen. Außerdem kommen – wiederum nach Maßgabe des § 80 Abs. 1 Nr. 16 BPersVG – Regelungen über die Aufteilung der Zuständigkeitsbereiche der Sicherheitsbeauftragten in Betracht (sofern mehrere Sicherheitsbeauftragte für das Lehrpersonal zu bestellen sind). Wichtig sind zudem klare Festlegungen, wie das Amt des Sicherheitsbeauftragten mit der Haupttätigkeit als Lehrkraft in Einklang gebracht werden soll. Von Sinn und Zweck der §§ 22ff. SGB VII getragen sind insoweit vor allem partielle Freistellungen, die sicherstellen, dass die erforderliche Zeit für gezielte Begehungen der Schule und zur Kommunikation mit den Kolleginnen und Kollegen real vorhanden ist. Im Beamtenrecht ist die Bestellung von Sicherheitsbeauftragten bislang nicht vorgesehen. Dies ist aus unionsrechtlicher Perspektive – wie dargelegt – nicht unproblematisch und die Differenzierung zwischen Beamtinnen/Beamten und Angestellten in der Sache nicht zu rechtfertigen. Da § 80 Abs. 1 Nr. 16 BPersVG ein Initiativrecht einräumt, ist es dem Personalrat unbenommen, sein Initiativrecht geltend zu machen. Es spricht im Übrigen einiges dafür, dass der Dienstherr insoweit auch zur Bestellung von Vertreterinnen und Vertretern der beamteten Lehrerinnen und Lehrer verpflichtet ist. Insoweit kommt eine direkte Anwendung der maßgeblichen Bestimmungen der Arbeitsschutz-RL in Betracht, die insoweit nicht vollständig umgesetzt ist. Die unmittelbare Anwendung des europäischen Rechts ist gegenüber öffentlichen Institutionen, wie z. B. den Behörden der Bundesländer, anerkannt, wenn ein Mitgliedsstaat seinen Verpflichtungen zur Umsetzung von europäischen Richtlinien nicht oder nicht rechtzeitig nachkommt.[25]

3. Arbeitsschutzausschüsse: Foren der Kommunikation und Kooperation

Unverzichtbares Forum der Transparenz, Kommunikation und Kooperation ist im Arbeitsschutzrecht der Arbeitsschutzausschuss, der nach § 11 ASiG in Betrieben und Dienststellen mit mehr als 20 Beschäftigten zu bilden ist. Für die Personalräte gilt auch hier, durch Ausübung ihrer Mitbestimmungsrechte die notwendigen Strukturentscheidungen und die Entscheidungen über die Arbeitsweise des Gremiums mitzugestalten. Nach § 11 ASiG ist der Ort, an dem der Arbeitsschutzausschuss zu bilden ist, der Betrieb bzw. im Bereich des Öffentlichen Dienstes die Dienststelle.

24 So etwa in Baden-Württemberg, Hessen, Rheinland-Pfalz, Niedersachsen.
25 *Bücker/Feldhoff/Kohte*, Vom Arbeitsschutz zur Arbeitsumwelt, Rn. 191ff.

Diese arbeitsschutzrechtliche Strukturvorgabe wirkt sich in den verschiedenen Bundesländern durch die Vielfalt des Schulorganisationsrechts unterschiedlich aus. Während in einigen Bundesländern die Schule als Dienststelle fungiert (z. B. in Sachsen-Anhalt), werden die Dienststellen in anderen Ländern bei der unteren Schulaufsichtsbehörde gebildet (z. B. in Nordrhein-Westfalen). Der Föderalismus führt hier z. T. zu völlig unterschiedlichen Konstellationen, deren Sinnhaftigkeit durchaus fraglich sein kann. Nicht selten führt der für die Schulen spezifisch formulierte Dienststellenbegriff teilweise zu sehr grobmaschigen Erscheinungsformen, wenn z. B. verschiedene Schulformen eines Schulamtsbezirks in einem einzigen Arbeitsschutzausschuss zusammengefasst werden oder wenn – gewissermaßen als Gegenpol – in allen Schulen mit mindestens 20 Lehrerinnen und Lehrern ein Arbeitsschutzausschuss gebildet wird.

Nach allgemeiner Auffassung ist die in § 11 ASiG genannte Zusammensetzung des Arbeitsschutzausschusses nicht abschließend, sondern erweiterbar.[26] Das ist partiell schon durch Gesetz geschehen, wie § 178 SGB IX zeigt, der der Schwerbehindertenvertretung als wichtigem Akteur der betrieblichen Gesundheitspolitik ein gesetzliches und daher unverzichtbares Teilnahmerecht einräumt. Darüber hinaus kann aber auch mithilfe des Mitbestimmungsrechts nach § 80 Abs. 1 Nr. 16 und 17 BPersVG der Teilnehmerkreis ständig oder optional erweitert werden. Das kann z. B. zur Einbindung der Suchtberatung führen, sofern hier eine besondere Problematik liegt. In jedem Fall sollte ein beratendes Teilnahmerecht des Schulträgers geregelt werden, denn auch wenn das Land als Dienstherr für die Sicherheit und Gesundheit verantwortlich ist, ist nicht zu verkennen, dass die meisten Maßnahmen nur dann ohne Probleme umgesetzt werden, wenn der Schulträger mit »im Boot« ist.

Daneben ist es für die Arbeitsfähigkeit des Ausschusses wichtig, die Arbeitsweise zu strukturieren. Dies betrifft weniger die Geschäftsordnung als die funktionelle Einbindung des Gremiums in die Organisation von Sicherheit und Gesundheit in der Schule. Soll der Arbeitsschutzausschuss tatsächlich das Forum sein, in dem die wesentlichen Arbeitsschutzfragen beraten werden, ist zunächst sicherzustellen, dass der »Stand der Dinge« tatsächlich thematisiert wird. Hier sind die betrieblichen Expertinnen und Experten, also die Fachkräfte für Arbeitssicherheit und die Betriebsärztinnen und Betriebsärzte in hohem Maße gefragt. Es sollte deswegen zu ihrem nach § 80 Abs. 1 Nr. 16 BPersVG mitbestimmungspflichtigen

26 *Anzinger/Bieneck*, ASiG, § 11 Rn. 18; *Spinnarke/Schork*, ASiG, § 11 Rn. 3; *Pieper*, ArbSchR, 7. Aufl. 2021, ASiG, Rn. 135; *Kohte/Kiesche* in HaKo-ArbSchR, 2023, § 11 ASiG Rn. 12.

Arbeitsprogramm zählen, dass sie im Arbeitsschutzausschuss regelmäßig Rechenschaft über ihre Arbeit und Erkenntnisse ablegen und sie zur Diskussion stellen.[27] Hierzu zählt bspw., dass sie ihren jährlichen Bericht im Detail vorstellen und den Mitgliedern des Ausschusses (also auch den Personalräten) rechtzeitig zur Vorbereitung zur Verfügung stellen.
Neben der Erörterung von Einzelproblemen sollte im Ausschuss regelmäßig die Wirksamkeit der getroffenen Maßnahmen und der Arbeitsschutzorganisation thematisiert werden. Auch hier sind vorrangig die Sicherheitsfachkräfte und Betriebsärztinnen/Betriebsärzte gefragt, die diesen Aufgaben fachkundig anhand des Arbeitsprogramms nachzugehen haben. Damit dies reibungslos geschieht, ist es möglich und sinnvoll, dem – an und für sich nur beratenden – Arbeitsschutzausschuss das Mandat zu geben, solche Evaluationsaufträge den Fachkräften für Arbeitssicherheit und den Betriebsärztinnen/Betriebsärzten zu erteilen. Der Arbeitsschutzausschuss sollte darüber hinaus auch als ein Forum für die Sicherheitsbeauftragten ausgestaltet sein. Es wertet ihr in § 11 ASiG ausdrücklich angesprochenes Amt auf, wenn sie als diejenigen, die – am nächsten – vor Ort die Aufgabe haben, die Durchführung der Maßnahmen in der Schule zu beobachten, Gelegenheit bekommen, ihre Erfahrungen und besonderen Kenntnisse einzubringen.
Für die Personalräte ist ein gut funktionierender Arbeitsschutzausschuss von kaum zu unterschätzendem Wert. Er bietet die Möglichkeit sich zu positionieren und unter fachkundiger Beteiligung Probleme und – vor allem mit Blick auf eigene Initiativen – Lösungsmöglichkeiten herauszufiltern. Insofern kann der Ausschuss dazu beitragen, dass die Mitbestimmungsrechte des Personalrats überzeugender geltend gemacht werden können, wenn sich nicht schon im Arbeitsschutzausschuss selbst breit akzeptierte Lösungen beschließen lassen. In der Covid-19-Pandemie hat sich gezeigt, dass in Betrieben, in denen die Interessenvertretungen bzw. Arbeitsschutzausschüsse rechtzeitig beteiligt wurden, wesentlich effektivere Maßnahmen getroffen wurden.[28]

27 *Kohte/Kiesche* in HaKo-ArbSchR, 2023, § 11 ASiG Rn. 18.
28 *Ketzmerick*, Fachbeitrag B 2/2023, *www.reha-recht.de.*

III. Gefährdungsbeurteilung

Seit fast 30 Jahren ist die Gefährdungsbeurteilung nach § 5 ArbSchG durchzuführen. Gleichwohl kam eine Auswertung von Begehungen an bayerischen Schulen, die zwischen 2017 und 2020 stattfanden, zu dem Ergebnis, dass an 46 % der untersuchten Schulen keine Gefährdungsbeurteilung der Arbeitsplätze der Lehrkräfte erfolgt war. Da an weiteren Schulen nur unzureichende Aktivitäten erfolgt waren, wurde letztlich konstatiert, dass weniger als ein Drittel der aufgesuchten Schulen die gesetzlichen Anforderungen des ArbSchG erfüllt hatten.[29] Durchgreifende ministerielle Maßnahmen sind nicht bekannt geworden, sodass auch hier die Partizipation gefragt ist.

Wie oben dargestellt fällt die Gefährdungsbeurteilung als »Herzstück« des modernen Arbeitsschutzrechts nach der bisherigen Rechtsprechung des Bundesverwaltungsgerichts nicht unter die Mitbestimmung nach § 75 Abs. 3 Nr. 11 BPersVG a. F., da es sich bei ihr nach Ansicht des Gerichts lediglich um eine vorbereitende Maßnahme handele, die dem Arbeits- und Gesundheitsschutz nur mittelbar dienen soll.[30] Mit Ausnahme zunächst von Niedersachsen und Rheinland-Pfalz – inzwischen ebenfalls von Nordrhein-Westfalen[31] und Baden-Württemberg,[32] deren Personalvertretungsgesetze ausdrücklich auch solche mittelbar wirksam werdenden Maßnahmen dem Mitbestimmungsrecht des Personalrats unterstellen – steht somit in allen anderen Ländern einer Mitgestaltung die genannte Rechtsprechung des Bundesverwaltungsgerichts entgegen. Es ist nicht erkennbar, dass der jetzt zuständige 5. Senat des Bundesverwaltungsgerichts diese Praxis korrigiert, obgleich das Bundesarbeitsgericht das Mitbestimmungsrecht der Betriebsräte bei den Verfahren zur Realisierung der Gefährdungsbeurteilung anerkennt.[33] Gleichwohl müssen an dieser Stelle nicht noch einmal die Kritikpunkte an den Entscheidungen des Bundesverwaltungsgerichts vom 14. 10. 2002 und 5. 3. 2012 wiederholt werden. Mit Blick auf die Handlungsmöglichkeiten von Personalräten gilt es noch einmal zu verdeutlichen, dass auch unter Beachtung dieser Entscheidungen Wege für nachhaltige Aktivitäten der Personalräte bestehen.

---

29 *Heumann u. a.*, Umweltmed–Hygiene–Arbeitsmed 2022, 132 ff.

30 *BVerwG* vom 14. 10. 2002 – 6 P 7/01 = PersR 2003, 113 ff.; *BVerwG* vom 5. 3. 2012 – 6 PB 5/11, PersR 2012, 380; zur Kritik ausführlich *Baden*, PersR 2012, 351 ff.

31 *Welkoborsky/Herget*, LPVG Nordrhein-Westfalen, § 72 Rn. 138; *Neubert*, LPVG Nordrhein-Westfalen, § 72 Rn. 4.7.

32 *Melzer*, PersR 2014, 201, 205.

33 *BAG* vom 19. 11. 2019 – 1 ABR 22/18, NZA 2020, 266.

Dies gilt zunächst *reaktiv* durch die Verweigerung der Zustimmung zu einer vorgesehenen Maßnahme. Das Bundesverwaltungsgericht weist ausdrücklich darauf hin, dass die Zustimmungsverweigerung auch damit begründet werden kann, dass die geplante Maßnahme auf einer unzulänglichen Gefährdungsbeurteilung beruht und der Personalrat nicht gehindert ist, auf die Bedenken und Anregungen zu verweisen, die er bereits bei der Planung der Gefährdungsbeurteilung gemacht hat. Das Gericht weist zudem daraufhin, dass der Personalrat auch von selbst aktiv werden kann, um z. B. in einem Initiativantrag zu verlangen,

»Maßnahmen zu ergreifen, die nach Maßgabe einer veränderten Befragung zu treffen sind«.[34]

Von hoher praktischer Bedeutung ist dabei der ergänzende Hinweis des Gerichts, dass der Personalrat wegen der Ergebnisoffenheit der Gefährdungsbeurteilung die Maßnahmen selbst möglicherweise nicht hinreichend benennen kann. Es seien deswegen »gewisse Einschränkungen« des bei der Ausübung des Initiativrechts zu beachtenden Bestimmtheitsgebots gerechtfertigt. Kann der Personalrat konkrete Missstände benennen, können ohne Weiteres auch konkrete Abhilfemaßnahmen, z. B. bei Mängeln der Arbeitsstätte Schule, beantragt und im Rahmen der Verhandlungen über den Initiativantrag auch konkrete Aspekte der Gefährdungsbeurteilung erörtert werden.

Das ist eine erhebliche Erleichterung für Initiativanträge, da es nicht mehr erforderlich ist, »fertige Maßnahmen« bei der Antragstellung anzuführen. Konkrete Probleme in Schulen können auf diese Weise schnell und unmittelbar Gegenstand eines Initiativantrags werden. In diesem Rahmen kann auch auf die Branchenregel Schule (DGUV Regel 102-601) verwiesen werden, in der die Notwendigkeit der Gefährdungsbeurteilung, die Verantwortung der Schulhoheitsträger und die Bedeutung einer frühzeitigen Einbeziehung der Interessenvertretungen betont wird. Das soll nachfolgend anhand einer Reihe typischer Problemlagen in Schulen erfolgen.

34 Zitat aus *BVerwG* vom 14. 10. 2002 – 6 P 7/01 = PersR 2003, 113ff.

IV. Lärm in der Schule

Zahlreiche arbeitsmedizinische und arbeitswissenschaftliche Erkenntnisse zeigten auf, dass Lärm zu den wichtigsten Belastungsfaktoren von Lehrerinnen und Lehrern zählt.[35] Die Lärmvibrationsarbeitsschutzverordnung, die der Umsetzung der RL 2003/10/EG[36] dient, sowie die Änderung von Anhang 3.7. des Anhangs der Arbeitsstättenverordnung schafften kurz- und mittelfristig erheblichen Handlungsbedarf, der für Initiativen von Personalräten vielfältigen Raum lässt.
Bis in das Jahr 2004 war für die Praxis gut erkennbar geregelt, dass nicht nur gehörschädigender Lärm, sondern auch – in Abhängigkeit von der jeweiligen Art der Arbeit – niederschwelliger Lärm gesundheitsgefährdend ist. Die 2004 aufgehobene Arbeitsstättenverordnung 1975 sah in ihrem § 15 ein gestuftes Konzept von Lärmgrenzwerten vor, das den Auswirkungen von Lärm bei geistigen Tätigkeiten, einfachen oder überwiegend mechanisierten Bürotätigkeiten bzw. bei vergleichbaren Tätigkeiten sowie sonstigen Tätigkeiten differenziert Rechnung trug. Diese Differenzierung wurde mit der Arbeitsstättenverordnung 2004 aufgegeben, die nur noch einen Grenzwert für gehörschädigenden Lärm vorsah. Juristisch änderte dies den Schutz z. B. für Lehrkräfte nicht, da sich aus den allgemeinen Grundsätzen des Arbeitsschutzgesetzes weiterhin die Verpflichtung ergibt, vermeidbaren Lärm zu minimieren und dabei den Stand von Technik, Arbeitsmedizin, Hygiene sowie sonstige gesicherte arbeitswissenschaftliche Erkenntnisse zu berücksichtigen.[37] In der Praxis der Betriebe und Dienststellen sorgte diese juristische Ableitung für Verunsicherung, ob und inwieweit Lärmschutz in Bürobereichen oder eben in Einrichtungen wie Schulen und Kindertagesstätten eingefordert werden kann.
Zwar verzichten auch die neue Lärmvibrationsarbeitsschutzverordnung und Anhang 3.7. zur Arbeitsstättenverordnung auf differenzierte Lärmgrenzwerte, jedoch bereits die Legaldefinition des Begriffs »Lärm« bringt zum Ausdruck, dass sämtliche lärmbedingten Gesundheitsbelastungen Gegenstand der Verordnung sind. Lärm ist nach § 2 Abs. 1 LärmVibrationsArbSchV »jeder Schall, der zu einer Beeinträchtigung des Hörvermögens oder zu sonstigen mittelbaren oder unmittelbaren Gesundheitsgefahren führen kann«. An dieser weiten Definition zeigt sich bereits die Relevanz für die Lärmprobleme in den Schulen.

35 Ausführlich: *Oberdörster/Tiesler*, Akustische Ergonomie der Schule, 2006, S. 36ff.
36 Dazu *Pieper*, ArbSchR, 7. Aufl. 2021, ArbstättV Anhang Nr. 3.7 Rn. 5ff.
37 *Kohte/Faber*, DB 2005, 224ff. (228f.).

Diese Rechtslage kann damit Ausgangspunkt zahlreicher Aktivitäten werden. In Anlehnung an die unionsrechtlichen Vorgaben normiert sie die anerkannten Grundsätze des Schutzes vor gesundheitsschädigendem Lärm. So werden in § 7 LärmVibrationsArbSchV die abgestuften Anforderungen an die Hierarchie der Schutzmaßnahmen vor Lärm aufgeführt. Neben dem Primat der Minimierung von Lärm zählt hierzu der Vorrang technischer Maßnahmen[38] vor organisatorischen Maßnahmen. Die Maßnahmen haben sich dabei am Stand der Technik zu orientieren und sind nach § 3 LärmVibrationsArbSchV aufgrund einer Gefährdungsbeurteilung zu treffen, die vor (!) Aufnahme der Tätigkeit durchzuführen ist. Ebenso orientiert sich die Arbeitsstättenverordnung am Gebot, Lärm zu minimieren. Nach den heutigen arbeitswissenschaftlichen Erkenntnissen ist daher für konzentrierte Unterrichtstätigkeit ein Grenzwert von 45 dB(A) anzustreben.[39]

Zutreffend ist daher der Lärmschutz in der Branchenregel Schule besonders betont worden. Es wird verlangt, dass gerade in Unterrichtsräumen der Schallpegel durch bauliche und organisatorische Maßnahmen so niedrig wie möglich gehalten wird.[40]

Bei dieser aktuellen arbeitsschutzrechtlichen Ausgangslage ergeben sich mannigfaltige Möglichkeiten auf dem Gebiet des Lärmschutzes, das Mitbestimmungsrecht des § 80 Abs. 1 Nr. 16 BPersVG durch Initiativanträge zu realisieren. Wichtig ist dabei, dass nach dem Stand der Technik, der den Schutzmaßnahmen zugrunde zu legen ist, vielfältige Maßnahmen (vor allem Raumakustik) möglich sind, zu denen der Arbeitgeber/Dienstherr nach dem Gebot der Lärmminderung verpflichtet ist. Mit der Rechtsprechung des Bundesverwaltungsgerichts sind Anträge vereinbar, Maßnahmen nach Maßgabe einer an der aktuellen Rechtslage orientierten Gefährdungsbeurteilung zu treffen. Gerade im Lärmbereich ist es zudem möglich, diese Maßnahmen anhand der vorliegenden arbeitswissenschaftlichen Erkenntnisse weitgehend zu präzisieren. Es bestehen gute Chancen, durch Mittel der Mitbestimmung nachhaltige Fortschritte beim Schutz vor Lärmbelastungen zu erreichen. Das Arbeitsschutzrecht verlangt hierbei die Vereinbarung einer verbindlichen Prioritätenliste, durch die erforderliche Schritte koordiniert werden können,[41] sowie

---

38 Vor allem durch die lärmmindernde Gestaltung und Einrichtung der Arbeitsstätten und Arbeitsplätze.

39 *Pieper*, ArbSchR, 5. Aufl. 2012, ArbStättV Anh. 3.7. Rn. 5; *Kohte*, RdJB 2008, 198, 205; *Faber* in HaKo-ArbSchR, 2014, ArbStättV Rn. 59.

40 DGUV-Regel 102-601, S. 43.

41 Dazu ausführlich *Faber*, Die arbeitsschutzrechtlichen Grundpflichten, S. 171 ff.

die Formulierung eines in die Zukunft reichenden, verbindliche Schritte formulierenden Lärmminderungsprogramms.[42]
In der Praxis berufen sich Arbeitgeber nicht selten darauf, dass dies Sache des Schulträgers sei und sie daher für Lärmschutz und die Gestaltung der Arbeitsstätte »nicht zuständig« seien. Das greift allerdings zu kurz. Wie in Abschnitt D.II. bereits erläutert, »betreibt« der Arbeitgeber die Arbeitsstätte und muss daher für den Gesundheitsschutz nach §§ 3a ArbStättV, Anhang 3.7. einstehen.[43] Gerade bei der Lärmminderung ergänzen sich die Interessen der Schülerinnen und Schüler, der Eltern sowie der Lehrkräfte. Es ist daher nicht überraschend, dass schon vor längerer Zeit eine solche Lärmminderung in einem gemeinsamen Projekt »flüsterndes Klassenzimmer« realisiert wurde.[44] In der Folge wurden konkrete raumakustische Maßnahmen in einem DGUV-Projekt »Ergonomisches Klassenzimmer« entwickelt,[45] die inzwischen auch als gesicherte arbeitswissenschaftliche Erkenntnisse dokumentiert wurden,[46] die nach § 4 Nr. 3 ArbSchG zu beachten sind. Daher sind gerade in diesem Handlungsfeld gemeinsame Aktivitäten unter Beteiligung der Unfallkasse möglich und aussichtsreich.

V. Mängel der »Arbeitsstätte Schule«

Ein weiterer typischer Problembereich, der Initiativen von Personalräten verlangt, ist die Sicherheit und die Gesundheit in der »Arbeitsstätte Schule«. Gemeint sind alle Gefährdungen, die von den Orten ausgehen, an denen gearbeitet wird (Schulgebäude, Turnhallen, Schulhof etc.). Arbeitsschutzrechtlicher Anknüpfungspunkt ist die Arbeitsstättenverordnung. In der Sache erfasst werden so unterschiedliche Sachverhalte wie Schimmelbildung in Schulgebäuden, Schadstoffemissionen von Baustoffen und Feinstaub, Hygienemängel (allgemein und in Sanitärräumen), die Bereit-

42 *Kohte*, FS für Gnade, 1992, S. 675, 682ff.; *Bücker/Feldhoff/Kohte*, Vom Arbeitsschutz zur Arbeitsumwelt Rn. 482ff.
43 *OVG Münster* vom 29.6.2012 – 20 A 632/10 PVL, PersR 2013, 358; *Faber*, Gute Arbeit 4/2013, S. 23 ff; vgl. bereits *Jenter/Faber*, PersR 2008, 58, 61; *Kohte*, RdJB 2008, 198, 211; zustimmend auch *VGH Baden-Württemberg* vom 11.3.2010 – PVL 15 S 1773/08, PersR 2012, 455.
44 *Kohte*, RdJB 2008, 198, 206.
45 Dazu DGUV-Report 2/2013; Ergonomisches Klassenzimmer.
46 *Maue*, Akustische Gestaltung von Klassenzimmern, Sicherheitsingenieur 6/2012, S. 26ff.

stellung von Sozialräumen oder schadhafte Elektroinstallationen.[47] Eine aktuelle Auswertung sicherheitstechnischer Begehungen in bayerischen Schulen kam zu dem Ergebnis, dass in 96 % der Schulen Mängel der Arbeitsstätte zu konstatieren waren.[48]

Bei der Beantragung von Maßnahmen im Sinne des § 80 Abs. 1 Nr. 16 BPersVG ist es wie auch beim Beispiel Lärm wichtig, eine möglichst problemnahe Rechtsgrundlage für Maßnahmen zugrunde legen zu können. Sie kann verhindern, dass die beantragten Maßnahmen mit dem schlichten Hinweis auf fehlende Haushaltsmittel auf die lange Bank geschoben werden. Die in der Arbeitsstättenverordnung normierten Schutzziele sind – wie auch die übrigen Schutzziele des Arbeitsschutzrechts – zwingend, sodass sich der öffentliche Arbeitgeber/Dienstherr ihnen nicht einfach entziehen kann. Im Übrigen besteht die Chance, dass die staatlichen Aufsichtsbehörden sowie die Unfallkassen in das weitere Verfahren eingeschaltet werden, denn der Personalrat kann nach § 68 Abs. 1 BPersVG – und nach den entsprechenden Landesgesetzen – mit diesen Stellen kooperieren[49] und sie auf diese Probleme hinweisen. Nimmt man die obigen Beispiele, lassen sich die genannten Probleme mehr oder weniger eindeutig folgenden Schutzzielen zuordnen:

- Schimmelbildung
  - Anhang 1.5 ArbStättV: ausreichende Isolierung von Fußböden, Wänden, Decken, Dächern gegen Feuchtigkeit[50]
  - Anhang 3.6 ArbStättV: ausreichend gesundheitlich zuträgliche Atemluft
- Emittierende Baumaterialien, Farbstoffe etc.
  - Anhang 3.6 ArbStättV: ausreichend gesundheitlich zuträgliche Atemluft
  - § 3a Abs. 1 ArbStättV: Einrichtung und Betrieb der Arbeitsstätte, sodass von ihr keine Gefährdungen für die Sicherheit und Gesundheit ausgehen
- Feinstaub
  - § 4 Abs. 2 ArbStättV: Pflicht zur Reinigung der Arbeitsstätte entsprechend den hygienischen Erfordernissen – da bekannt ist, dass die Reinigung der Räumlichkeiten erheblichen Einfluss auf die Feinstaubbelastung hat

47 Beispielhaft *OVG Münster* vom 9. 6. 2006 –1 A 1492/05.PVL, PersR 2006, 478 = PersV 2007, 18.
48 *Heumann* u. a., Umweltmed-Hygiene-Arbeitsmed 2022, S. 132 (136).
49 *Altvater*, BPersVG, § 68 Rn. 10 ff.
50 *Kohte*, jurisPR-ArbR 29/2021 Anm. 4.

- Hygienische Verhältnisse
  - § 4 Abs. 2 ArbStättV: Pflicht zur Reinigung der Arbeitsstätte entsprechend den hygienischen Erfordernissen[51]
- Bereitstellung von Sozialräumen
  - § 6 ArbStättV: Anzahl, räumliche Lage
  - Anhang 4 ArbStättV: Ausstattung, Ausgestaltung der Sozialräume.
  - § 4 Abs. 2 ArbStättV: Pflicht zur Reinigung der Arbeitsstätte entsprechend den hygienischen Erfordernissen
- Elektrische Installationen
  - § 3a Abs. 1 ArbStättV: Einrichtung und Betrieb der Arbeitsstätte, sodass von ihr keine Gefährdungen für die Sicherheit und Gesundheit ausgehen
  - Anhang 1.4: Energieverteilungsanlagen

Wie wichtig das »Andocken« an das Arbeitsschutzrecht ist, um Abhilfemaßnahmen durch Initiativanträge durchzusetzen, zeigt ein Beispiel aus der Rechtsprechung. In einer älteren Entscheidung hat das Bundesverwaltungsgericht ein Mitbestimmungsrecht des Personalrats bei der Reinigungshäufigkeit von Diensträumen verneint. In dieser Entscheidung fehlte jede Auseinandersetzung mit der Frage, ob die Dienststellenleitung nicht entsprechend dem nach § 4 Nr. 3 ArbSchG zu berücksichtigenden Stand der Hygiene aus arbeitsschutzrechtlichen Gründen zur Einhaltung bestimmter Reinigungsintervalle verpflichtet ist.[52] Hiermit ging ein wesentlicher Aspekt nicht in die Entscheidung ein, denn auch die damals – allerdings im Öffentlichen Dienst noch nicht normativ – zu beachtende Arbeitsstättenverordnung sah in § 54 eine entsprechende arbeitsschutzrechtlich zwingend gebotene Reinigungsverpflichtung vor. Jetzt gehört sie aber zu den auch im Öffentlichen Dienst normativ geltenden Arbeitsschutzpflichten.

Inzwischen gibt es gesicherte arbeitswissenschaftliche Erkenntnisse über Gefährdungen und Gefahren der Gesundheit bei mangelnder Beachtung hygienischer Erfordernisse. Das Robert-Koch-Institut veröffentlichte bereits 2007 Empfehlungen zur Schimmelpilzbelastung in Innenräumen im Bundesgesundheitsblatt, die Befunderhebung, gesundheitliche Bewertung und mögliche Maßnahmen umfasst. Damit greift hier § 4 Nr. 3

51 Zum Anspruch eines Angestellten im Öffentlichen Dienst auf Reinigung seines Arbeitsraums: *LAG Mainz* vom 19.12.2008 – 9 Sa 427/08, dazu *Kohte/Faber*, jurisPR-ArbR 33/2009 Anm. 5.

52 *BVerwG* vom 25.8.1986 – 6 P 16/84 = PersR 1986, 235ff. = NJW 1986, 2778 – die Entscheidung wird trotz geänderter Rechtslage weiterhin als zutreffende Richtschnur zitiert, z.B. *Annuß* in Richardi/ Dörner/Weber, PersVR, 6. Aufl. 2024, § 80 Rn. 210; *Lorenzen/Rehak*, BPersVG, § 75 Rn. 174a.

ArbSchG ein, denn Arbeitgeber haben bei ihren Maßnahmen die gesicherten arbeitswissenschaftlichen Erkenntnisse zu berücksichtigen. Im Übrigen ist zu beachten, dass in der Arbeitsstättenrichtlinie der europäischen Union in Art. 6 die Beachtung hygienischer Erfordernisse bereits bei Gefährdungen der Gesundheit verlangt wird, sodass die Anforderung in § 4 Abs. 2 ArbStättV strikt auszulegen sind.[53] In der Covid-19-Pandemie wurde auch die Bedeutung der BioStoffV deutlich, denn Schimmelpilz wird auch als eine Gefährdung erfasst, die dieser Verordnung zuzuordnen ist.[54]

Die vorstehenden Beispiele aus dem Arbeitsstättenrecht illustrieren, dass bereits heute die angesprochene Rechtsprechung des Bundesverwaltungsgerichts zur Gefährdungsbeurteilung in konkrete Handlungsschritte umgesetzt werden kann. Ausgehend von dieser Problemlage kann ein Antrag auf Maßnahmen darauf gestützt werden, dass Maßnahmen auf Basis einer zu ändernden Gefährdungsbeurteilung getroffen werden, ohne dass eine inhaltliche Festlegung auf eine bestimmte Maßnahme erforderlich wäre. Ausgehend von einem konkreten Missstand kann der Personalrat initiativ werden, ohne dass er bereits zu diesem Zeitpunkt über die notwendige Fachkunde verfügen muss, um »die richtige Maßnahme« zum Gegenstand seines Antrags zu machen. Es ist gerade ein wichtiger Effekt des Beteiligungsverfahrens, dass sich beide Seiten in einem geordneten Verfahren die Informationen verschaffen, die zur Problemlösung erforderlich sind. Ein solches Vorgehen kann dadurch unterstützt bzw. vorbereitet werden, dass die Ergebnisse von Betriebsbegehungen zu Defiziten der Arbeitsstätte Schule im Arbeitsschutzausschuss thematisiert werden.

VI. Gefahrstoffe/Immissionen und Infektionen im Gebäude

Gefahrstoffrecht gehörte in Schulen lange Zeit zu den neuralgischen Punkten des Arbeitsschutzes. Eine klare Beschaffungspolitik, deutliche Informationen und Unterweisungen, eine sorgfältige und vollständige Entsorgung sowie eine transparente Lagerhaltung gehören heute zum Regelungsprogramm des geltenden Gefahrstoffrechts, in dem die Schülerinnen und Schüler gemäß § 2 Abs. 7 GefStoffV den Beschäftigten aus-

53 *Kohte*, RdJB 2008, 198, 209.

54 *Kohte*, jurisPR-ArbR 29/2021 Anm. 4; ausführlich *Grüneberg/Kohte*, ARP 2024, 38 ff.

drücklich generell gleichstehen. Nach Auffassung des Bundesverwaltungsgerichts sind die Beteiligungsrechte des Personalrats allerdings nicht auf diese Personengruppe anwendbar, da Schülerinnen und Schüler nicht vom Personalrat vertreten würden.[55] Das heutige Recht der biologischen Arbeitsstoffe hat eine vergleichbare Regelungsstruktur mit ähnlichen Aufgaben und Herausforderungen für die Schule. Selbst bei der nach Ansicht des Bundesverwaltungsgerichts gebotenen Beschränkung des Aktionskreises des Personalrats auf die Lehrkräfte ergeben sich insoweit zahlreiche Regelungsaufgaben, die schulbezogen zu konkretisieren sind. Hygienemängel treten in der Schule nicht nur als Mängel der Arbeitsstätte auf, sondern können auch im (zu) engen Kontakt mit Schülerinnen und Schülern zu Gesundheitsgefährdungen führen. Bereits das erste Grundsatzurteil des Bundesarbeitsgerichts zu individualrechtlichen Schadensersatzpflichten nach dem Arbeitsschutzgesetz betraf eine solche Konstellation in der Schule.[56] In diesem Fall hatte eine angestellte Sportlehrerin sich im Sportunterricht wahrscheinlich beim Kontakt mit möglicherweise infizierten Schülerinnen verletzt und hatte Schadensersatz und Schmerzensgeld verlangt. Das BAG hatte der Klage stattgegeben, weil das beklagte Land als Arbeitgeber keine ordnungsgemäße Information durch Unterweisung nach § 12 ArbSchG organisiert hatte, sodass die Lehrerin die ihr möglichen gebotenen Schutzmaßnahmen unterlassen hatte. Dieses Urteil ist in dieser Konsequenz allgemein anerkannt worden,[57] sodass sich darauf weiter aufbauen lässt, denn auch weiterhin sind die Unterweisungen nach § 12 ArbSchG nicht überall hinreichend vollständig. In dem BAG-Fall hatte es vor allem an einer Gefährdungsbeurteilung gefehlt, in der solche Infektionsprobleme hätten identifiziert werden müssen.
Durch die Covid-19-Pandemie hat sich inzwischen gezeigt, dass Fragen der Hygiene für den Gesundheitsschutz von großer Bedeutung sind. Bisher war die Vorgabe in § 4 Nr. 3 ArbSchG, dass im Arbeitsschutz auch der Stand der Hygiene zu beachten ist, kaum beachtet worden. Bereits kurze Zeit nach Beginn der Covid-19-Pandemie wurde im Arbeitsschutzstandard und auch später in der entsprechenden Regel hervorgehoben, wie wichtig das Abstandsgebot und die Wahrung der Hygiene zur Sicherung des Gesundheitsschutzes sind. Gleichwohl wurden die Schutzmaßnahmen nicht überall und nicht mit der gebotenen Intensität durchgeführt. Wenn sie durchgeführt wurden, erfolgten sie in der Regel durch einseitige Anordnungen, obgleich Verwaltungsgerichte relativ früh entschieden

55 Dazu bereits *BVerwG* vom 18.5.1994 – 6 P 27/92, PersR 1994, 466, 468.
56 *BAG*, NZA 2007, 262.
57 *Kohte*, RdJB 2008, 198, 210.

hatten,[58] dass auch diese Maßnahmen dem Mitbestimmungsrecht beim Gesundheitsschutz zuzuordnen waren. Inzwischen hat eine Auswertung von Pandemiedaten ergeben, dass die Beschäftigten im Schulbereich überdurchschnittlich häufig von Covid-19-Infektionen betroffen waren,[59] während an den Hochschulen nur eine unterdurchschnittliche Infektion erfolgt war.

Auf der Grundlage dieser Erfahrungen hat inzwischen das BAG entschieden, dass Infektionsschutz der allgemeinen Schutznorm des § 618 BGB zuzuordnen ist.[60] Weiter ist daraus in der Literatur der Schluss gezogen worden, dass betrieblicher Infektionsschutz auch von der Generalklausel des § 3 ArbSchG erfasst wird, die insoweit als Auffangtatbestand fungiert, soweit die jeweiligen Pflichten nicht durch eine spezielle Verordnung, wie zum Beispiel die Biostoffverordnung, erfasst werden.[61] Inzwischen hat sich gezeigt, dass auch weitere Infektionen nach dem offiziellen Ende der Covid-19-Pandemie stattfinden, sodass entsprechende Schutzmaßnahmen auch weiter erforderlich sind. Gerade nachdem aus bildungspolitischen und sozialpolitischen Gründen eine Schließung von Schulen nur im Notfall erfolgen soll, ist mit weiteren Infektionen zu rechnen, sodass regelmäßige Gefährdungsbeurteilungen und Schutzmaßnahmen auch in Zukunft erforderlich sind.

Nach ausführlichen Beratungen hat die Kultusministerkonferenz mit Beschluss vom 21. 9. 2023 eine Richtlinie zur Sicherheit im Unterricht (RiSU) beschlossen, mit der die Herausforderungen gerade für das Gefahrstoffrecht konkretisiert werden sollen. In einem ausführlichen Abschnitt werden die Tätigkeiten mit Gefahrstoffen aufgeführt und die erforderlichen Maßnahmen, Verwendungsverbote und Tätigkeitsbeschränkungen erläutert. Ebenso werden Hygiene, persönliche Schutzausrüstung, Entsorgung und erste Hilfe näher beschrieben. Damit ist ein Kategoriengerüst formuliert, mit dem der Umgang mit Gefahrstoffen in der Schule näher strukturiert werden kann. Diese Richtlinie bedarf der schulischen Konkretisierung, sodass sie für Dienstvereinbarungen wie auch für Maßnahmen einen hinreichenden Rahmen formuliert. Ebenso ist es möglich und geboten, anhand dieser aktuellen Richtlinie im Arbeitsschutzausschuss die Anforderungen an die Tätigkeit mit Gefahrstoffen zu klären und umzusetzen.

---

58 Z. B.: *VerwG Berlin* vom 20. 8. 2020 – 61 L 10/20 PVL, PersV 2020, 475.

59 IAB Kurzbericht 16/2023.

60 So *BAG* vom 1. 6. 2022 – 5 AZR 48/22, NZA 2022, 1387 Rn. 22; vgl. *Kohte*, jurisPR-ArbR 29/2021 Anm. 4.

61 *Felz*, ArbR Aktuell 2022, 585; *Kohte* in Kollmer/Klindt/Schucht, ArbSchG, 4. Aufl. 2021, § 3 Rn. 16.

Zu den zentralen Herausforderungen im Umgang mit Gefahrstoffen gehört in der Schule die Notwendigkeit der Asbestsanierung, da weiterhin zahlreiche Schulgebäude noch Asbestmaterialien enthalten, die notwendigerweise zu beseitigen sind. Die Anforderungen an Schutzmaßnahmen bei der Asbestsanierung sind hoch, da durch die Sanierung Asbestfasern freigesetzt werden können. Aus diesem Grund sind auf der europäischen Ebene diese Anforderungen näher konkretisiert worden. Die bisherige RL 2009/148/EG ist inzwischen überarbeitet worden. Auf der Basis einer Vorlage der Kommission[62] haben sich Kommission, Ministerrat und Parlament im Trilogverfahren im Herbst 2023 über die neuen Anforderungen geeinigt. Es ist zu erwarten, dass diese ab 2024 im nationalen Recht umgesetzt werden sollen, sodass sie auch bei den Asbestsanierungen in der Schule zu beachten sind.
Ursprünglich hatte das Bundesverwaltungsgericht die Ansicht vertreten, dass Asbestsanierungen generell aufgrund der Verantwortungsgrenze (vgl. oben E.III.2) nicht der Beteiligung der Personalräte unterliegen. Diese Position ist später korrigiert worden.[63] Zwar können so einschneidende Entscheidungen – »außergewöhnliche Einzelfälle«[64] – wie Schulschließungen möglicherweise nicht im Mitbestimmungsverfahren geregelt werden, aber das Verfahren der Asbestsanierung ist mit Personalräten zu beraten und kann auch Gegenstand des Verfahrens in der Einigungsstelle sein. Nur bei Beschlüssen der Einigungsstelle ist es möglich, dass hier die Grenze nach § 75 Abs. 2 BPersVG erreicht wird; doch kann dadurch die Bindung an die Vorgaben des Arbeitsschutzrechts nicht aufgehoben werden.[65]
Da bei Asbestsanierungen auch der kommunale Schulträger zu beteiligen ist, spricht viel dafür, zunächst mit diesem Träger zusammen im Arbeitsschutzausschuss das Vorgehen der Asbestsanierungen zu beraten, denn jede Sanierung kann zu Gefährdungen sowohl der Lehrkräfte als auch der Schülerinnen und Schüler führen, die durch eine sorgfältige Beachtung der neuen Anforderungen zu vermeiden sind.

62 *Winkelmüller/Finster*, ARP 2022, 339 ff.; BR-Drs. 488/22; DGUV-Forum 12/2022, S. 29.
63 *BVerwG* vom 23.8.2000 – 6 P 12/99, 2001, 20 (Asbestsanierung an einer Hochschule).
64 *Ilbertz/Widmaier*, BPersVG, 15. Aufl. 2022, § 75 Rn. 6.
65 *Nitsche* in HaKo-ArbSchR, 2023, BPersVR Rn. 24.

VII. Gewalt und Belästigung in der Schule

Gewalt an der Schule gehört zu den in der Öffentlichkeit nachhaltig wahrgenommenen – nicht selten auch skandalisierten – Themen und Problemen. Die Unfallversicherungsträger begannen vor einiger Zeit damit, die Arbeitsschutzaspekte dieses Problems zu thematisieren, denn nicht selten kommt es hierbei zu Arbeitsunfällen, sodass präventive Maßnahmen die Zahl und Schwere dieser Arbeitsunfälle verringern können. Dabei zeigte sich schnell, dass nicht nur Schülerinnen und Schüler, sondern auch Lehrkräfte von Gewaltattacken betroffen sein können.

Aus Berlin liegt seit einiger Zeit eine Untersuchung des Lehrstuhls für Pädagogische Psychologie und Gesundheitspsychologie der Humboldt-Universität in Kooperation mit der Unfallkasse Berlin vor,[66] die den Hintergrund einer wachsenden Zahl von Schülerunfällen untersucht. Ein Ergebnis dieser Untersuchung ist der signifikante Zusammenhang zwischen Schulklima und Unfallhäufigkeit. Dies schließt Unfälle durch Gewalt mit ein. Bei einem guten Schulklima sind die Unfallzahlen deutlich niedriger. Aus diesem Grund fördert die Unfallkasse Berlin seit 2006 ein Projekt zur Förderung von Schutzfaktoren in der Schule (FOSIS).

Eine Handlungsalternative, die nicht nur Gewalt von Schülerinnen und Schülern untereinander, sondern auch Gewalt gegen Beschäftigte in den Fokus nimmt, ist der »Berliner Notfallordner«. Dieses Instrument wurde von Schulpsychologinnen und Schulpsychologen in Kooperation mit Polizeipsychologinnen/Polizeipsychologen und anderen Expertinnen und Experten als Anleitung zum Handeln bei Gewaltvorfällen in Schulen entwickelt. Der Notfallordner ist unterteilt in die Gefährdungsstufen III bis I und jeweils farblich hervorgehoben: Rot für den höchsten Gefährdungsgrad (z. B. Amoklauf, Schusswaffengebrauch, Brandfall), Gelb für den zweiten Gefährdungsgrad (z. B. Bedrohung, Körperverletzung, sexuelle Übergriffe) und Grün für den Gefährdungsgrad I (z. B. Schlägerei, Sachbeschädigung, Beleidigung von Lehrkräften). Systematisch und durchweg handlungsorientiert werden die einzelnen Schritte in einem 5-Stufen-Plan vom Eingreifen und Hilfe holen, über Informationsnotwendigkeiten bis hin zur Nachsorge knapp und präzise aufgelistet und mit Handlungshilfen versehen (z. B. Vorformulierung von Ansagetexten). Im Anhang finden sich Hinweise auf häufige Straftatbestände sowie zu-

---

66 Unfallkasse Berlin, Schulinfo 2006/07, S. 6ff.; ausführlich *Jerusalem*, Sicher und gesund in der Schule, Humboldt-Universität, Berlin 2005; *Jerusalem/Schlesinger*, Schulunfälle in Lohaus/Jerusalem/Klein-Heßling (Hrsg.), Zur Gesundheitsförderung im Kindes- und Jugendalter, Göttingen 2006, S. 433–455.

sätzliche Empfehlungen und Hinweise, darunter auch Musterbriefe für die Information der Schulangehörigen und der Öffentlichkeit sowie ein Blatt mit den Notfallrufnummern. Über den Inhalt und die Struktur der Notfallpläne müssen die Schulleitungen die Gesamt- und Schulkonferenzen informieren und mit ihnen vertraut machen. Die Auseinandersetzung mit den Notfall- und Krisenplänen gehört, so wie der regelmäßige Feueralarm, zu dem für jede Schule zu entwickelnden Sicherheitskonzept, das in das Schulprogramm aufzunehmen ist.[67]

Dieses Konzept dient zwar nicht unmittelbar der Prävention, kann aber präventive Wirkungen entfalten, wenn alle am Schulleben Beteiligten die Wirksamkeit des Instruments kennen und durch konsequente wie auch einheitliche Reaktion auf künftige Gewaltvorfälle reduziert werden. Unabdingbare Voraussetzung für Prävention in diesem Bereich sind u. a. Fortbildungen in Mediation, die Ausbildung von Schülerinnen und Schülern als Konfliktlotsen und eine Verbesserung der Arbeits- und Lernbedingungen an Schulen. Zu große Klassen, zu hohe Unterrichtsverpflichtung, organisatorische Mängel und Führungsprobleme können nach den bisherigen Erfahrungen als Nährboden für die Entstehung von Gewalt in Betracht kommen. Die Bereitstellung von Ressourcen für diese Prävention gehört zu den Aufgaben der für den Arbeits- und Gesundheitsschutz verantwortlichen Arbeitgeber, in der Regel also der Kultusministerinnen und -minister.

Es ist bemerkenswert, dass die Struktur dieser Maßnahmen weitgehend mit den Transparenzvorschriften in der Störfallverordnung (StörfallV) vergleichbar ist, die ebenfalls auf präventive und konfliktdämpfende Information setzt[68] und in § 10 der 12. BImSchV die Beteiligung aller Beschäftigten an der Aufstellung von Alarm- und Gefahrenabwehrplänen verlangt.[69] Schließlich wird auch im Störfallrecht die rechtzeitige Einbeziehung der kommunalen Notfallplanung gefordert. Da mehrere Bundesländer nicht in der Lage waren, ihre jeweiligen Landesgesetze rechtzeitig anzupassen, wurde die Bundesrepublik Deutschland 2002 vom Europäischen Gerichtshof[70] in einem Vertragsverletzungsverfahren verurteilt. Die Parallelen in der Schule zeigen, dass man daraus zunächst wenig gelernt hat. Inzwischen haben gerade die Unfallkassen präventive Programme zum Gewaltschutz entwickelt. So hat z. B. die Unfallkasse NRW 2021 ein Präventionsprogramm aufgestellt: »Gewalt-

67 *Kohte*, RdJB 2008, 198, 208.
68 *Kohte*, WSI-Mitteilungen 2000, 567, 569.
69 *Kohte*, FS Heilmann, 2001, S. 73, 77.
70 *EuGH* vom 14. 5. 2002 – Rs. C-383/00.

prävention – ein Thema für öffentliche Verwaltungen?!«. Auf dieser Basis ist die Datenlage deutlich verbessert worden. Gewalt ist für eine relevante Zahl von Beschäftigten im Öffentlichen Dienst eine reale Erfahrung; das Feld Erziehung und Unterricht gehört nach dem Gesundheitswesen zu den Bereichen des Öffentlichen Dienstes, in denen am häufigsten Gewalterfahrungen dokumentiert werden.[71] Daher sind spezifische Programme für den Gewaltschutz in Bildungseinrichtungen entwickelt worden.[72]
Inzwischen gehört der Gewaltschutz zu den Eckpfeilern des allgemeinen Arbeitsschutzrechts. Im April 2007 hatten die Sozialpartner auf europäischer Ebene eine Rahmenvereinbarung zu Belästigung und Gewalt am Arbeitsplatz[73] geschlossen, in der sie dieses Thema als ein Arbeitsschutzthema qualifizierten, das auch von der RL 89/391/EWG erfasst wird. Konsequent ist diese Entwicklung im 2019 beschlossenen ILO-Übereinkommen über die Beseitigung von Gewalt und Belästigung in der Arbeitswelt aufgenommen worden. Dieses Übereinkommen gibt belastbare Definitionen von Gewalt und Belästigung am Arbeitsplatz und berücksichtigt auch als besonders zu bekämpfende Ausprägung die sexualisierte Gewalt und Belästigung. Als spezifische Ausprägung des Arbeitsschutzrechts werden Arbeitgeber verpflichtet, präventive Maßnahmen und Konzepte zu realisieren und dieses Thema auch zum Gegenstand von Unterweisung und Fortbildung zu machen.[74] Ergänzt wird das Übereinkommen für die Praxis durch die ILO-Empfehlungen 206. Im Mai 2023 hat die Bundesrepublik das Übereinkommen ratifiziert,[75] sodass es inzwischen Gegenstand des deutschen Arbeitsrechts ist. Folgerichtig wird anerkannt, dass der Gewaltschutz von § 3 ArbSchG erfasst wird[76] und dass dieses Thema auch der Mitbestimmung des Personal- und Betriebsrats[77] zugänglich ist. Seit dem 1. 1. 2024 sind für Opfer von Gewalt auch spezifische sozialrechtliche Leistungen durch das SGB XIV installiert worden. Je mehr sich der allgemeine Arbeitsschutz den aktuellen Problemen von Dienstleistungsorganisationen öffnet und den engen Bereich vorrangig technischer Lösungen verlässt, umso deutlicher wird die Bedeutung des Arbeitsschutzes für die Gestaltung des Schulalltags und der Schulorganisation.

71 DGUV-Forum 3/2023, S. 39, 41.
72 *Rooseboom/Stammsen*, DGUV-Forum 3/2023, S. 47ff.
73 MünchArbR/*Bücker*, 2021, § 173 Rn. 36.
74 Ausführlich *Niederfranke/Löbel*, AuR 2021, 392ff.
75 BGBl. II, 2023 Nr. 142.
76 *Kohte* in Kollmer/Klindt/Schucht (Hrsg.), 2021, ArbSchG, § 3 Rn. 17.
77 Beispielhaft *ArbG Duisburg* vom 18. 4. 2007 – 5 BV 30/07.

VIII. Betriebliches Eingliederungsmanagement gemäß § 167 Abs. 2 SGB IX (BEM)

Der Gesetzgeber hat im Jahr 2004 mit dem damaligen § 84 Abs. 2 SGB IX das betriebliche Eingliederungsmanagement (BEM) als gesetzliche Verpflichtung des Arbeitgebers im SGB IX verankert. Seit Inkrafttreten haben die gesetzlichen Regelungen zum BEM inhaltlich weitgehend Bestand.[78] Durch die Überführung der Eingliederungshilfe für behinderte Menschen in das SGB IX im Jahr 2018 ist es allerdings zu einer Neunummerierung des SGB IX gekommen. Sie hat dazu geführt, dass sich die Bestimmungen zum BEM nun nicht mehr in § 84 Abs. 2 SGB IX, sondern in § 167 Abs. 2 SGB IX finden. Dies ist bei der Lektüre von Gerichtsentscheidungen und Texten zum BEM vor der Neunummerierung zu beachten.
Die uns vorliegenden Informationen aus den Ländern deuten darauf hin, dass das BEM auch im Schuldienst bundesweit ein Gesundheitsthema von beachtlicher Relevanz ist. Dies dürfte damit zusammenhängen, dass die Teilnahme am BEM für die betroffenen Lehrkräfte zwar freiwillig ist, der Arbeitgeber bzw. Dienstherr aber gesetzlich verpflichtet ist, entsprechende BEM-Verfahren anzubieten und zu organisieren.
Die Beteiligung und Mitbestimmung der Personalräte an Verfahrensregelungen zur generellen Ausgestaltung des BEM und bei der Durchführung im konkreten Einzelfall ist dabei in den Bundesländern nicht einheitlich. So gibt es in einigen Bundesländern Dienstvereinbarungen zwischen Personalrat und Dienststelle über die Ausgestaltung des BEM-Prozesses im Sinne von Verfahrensordnungen (z. B. Sachsen, Rheinland-Pfalz, Schleswig-Holstein). In anderen Ländern weist der Dienstherr z. B. durch Rundschreiben oder Anschreiben an die Schulleitungen auf die Rechtslage hin. Zugleich werden via Internet Anforderungen an den Prozessablauf sowie Arbeitsmaterialien für die Einzelfallbearbeitung (z. B. Formblätter) vor-

78 Neben redaktionellen Änderungen ist substanziell vor allem auf die Ergänzung des § 167 Abs. 2 SGB IX durch das Teilhabestärkungsgesetz vom 2. 6. 2021 (BGBl. I 2021, 1387, 1395) zu verweisen, mit dem das Recht der betroffenen Beschäftigten verankert worden ist, eine Vertrauensperson hinzuzuziehen; dazu *Rabe-Rosendahl/Kohte,* Die neue Vertrauensperson im betrieblichen Eingliederungsmanagement nach § 167 Abs. 2 Satz 2 SGB IX, in RP Reha 1/2023, S. 38 ff.

gegeben (z. B. Baden-Württemberg,[79] Bayern,[80] Niedersachsen[81]). Auf der Bundesebene sind seit 2021 Grundzüge des BEM-Verfahrens nach § 80 Abs. 1 Nr. 17 BPersVG mitbestimmungspflichtig.[82] Die Verantwortung für die Durchführung des BEM im konkreten Einzelfall liegt in der Praxis dabei regelmäßig zunächst bei den Schulleitungen und damit auf der Ebene der Schule. Nach den uns erreichten Berichten aus den Ländern deutet dabei einiges darauf hin, dass unabhängig von der (rechtlichen) Qualität der Vorgaben ein erhebliches Problem darin besteht, dass die Schulleitungen oftmals wenig auf die »Aufgabe BEM« vorbereitet sind und insbesondere ein Mangel an geeigneten Qualifizierungsmaßnahmen und Zeit besteht.

1. BEM als Verfahrenspflicht und Element des betrieblichen Gesundheitsmanagements

Gesetzliches Ziel des BEM ist es, gesundheitsbedingten Störungen im Beschäftigungsverhältnis individuell zu begegnen. Mit dieser Zielstellung verlangt § 167 Abs. 2 SGB IX, dass der Arbeitgeber mit der allgemeinen Interessenvertretung und, im Falle schwerbehinderter Beschäftigter, zudem mit der Schwerbehindertenvertretung, drei Fragen klärt:

- Welche Möglichkeiten bestehen, eine ggf. bestehende Arbeitsunfähigkeit möglichst zu überwinden?
- Mit welchen Maßnahmen (»Leistungen oder Hilfen« kann erneuter Arbeitsunfähigkeit vorgebeugt werden?
- Was kann getan werden, damit der Arbeitsplatz bzw. das individuelle Beschäftigungsverhältnis erhalten bleiben?

In der Rechtsprechung ist das BEM vor diesem Hintergrund als rechtlich regulierter Suchprozess charakterisiert worden, der »*individuell angepasste Lösungen zur Vermeidung zukünftiger Arbeitsunfähigkeit ermitteln soll*«.[83] Das BEM sollte vor diesem Hintergrund daher nicht mit der Entscheidung über die Durchführung konkreter individueller Ein-

---

79 *https://www.km-bw.de/site/pbs-bw-new/get/documents/KULTUS.Dachmandant/KULTUS/Dienststellen/schwerbehindertenvertretung-schule-bw/pdf/Unterlagen%20KM%20zu%20BEM_M%C3%A4rz_18.pdf.*

80 *https://www.km.bayern.de/lehrer/dienst-und-beschaeftigungsverhaeltnis/unterstuetzungsangebote/betriebliches-eingliederungsmanagement.html.*

81 *https://www.arbeitsschutz-schulen-nds.de/fileadmin/Dateien/Verantwortung_und_Organisation/Eingliederungsmanagement/Dokumente/Konzept_BEM_2018_06_26.pdf.*

82 *Nitsche* in HaKo-ArbSchR, 2023, BPersVR Rn. 53.

83 *BAG* vom 10.12.2009 – 2 AZR 400/08, NZA 2010, 398ff.

gliederungsmaßnahmen gleichgesetzt werden. Diese im Kern individualrechtlichen Fragen haben der Dienstherr bzw. Arbeitgeber und die Beschäftigten letztlich individualrechtlich zu klären.
Die gesetzliche Regelung des BEM verpflichtet den Arbeitgeber bzw. den Dienstherrn somit, einen kooperativen Prozess in der Dienststelle zu organisieren, damit die Arbeit individuell gesundheitsgerecht gestaltet wird. Das BEM wird daher zutreffend als integraler Bestandteil des betrieblichen bzw. behördlichen Gesundheitsmanagements[84] eingeordnet.[85] Es ist dabei verzahnt mit den vorrangig verhältnispräventiven betrieblichen Prozessen des gesetzlichen Arbeitsschutzes. Erkenntnisse aus dem BEM-Fallmanagement können Hinweise auf Defizite der Verhältnisprävention geben. Umgekehrt ist nicht selten eine konsequente Umsetzung der erforderlichen Maßnahmen des Arbeitsschutzes (z. B. raumakustische Optimierungen, Sanierung von Baumängeln) eine wichtige Voraussetzung für eine nachhaltige (Wieder-)Eingliederung. Funktional ist daher das BEM-Verfahren eng verzahnt mit dem Arbeitsschutz und kann die erstmalige Durchführung oder die Aktualisierung der Gefährdungsbeurteilung stimulieren.[86]

2. Grundsätze des BEM-Verfahrens

§ 167 Abs. 2 SGB IX enthält keine abschließenden Bestimmungen darüber, wie das BEM konkret auszugestalten ist. Das Gesetz lässt vielmehr bewusst breiten Raum für einen unverstellten, an den betrieblichen Gegebenheiten ausgerichteten Suchprozess. Bei aller Offenheit normiert § 167 Abs. 2 SGB IX ungeachtet dessen allerdings eine Reihe von Grundsätzen, die bei der korrekten Ausgestaltung des Verfahrens und bei der Durchführung eines BEM im Einzelfall zu beachten sind.[87] Die Rechtsprechung spricht insoweit zutreffend von einem »rechtlich regulierten« Suchprozess. Zu beachten sind bei der Gestaltung des Suchprozesses insbes. folgende Aspekte:

---

84 Vgl. § 76 LBG NRW; Vereinbarung nach § 59 MBG SH zur Einführung eines Betrieblichen Gesundheitsmanagements in der schleswig-holsteinischen Landesverwaltung, Amtsbl SH 2015, 363.

85 *OVG Berlin-Brandenburg* vom 8. 11. 2012 – 62 PV 2.12, BeckRS 2013, 45877.

86 *Nebe* in Feldes/Niehaus/Faber, Werkbuch BEM, 2. Aufl., 2021, S. 212 ff.; *Kohte*, jurisPR-ArbR 31/2020 Anm. 2.

87 Grundlegend *BAG* vom 10. 12. 2009 – 2 AZR 198/09, NZA 2010, 639 ff. *BAG* vom 20. 5. 2020 – 7 AZR 100/19, NZA 2020, 1194 ff.; zusammenfassend *Nebe* in HaKo-ArbSchR, 2023, § 167 SGB IX, Rn. 19 ff.

a) Initiativlast des Arbeitgebers/Dienstherrn

Nach § 167 Abs. 2 SGB IX muss der Arbeitgeber allen Beschäftigten, die innerhalb eines Jahres ununterbrochen oder wiederholt länger als sechs Wochen arbeitsunfähig sind, die Durchführung eines BEM anbieten. Der Arbeitgeber trägt somit die Initiativlast,[88] d. h. er muss »von Rechts wegen« aktiv auf die betroffenen Beschäftigten zugehen und ein BEM anbieten. Mit der 6-Wochen-Grenze hat der Gesetzgeber eine messbare und leicht handhabbare Schwelle definiert, bei deren Überschreiten die Handlungspflichten des Arbeitgebers bzw. Dienstherrn einsetzen. Unzulässig ist es, angesichts des eindeutigen Wortlauts des § 167 Abs. 2 SGB IX, andere, vermeintlich plausiblere Aufgreifkriterien als die 6-Wochen-Schwelle zum Auslösekriterium für ein BEM zu machen.[89]

b) Ausgestaltung des Suchprozesses

Bei aller Offenheit des Verfahrens hat sich in vielen Betrieben eine ähnliche Systematik des Vorgehens herausgebildet.[90] Die Unterschiede bestehen vor allen Dingen in der konkreten Ausgestaltung der Verfahrensschritte.

- Das Verfahren beginnt mit der regelmäßigen *Auswertung der Arbeitsunfähigkeitszeiten* im Hinblick auf die 6-Wochen-Schwelle des § 167 Abs. 2 SGB IX. Sofern die Voraussetzungen für ein BEM vorliegen, ist dies den mit der Verfahrensdurchführung betrauten Personen und dem Personalrat mitzuteilen.[91] Im Falle schwerbehinderter Beschäftigter ist zudem die Schwerbehindertenvertretung zu informieren.
- Die nächste Phase des Prozesses besteht in der *Kontaktaufnahme und Information der betroffenen Beschäftigten* über die Zwecke des BEM. Es geht darum, allgemein über das BEM und die Pflicht zum Angebot eines BEM zu informieren. Ziel ist es dabei zu eruieren, ob die individuelle Bereitschaft, an einem BEM teilzunehmen, besteht oder nicht. Die Ausgestaltung in der Praxis ist sehr unterschiedlich. Z. T. wird die Information über ein Anschreiben und ggf. eine Mitarbeiterbroschüre

---

88 *BAG* vom 20. 11. 2014 – 2 AZR 755/13, NZA 2015, 612 ff.; *BAG* vom 7. 9. 2021 – 9 AZR 571/20, NZA 2022, 257 ff.; *Feldes* in Feldes/Kohte/Stevens-Bartol, SGB IX – Praxiskommentar, § 167 Rn. 36.

89 *BAG* vom 13. 3. 2012 – 1 ABR 78/10, NZA 2012, 748.

90 Überblick bei *Faber/Kiesche* in Feldes/Niehaus/Faber, Werkbuch BEM, 2. Aufl., 2021, S. 270 ff.

91 *BVerwG* vom 4. 9. 2012 – 6 P 5/11, NZA-RR 2013, 164 ff., das die Informationspflicht auf ein vom Personalrat benanntes Mitglied beschränkt. Hierzu grundsätzlich und kritisch gegenüber der Beschränkung auf ein Personalratsmitglied *Düwell* in LPK-SGB IX, § 167 Rn. 94 ff.

als ausreichend erachtet. Z.T. erfolgt die Information schriftlich und in einem persönlichen Informationsgespräch mit anschließender Bedenkzeit. Ein Vorgehen mit einer »gehaltvollen« schriftlichen und mündlichen Erläuterung und angemessener Bedenkzeit zur Zustimmung zum BEM dürfte angesichts der problematischen gesundheitlichen Situation der Betroffenen und der Schwierigkeit freier Entscheidungen im abhängigen Beschäftigungsverhältnis zumeist die sichere Variante sein.

- Wird die *Zustimmung zum BEM* nicht erteilt, endet das Verfahren. Wird die Zustimmung hingegen erteilt, wird zumeist versucht, insbes. im Dialog, die Ausgangssituation, die zu Arbeitsunfähigkeitszeiten geführt hat, zu analysieren.[92] Da BEM ein betriebliches Verfahren ist, sind vorrangig Faktoren in den Blick zu nehmen, auf die die Dienststelle Einfluss nehmen kann. Hierzu sind neben Gesprächen mit den BEM-Betroffenen z.B. Gefährdungsbeurteilungen heranzuziehen und Arbeitsplätze ggf. zu begehen. Auf dieser Basis wird der Suchprozess auf Maßnahmen gelenkt, mit denen den bestehenden Problemen begegnet werden kann. Der Analyse folgt also die Entwicklung von Strategien und Maßnahmen.
- *Beendigung des Suchprozesses*: Das BEM ist zu beenden, wenn der betroffene Beschäftigte der weiteren Durchführung nicht mehr zustimmt oder aber Einigkeit besteht, dass alle Möglichkeiten und Alternativen eingebracht und diskutiert sind. Nach der neueren Rechtsprechung des BAG soll der Suchprozess auch dann beendet sein, wenn nach Fristsetzung alle vorgeschlagenen Maßnahmen erörtert worden sind.
  Unabhängig davon dürfte davon auszugehen sein, dass das BEM auch dann endet, wenn der Arbeitgeber dies veranlasst. Er läuft bei einem solchen einseitigen Vorgehen allerdings Gefahr, dass das durchgeführte BEM nicht ordnungsgemäß ist, weil nicht alle Optionen im ergebnisoffenen Suchprozess fair erörtert worden sind.
- In vielen Vereinbarungen ist die *Überprüfung der Wirksamkeit der durchgeführten Maßnahmen* integrales Element des BEM. Nach der Rechtsprechung des Bundesarbeitsgerichts soll hingegen die Wirksamkeitskontrolle nicht Gegenstand des Suchprozesses des BEM sein.[93] Dies überzeugt nicht. BEM ist mehr als ein Eingliederungsgespräch oder eine Aneinanderreihung von Eingliederungsgesprächen. Die Verwendung des Anglizismus »Eingliederungs*management*« signalisiert,

92 Zu den Grundsätzen des Verfahrens vgl. auch *Düwell* in LPK-SGB IX, § 167 Rn. 35ff.

93 *BAG* vom 22.3.2016 – 1 ABR 14/14, NZA 2016, 1283ff.

dass eine systematische Vorgehensweise verlangt ist, wie dies auch in anderen Managementsystemen der Fall ist. Das Vorgehen besteht darin, Ziele und Maßnahmen zu definieren, diese durch Maßnahmen umzusetzen, diese Maßnahmen auf ihre Wirksamkeit zu überprüfen und sie ggf. zu optimieren (»PDCA-Prinzip«: Plan – Do – Check – Act). Werden die Ergebnisse von BEM-Verfahren – selbstverständlich unter Beachtung des Datenschutzes – ausgewertet, zeigt sich die enge Verzahnung mit den arbeitsschutzrechtlich gebotenen Mindeststandards. Häufen sich Probleme an bestimmten Arbeitsplätzen, ist dies ein Anlass zur Überprüfung oder Durchführung einer Gefährdungsbeurteilung.

c) Vernetzung

Ein wichtiges Element des Suchprozesses des BEM besteht darin, spezifisches »Know-How« in Fragen der beruflichen (Wieder-)Eingliederung sowie das Erfahrungswissen und die Sichtweisen der betrieblichen Akteure für den Zweck der gesundheitsgerechten Gestaltung der Arbeit und der Beschäftigungssicherung zu mobilisieren und zu bündeln. Das Gesetz zielt dabei auch auf eine Vernetzung der betrieblichen Ebene mit externen Akteuren und Hilfesystemen.[94] Nach § 167 Abs. 2 Sätze 5 und 6 SGB IX sind insbes. die Rehabilitationsträger und ggf. die Integrationsämter bei Bedarf hinzuzuziehen. Kooperation und Vernetzung mit Präventionsdiensten der Unfallversicherungsträger oder Integrationsfachdiensten können dabei z. B. Unterstützung leisten bei der praktischen Entwicklung technischer Lösungen zur ergonomischen Arbeitsplatzgestaltung oder Konzepten gesundheitsgerechter Arbeitsorganisation.
Durch die Vernetzung mit Trägern aus den sozialen Sicherungssystemen sollen zudem Ansprüche auf Hilfen und sächliche und finanzielle Leistungen erschlossen werden, um die Attraktivität möglicher Eingliederungsmaßnahmen zu steigern. In Betracht kommen insoweit insbes. Ansprüche auf Leistungen zur Teilhabe am Arbeitsleben gemäß §§ 49ff., 185 SGB IX (z. B. technische Arbeitshilfen und Hilfsmittel, Kraftfahrzeughilfe, psychologische Hilfen, begleitende Hilfen im Arbeitsleben, etwa durch behinderungsgerechte Ausgestaltung des Arbeitsplatzes).[95]
Rehabilitationsträger und Integrationsämter sind gehalten, sich aktiv in BEM-Verfahren einzubringen. Nach § 167 Abs. 2 Satz 6 SGB IX haben

---

94 Dazu eingehend *Kohte/Kaufmann*, RP Reha 2023 (3), 5ff.

95 Dazu am Beispiel eines Behindertenaufzugs in einer Schule, *VG Karlsruhe* vom 21. 1. 2019 – 12 K 6942/1, juris, mit Anm. *Kohte/Faber*, in juris-PR-ArbR 40/2019, Anm. Nr. 2.

sie darauf hinzuwirken, dass erforderliche Leistungen oder Hilfen unverzüglich beantragt und zügig erbracht werden. Praktische Erfahrungen aus BEM-Verfahren zeigen, dass sich durch die gezielte Hinzuziehung (externen) Sachverstands die Chancen zur erfolgreichen Eingliederung signifikant verbessern lassen. Empirische Erkenntnisse zeigen, dass die Nutzung (externen) Sachverstands und externer Hilfen entscheidend vom niederschwelligen Zugang abhängen. Dies belegt die Bedeutung einer gezielten Vernetzung.[96]

d) Selbstbestimmung und Schutz des Persönlichkeitsrechts

Zu den im BEM geltenden maßgeblichen Grundsätzen zählt zudem die strikte Wahrung des Persönlichkeits- und Selbstbestimmungsrechts der vom BEM betroffenen Beschäftigten. Die Durchführung des BEM im Einzelfall hängt vor diesem Hintergrund immer – und im Unterschied zu sonstigen Personalgesprächen – von der ausdrücklichen Zustimmung der betroffenen gesundheitlich beeinträchtigten Beschäftigten ab. Zuvor sind die Betroffenen nach § 167 Abs. 2 Satz 4 SGB IX über die Ziele des BEM und über Art und Umfang der für das BEM erforderlichen Daten aufzuklären, sodass nur eine »informierte Zustimmung« ordnungsgemäß ist. Bereits kurz nach dem Inkrafttreten der gesetzlichen Regelung des BEM ist vor diesem Hintergrund im Jahr 2004 konstatiert worden, dass der vom BEM betroffene Beschäftigte »Herr des Verfahrens«[97] ist. Es liegt deshalb in seiner Hand zu entscheiden, ob überhaupt ein BEM im Einzelfall durchgeführt wird, welchen Fragen im Einzelnen wie weit nachgegangen wird, welche Personen und Stellen einbezogen werden und welche persönlichen (Gesundheits-)Daten offenbart werden.

Zur Wahrung der Persönlichkeitsrechte und der (informationellen) Selbstbestimmung sind klare Regelungen zum Datenschutz als »vertrauensbildende Maßnahme« für einen unverstellten Suchprozess im Rahmen des BEM unerlässlich. Datenschutzrechtlich ist für sämtliche Verarbeitungen von personenbezogenen Daten innerhalb des BEM-Prozesses eine »informierte Einwilligung« notwendig. Zu verlangen ist, dass vor jeder Verarbeitung personenbezogener Daten Erforderlichkeit und Zweck im Hinblick auf die gesetzlichen Ziele des BEM eindeutig festgelegt werden. Es ist zudem sicherzustellen, dass personenbezogene Daten aus dem BEM nicht zu anderen Zwecken verarbeitet werden und sie durch geeignete technische und organisatorische Maßnahmen vor unbefugtem Zugriff gesichert sind.

---

96 *Kohte/Kaufmann*, RP Reha 2023 (3), 5ff.

97 *Gagel*, NZA 2004, 1359ff., 1359.

e) Organisationspflicht und Standards der Kooperation im BEM

Nach § 167 Abs. 2 Satz 1 SGB IX klärt der Arbeitgeber mit der zuständigen Interessenvertretung und ggf. mit der Schwerbehindertenvertretung die Möglichkeiten zur Sicherung des Beschäftigungsverhältnisses. Der Wortlaut des Gesetzes spricht dafür, dass die Durchführung des Such- und Klärungsprozesses des BEM eine gemeinsame Aufgabe von Arbeitgebern/Dienstherrn und Interessenvertretungen ist. Diese gemeinsame Aufgabe ist vom Arbeitgeber als Normadressaten des § 167 Abs. 2 SGB IX zu organisieren.

Nach der Rechtsprechung des BAG soll die Zustimmung zur Durchführung eines BEM auch mit der Maßgabe erteilt werden können, dass eine Beteiligung der Interessenvertretung nicht gewünscht ist.[98] Es ist zweifelhaft, ob hiermit tatsächlich der »Markenkern des BEM« gewahrt wird, der in einem kooperativen Suchprozesses von Arbeitgeber und Interessenvertretungen besteht. Bedenklich ist es vor dem Hintergrund der genannten Rechtsprechung des Bundesarbeitsgerichts, wenn in der Praxis die Teilnahme der Interessenvertretungen von der expliziten Zustimmung der betroffenen Beschäftigten abhängig gemacht wird, die Interessenvertretungen also hereingewählt werden müssen. Richtigerweise ist von einer regelmäßigen Beteiligung der Interessenvertretung auszugehen, von der nur aufgrund einer ausdrücklichen Erklärung abgewichen werden kann. In einer neueren Entscheidung hat das BAG seine Rechtsprechung modifiziert und als Aufgabe des Arbeitgebers bezeichnet, die Initiativlast zur Beiziehung der Interessenvertretung zu realisieren.[99]

In der Praxis hat sich, unter Verwendung unterschiedlicher Bezeichnungen, die Bildung von Gremien zur operativen Umsetzung des BEM im Einzelfall bewährt (z. B. »BEM-Team«, »Integrationsteam«). Diese sind zumeist paritätisch besetzt mit Personen, die vom Arbeitgeber/Dienstherrn und den Interessenvertretungen benannt werden. Nach der Rechtsprechung des Bundesarbeitsgerichts ergibt sich aus § 167 Abs. 2 SGB IX keine Notwendigkeit zur organisatorischen Verankerung des BEM in einem Gremium.[100] Dies begegnet Bedenken, da § 167 Abs. 2 SGB IX eine gemeinsame Anstrengung von Arbeitgeber/Dienstherrn und den Interessenvertretungen verlangt. BEM-Gremien sind insofern in besonderem Maße geeignet für eine verstetigte Zusammenarbeit.

---

98 *BAG* vom 22. 3. 2016 – 1 ABR 14/14, NZA 2016, 1283 ff.; zur Kritik *Kohte*, jurisPR-ArbR 9/2017 Anm. 2.

99 *BAG* vom 19. 11. 2019 – 1 ABR 36/18, NZA 2020, 389 (392).

100 *BAG* vom 22. 3. 2016 – 1 ABR 14/14, NZA 2016, 1283 ff.

Sie sind zudem ein probates Mittel, um die vom BAG geforderten Anforderungen an das Vorgehen und die Gespräche im Rahmen des BEM-Einzelfallmanagements abzudecken. Danach ist es zu gewährleisten, dass die Vorstellungen der Betroffenen in einem fairen und sachorientierten Gespräch eingebracht werden können und alle vernünftigerweise in Betracht zu ziehenden Optionen zur nachhaltigen Eingliederung erörtert werden.[101]

3. BEM und Mitbestimmung des Personalrats

Es ist anerkannt, dass die Ausgestaltung des auf alle Einzelfälle anwendbaren Verfahrens des BEM als Element des betrieblichen bzw. behördlichen Gesundheitsmanagements der Mitbestimmung des Personalrats unterliegt.[102] Maßgeblich sind insoweit die in den Landespersonalvertretungsgesetzen geregelten Mitbestimmungsrechte bei Maßnahmen zum Schutz der Gesundheit (z. B. § 80 Abs. 2 Nr. 7 PersVG RhPf; Art. 75 Abs. 4 Nr. 8 BayPVG). Regelbar sind somit z. B. die Art und Weise der Information der betroffenen Beschäftigten, die im Verlauf zu nutzenden Formblätter, die Gesprächsfolge und die Vorkehrungen zum Daten- und Persönlichkeitsschutz (Zweckbindung, Datensicherung, Zugriffsrechte etc.).
In einigen Personalvertretungsgesetzen ist die Mitbestimmung in Fragen des Arbeits- und Gesundheitsschutzes in der jüngeren Vergangenheit verdeutlicht worden. So unterliegen die Grundzüge des betrieblichen Eingliederungsmanagements seit der Neufassung des BPersVG im Jahr 2021 nach § 80 Abs. 1 Nr. 17 BPersVG explizit der Mitbestimmung des Personalrats. Gesundheitsmanagement, betriebliches Eingliederungsmanagement und vorbereitende Maßnahmen bilden zudem z. B. nach § 74 Abs. 2 Nr. 8 PersVG BW einen eigenständigen Mitbestimmungstatbestand.
Nach der Rechtsprechung des Bundesarbeitsgerichts umfasst die Mitbestimmung des Betriebsrats nach § 87 Abs. 1 Nr. 7 BetrVG nicht die Entscheidung über konkrete Eingliederungsmaßnahmen. Dies ist plausibel, da sich das Mitbestimmungsrecht der Betriebsräte nach § 87 Abs. 1 Nr. 7 BetrVG auf »Regelungen« und nicht auf Einzelfallmaßnahmen bezieht. Es spricht einiges dafür, dass dies nicht auf die Mitbestimmung der Personalräte übertragbar ist. Das Mitbestimmungsrecht der Personalräte geht insoweit weiter, als es sich auf »Maßnahmen« bezieht (z. B. § 80 Abs. 1 Nr. 16 BPersVG, § 72 Abs. 4 Satz 1 Nr. 7 LPVG NRW; Art. 75 Abs. 4

101 *BAG* vom 10. 12. 2009 – 2 AZR 198/09, NZA 2010, 639 ff.
102 *OVG Berlin-Brandenburg* vom 8. 11. 2012 – 62 PV 2.12, BeckRS 2013, 45877.

Nr. 8 BayPVG) und somit auch der Einzelfall impliziert ist. Daher kann ein BEM-Verfahren auch zu Maßnahmen des Arbeitsschutzes, z. B. der ergonomischen Gestaltung des Arbeitsplatzes (insbes. gemäß ArbStättV und BetrSichV) führen. Derartige Anpassungen der Arbeitsgestaltung an den Stand der Technik und an gesicherte arbeitswissenschaftliche Erkenntnisse sind mitbestimmungspflichtig.[103]

IX. Suchtprävention und Suchthilfe

Ein wichtiges gesundheitsrelevantes Handlungsfeld sind die betriebliche Suchtprävention und die betriebliche Suchthilfe. Zum Thema Sucht gibt es in verschiedenen Bundesländern Dienstvereinbarungen speziell für den Schulbereich.

1. Suchtprävention als Element des betrieblichen Gesundheitsmanagements (BGM)

Das Thema Sucht steht im Arbeitsleben nicht nur für eine individuelle Problematik. Es betrifft vielmehr auch die Arbeitsbedingungen, die Einfluss auf das Suchtverhalten der Beschäftigten haben können. So ist anerkannt, dass emotional einnehmende Tätigkeiten (z. B. Pflege, Schuldienst) nicht nur psychisch belastend sind, sondern auch mit einer Erhöhung der Gefährdung durch riskanten Suchtmittelkonsum einhergehen.[104] Betriebliche Suchtprävention bedarf demnach heute auch einer arbeitsschutzrechtlichen Verankerung. Nach § 4 Nr. 1 ArbSchG ist die Arbeit so zu gestalten, dass eine Gefährdung für das Leben sowie die physische und psychische Gesundheit möglichst vermieden bzw. minimiert wird.
Es ist vor diesem Hintergrund konsequent, dass in Niedersachsen die Beauftragten für Suchtfragen integraler Bestandteil der Stabsstelle für Arbeitsschutz und Gesundheitsmanagement (BGM) sind.[105] BGM ist dabei seit der Verankerung in § 80 Abs. 1 Nr. 17 BPersVG ein normativ unterlegter Rechtsbegriff. Nach der Rechtsprechung des OVG Berlin-Branden-

103 Vgl. *Ilbertz/Widmaier*, BPersVG, 15. Aufl. 2022, § 80 Rn. 136.

104 DHS (Hrsg.), Qualitätsstandards in der betrieblichen Suchtprävention und Suchthilfe, 2022, S. 95 ff.

105 Arbeitsschutz und Gesundheitsmanagement in Schulen: Konzept des Niedersächsischen Kultusministeriums zur Umsetzung des Arbeitsschutzgesetzes und des Arbeitssicherheitsgesetzes in öffentlichen Schulen und Studienseminaren, SVBl Nds 5/2014, S. 234 ff. (237).

burg steht BGM für »*die systematische, zielorientierte und kontinuierliche Steuerung aller betrieblichen Prozesse, mit dem Ziel, Gesundheit, Leistung und Erfolg für den Betrieb und alle seine Beschäftigten zu erhalten und zu fördern*«.[106] Die Suchtprävention ist daher unter dem Dach des BGM systematisch insbes. mit dem Arbeitsschutz abzustimmen. Es sind daher z. B. suchtförderliche Arbeitsbedingungen und erforderliche Schutzmaßnahmen im Rahmen von Gefährdungsbeurteilungen zu ermitteln. Verlangt ist zudem die regelmäßige Information und der Austausch über Suchtprobleme und die betrieblichen Strategien der Suchtprävention im Rahmen der gesetzlich geforderten Unterweisungen gemäß § 12 ArbSchG.[107]

2. Bedeutung von Dienstvereinbarungen zur Suchtprävention und Suchthilfe

Eine transparente Handlungsbasis ist die Voraussetzung dafür, die betriebliche Suchtprävention und Suchthilfe fest in der Kultur und Struktur des Betriebs bzw. der Dienststelle zu verankern. Eine »Dienstvereinbarung Sucht«[108], die hierfür eine für alle Beteiligten in der Dienststelle verbindliche Basis begründet, gehört daher heute zu den Qualitätsstandards der betrieblichen Suchtprävention und Suchthilfe.[109]
Rechtliche Grundlagen der »Dienstvereinbarung Sucht« bilden insbes. § 80 Abs. 1 Nrn. 16 und 18 BPersVG (»Maßnahmen zum Gesundheitsschutz«, »Ordnung der Dienststelle«) bzw. die entsprechenden Mitbestimmungstatbestände der Landespersonalvertretungsgesetze. Das OVG Berlin-Brandenburg hat bereits im Jahr 2012 entschieden, dass die Ausgestaltung des betrieblichen Gesundheitsmanagements der gleichberechtigten Mitbestimmung des Personalrats unterliegt.[110] Es besteht daher für die Interessenvertretung auch die Möglichkeit, nach Maßgabe der einschlägigen Verfahrensbestimmungen der Landespersonalvertretungs-

106 *OVG Berlin-Brandenburg* vom 8.11.2012 – 62 PV 2.12, BeckRS 2013, 45877.

107 DHS (Hrsg.), Qualitätsstandards in der betrieblichen Suchtprävention und Suchthilfe, 2022, S. 173.

108 Dazu zusammenfassend auch *Faber*, Kollektivvereinbarung zur Suchtprävention, Gute Arbeit 9/2023, 13ff.; Muster einer DV bei *Wienemann*, Praxiswissen Betriebsvereinbarungen, HBS Study 405, 2018.

109 DHS (Hrsg.), Qualitätsstandards in der betrieblichen Suchtprävention und Suchthilfe 2022, S. 168, 178ff; *Wienemann* in Giesert/Danigel/Reuter, Sucht im Betrieb, 2012, S. 144, 148ff.

110 *OVG Berlin-Brandenburg* vom 8.11.2012 – 62 PV 2.12, BeckRS 2013, bestätigt durch *BVerwG* vom 14.2.2013 – 6 PB 1/13, PersR 2013, 176ff.

gesetze selbst initiativ zu werden, um den Abschluss einer entsprechenden Vereinbarung zu erreichen.

3. Inhalte von Dienstvereinbarungen zur Suchtprävention und Suchthilfe

Inhaltlich bedürfen vor allem drei Themenkomplexe einer transparenten und praktikablen Regelung durch die Dienstvereinbarung zur Suchtprävention und Suchthilfe[111]:

- die Verhinderung von riskantem Konsum (Prävention);
- die Interventionen bei riskantem Konsum von Suchtmitteln;
- die Organisation der Suchtprävention und Suchthilfe in der Dienststelle.

Präventive Regelungen zur Verhinderung von riskantem Konsum von Suchtmitteln zielen seit jeher auf die Gewährleistung der Arbeitssicherheit. Typischerweise wird der Konsum in der Dienststelle reguliert. Aus Gründen der Transparenz und Gleichbehandlung sind generelle Konsumverbote bei der Arbeit zunehmend üblich und die Vereinbarung des Konzepts der Punktnüchternheit[112] bei Erbringung der Arbeitsleistung ratsam. Aufgrund des breiten und frühzeitigen Präventionsansatzes des heutigen Arbeitsschutzrechts erschöpfen sich betriebliche Suchtpräventionskonzepte aber nicht nur auf Aspekte der Arbeitssicherheit. Es geht auch darum, suchtförderlichen Arbeitsbedingungen entgegenzuwirken, um zu verhindern, dass zu Sucht- und Rauschmittel gegriffen wird, um z. B. psychische Belastungen durch die Arbeit zu kompensieren. Ein wichtiges Element der arbeitsschutzrechtlichen Prävention sind dabei Unterweisungen, in denen die Risiken des Suchtmittelkonsums und Strategien zur Verhinderung von Missbrauch im Dialog thematisiert werden.[113]

Betriebliche Regelungen zur Intervention[114] bei riskantem Konsum fixieren die Reaktionen auf Gefährdungen der Arbeitssicherheit und sonstige Störungen des Beschäftigungsverhältnisses (z. B. »Schlechtleistung«, soziale Konflikte) durch den Missbrauch von Suchtmitteln. Bei Gefährdungen der Arbeitssicherheit ist insbes. durch entsprechende Regelungen sicherzustellen, dass die Arbeit eingestellt wird und der/die betroffene

---

111 Zum Ganzen vgl. auch *Faber*, Kollektivvereinbarung zur Suchtprävention, Gute Arbeit 9/2023, 13 ff.

112 DHS (Hrsg.), Qualitätsstandards in der betrieblichen Suchtprävention und Suchthilfe 2022, S. 88.

113 Dazu ausführlich DHS (Hrsg.), Qualitätsstandards in der betrieblichen Suchtprävention und Suchthilfe 2022, S. 80 f.

114 Ausführlich *Wienemann*, Gute Arbeit 9/2023, 8, 11 f.

Beschäftigte sicher nach Hause gelangt. Zur Entkräftung unbegründeter Verdachtsfälle haben sich zudem Testangebote zur Entlastung der betreffenden Beschäftigten bewährt. Der Konsum von Sucht- und Rauschmitteln führt darüber hinaus häufig zu Problemen bei der Erbringung der Arbeitsleistung. Verstöße gegen die in der Dienststelle geltenden Regelungen zum Suchtmittelkonsum stellen zugleich einen Verstoß gegen arbeitsvertragliche bzw. dienstrechtliche Pflichten dar. In vielen Dienstvereinbarungen wird für diese Fälle das Vorgehen geregelt und zumeist ein sog. Stufenplan vereinbart, der neben Hilfsangeboten eine Eskalation arbeits- und dienstrechtlicher Maßnahmen regelt.[115]
In der Dienstvereinbarung sollten schließlich die Organisationsstrukturen der betrieblichen Suchtprävention und die Aufgaben der Beteiligten in der Dienststelle geregelt werden. Es hat sich bewährt, die Arbeit der Suchtprävention und Suchthilfe in der Dienststelle durch die Bestellung entsprechend geschulter (kollegialer) Suchtberaterinnen und Suchtberater ein Stück weit zu professionalisieren.[116] Eine zentrale Rolle bei Suchtproblemen in der Dienststelle haben im Schulbereich zudem die Schulleitungen, die für Sicherheit und Gesundheit in den von ihnen geleiteten Schulen verantwortlich sind. Sie müssen mit Blick auf ihre »Führungsverantwortung« sensibel sein für Indizien eines Suchtmittelmissbrauchs in der Schule und ggf. Gespräche im Rahmen des Stufenplans veranlassen und durchführen. In Dienstvereinbarungen sollte daher nicht nur die Qualifizierung (kollegialer) Suchtberater und Suchtberaterinnen vorgesehen werden, sondern auch den Schulleitungen durch entsprechende Schulungen Handlungssicherheit vermittelt werden.[117]
Eine wichtige Rolle spielt das BEM-Verfahren vor allem bei der stufenweisen Wiedereingliederung,[118] die vor allem nach einer Rehabilitation in Betracht kommt. Hier bedarf es nicht selten einer Nachjustierung des Eingliederungsplans; dies gelingt am besten mithilfe des BEM-Verfahrens.[119]

115 Zum Stufenplanverfahren, insbes. auch mit Blick auf die Besonderheiten des öffentlichen Dienstes vgl. DHS (Hrsg.), Qualitätsstandards in der betrieblichen Suchtprävention und Suchthilfe 2022, S. 206ff.

116 Hierzu im Einzelnen DHS (Hrsg.), Qualitätsstandards in der betrieblichen Suchtprävention und Suchthilfe 2022, S. 127ff.

117 DHS (Hrsg.), Qualitätsstandards in der betrieblichen Suchtprävention und Suchthilfe 2022, S. 104ff.

118 Dazu *Reinke*, Der Krankenstand bei Lehrkräften, 2007, S. 69.

119 Dazu *Kohte* in Giesert/Danigel/Reuter, Sucht im Betrieb 2012, S. 128, 140 sowie in jurisPR-ArbR 51/2022 Anm. 2.

G. Zusammenfassung und weiterführende Perspektiven

Auf europäischer Ebene ist das Grundrecht auf gesunde Arbeitsbedingungen anerkannt worden.

1. Die Europäische Union entwickelte vor allem seit 1989 durch eine Vielzahl von Richtlinien ein umfassendes fortschrittliches Regelwerk zum Arbeits- und Gesundheitsschutz. Beschäftigte im Öffentlichen Dienst, sowohl angestellte als auch beamtete Lehrkräfte, können sich unmittelbar auf hinreichend klare und bestimmte Regelungen aus den Richtlinien berufen.
2. Auf der Grundlage dieses Regelwerks wurde mit der Europäischen Grundrechtecharta vom Jahr 2000 zum ersten Mal die Bedeutung des Arbeits- und Gesundheitsschutzes als ein eigenständiges Grundrecht auf gesunde Arbeitsbedingungen anerkannt. Mit dem Vertrag von Lissabon ist dieses Grundrecht jetzt ein rechtsverbindlicher Teil des Unionsrechts, der auch für das deutsche Recht maßgeblich ist.

Für alle Lehrkräfte gilt der Arbeits- und Gesundheitsschutz ohne Einschränkungen.

3. Das Urteil des Europäischen Gerichtshofs gegen Österreich vom 6.4.2006 verdeutlichte, dass auf der europäischen Ebene ein einheitlicher Arbeitsschutz für alle Beschäftigte verlangt wird und dass auch Lehrkräfte einen professionell organisierten und zeitgemäßen Arbeitsschutz benötigen.
4. Das ist im Grundsatz in Deutschland durch das Arbeitsschutzgesetz vom 21.8.1996 und das Arbeitsschutzkontrollgesetz vom 22.12.2020 anerkannt worden. Dieses Gesetz gilt einheitlich für Tarifbeschäftigte und Beamte sowie für private Betriebe und öffentliche Dienststellen.
5. Die neueren arbeitswissenschaftlichen Erkenntnisse stützen diese Entwicklung. Sie dokumentieren, dass die Tätigkeit von Lehrkräften ohne professionelle Organisation und klare Schutzziele gesundheitsgefährdend ist. Lärm, bauliche Mängel und organisatorische Defizite bewirken nicht selten physische und psychische Belastungen, die insgesamt ein deutliches Invalidisierungsrisiko zur Folge haben.

Der Arbeits- und Gesundheitsschutz verlangt neue Konzepte – gerade im Schulbereich.

6. Das Arbeitsschutzgesetz legt vor allem in § 4 ArbSchG übergreifende und verbindliche Grundsätze für den Arbeits- und Gesundheitsschutz fest. Zentral sind dabei neben der grundsätzlichen Pflicht zur Gefahrenvermeidung die Pflicht zur Gefahrenbekämpfung an der Quelle sowie der Vorrang der Verhältnisprävention vor der Verhaltensprävention.
7. Diese übergreifenden Grundsätze müssen für den Schulbereich durch besondere Verfahren (Arbeitsschutzorganisation) und Instrumente (Gefährdungsbeurteilungen) schulspezifisch und entsprechend dem Stand von Technik, Arbeitsmedizin und Hygiene sowie gesicherten arbeitswissenschaftlichen Erkenntnissen konkretisiert werden.

Auch im Schulbereich ist eine umfassende Arbeitsschutzorganisation erforderlich, vor allem durch die Bestellung von Betriebsärztinnen/Betriebsärzten, Fachkräften für Arbeitssicherheit und Sicherheitsbeauftragten sowie durch die Einrichtung von Arbeitsschutzausschüssen.

8. Das deutsche Recht in Form des Arbeitsschutzgesetzes und des Arbeitssicherheitsgesetzes sowie das Europäische Recht verlangen, dass der Arbeitgeber in jedem Betrieb und jeder Dienststelle die Verantwortung für Sicherheit und Gesundheit durch eine professionelle Vorgesetztenorganisation sowie fachkundige arbeitsmedizinische und sicherheitstechnische Beratung gewährleistet. Der Arbeitgeber der Lehrkräfte (Land bzw. zuständige Schulministerinnen/-minister) haben diesen für alle Branchen geltenden Grundsatz demgemäß auch in den Schulen umzusetzen. Dazu sind nach Maßgabe von § 3 Abs. 2 ArbSchG die erforderlichen zeitlichen und finanziellen Ressourcen bereitzustellen und effektive organisatorische Regelungen zur Aufsicht über die dezentrale Verantwortungswahrnehmung zu gewährleisten. Für einen zeitgerechten Arbeitsschutz ist im Einklang mit der europäischen Entwicklung auch der Einsatz arbeitspsychologischer Fachkräfte unverzichtbar.
9. Die Mehrzahl der Bundesländer bleibt qualitativ und quantitativ hinter diesen Anforderungen zurück, wie sich gerade in der Pandemie deutlich gezeigt hat. In den letzten Jahren sind die – noch zu geringen – Fortschritte weitgehend durch die Nutzung des Initiativrechts aktiver Personalräte mit gewerkschaftlicher Unterstützung erfolgt. Wichtige Entscheidungen unterliegen dabei dem Letztentscheidungsrecht der jeweiligen Einigungsstelle. Im Rahmen der Ziele der Gemeinsamen Deutschen Arbeitsschutzstrategie (GDA) gehört es auch zu den Aufgaben der Aufsichtsbehörden und Unfall-

kassen, ihre Beratungs- und Anordnungsrechte stärker zu nutzen, um sicherzustellen, dass auch im Schulbereich die Vorgaben der GDA-Leitlinie »Organisation des betrieblichen Arbeitsschutzes« umgesetzt werden.

Verwaltungsinterne Zuständigkeitsprobleme und Haushaltsrecht können den Arbeits- und Gesundheitsschutz nicht einschränken.

10. Der Dienstherr/Arbeitgeber trägt die umfassende rechtliche Verantwortung für die Sicherheit und Gesundheit der Lehrerinnen und Lehrer und damit auch für den Aufbau und das Funktionieren der Arbeitsschutzorganisation. Er kann bestimmte arbeitsschutzrechtliche Pflichten z.B. an Schulleitungen übertragen. Deren Verantwortung kann jedoch nur so weit gehen, wie ihre Befugnisse und Qualifikation sowie die zur Verfügung gestellten materiellen und personellen Mittel reichen. Den Lehrkräften gegenüber bleibt der Dienstherr/Arbeitgeber aber auch im Falle einer Aufgabendelegation verantwortlich.
11. Teilweise werden vor allem organisatorische und arbeitsstättenbezogene Arbeitgeberpflichten von einigen Bundesländern nicht ordnungsgemäß erfüllt, da es sich angeblich um Angelegenheiten der kommunalen Schulträger handle. Dieses Verhalten ist mit dem Unionsrecht sowie dem deutschen Recht unvereinbar. Verpflichtet ist nach Art. 5 der maßgeblichen RL 89/391/EWG sowie nach § 3 ArbSchG der jeweilige Arbeitgeber, also in den Flächenstaaten das entsprechende Bundesland. Dieses ist für die Erfüllung der Pflichten gegenüber den Lehrkräften zuständig. Nach § 13 ArbSchG kann das Land als Arbeitgeber zusätzlich fachkundige Dritte neben dem Arbeitgeber beauftragen. Solche Aufträge finden sich in einigen Ländern im Schulorganisationsrecht; sie ändern nichts an der primären und unentziehbaren Gewährleistungsverantwortung des jeweiligen Bundeslands.
12. Der Ausbau der Sicherheitsorganisation und die Realisierung der erforderlichen Schutzmaßnahmen dürfen nicht am Haushaltsrecht scheitern, weil das Haushaltsrecht nach § 3 HGrG gesetzliche Pflichten nicht verringern oder abschaffen kann. Es gibt rechtlich keinen Spielraum für einen »Arbeitsschutz 2. Klasse« in den Schulen und im öffentlichen Dienst. Das Maß des erforderlichen Umfangs der Sicherheitsorganisation ergibt sich im Regelfall aus den Vorschriften und Regeln der Unfallversicherungsträger sowie aus den Ergebnissen einer korrekt vorgenommenen Gefährdungsbeurteilung.

Personalräte stellen ein unverzichtbares Element des Arbeits- und Gesundheitsschutzes dar und verfügen über wichtige Beteiligungsrechte.

13. Ein weiteres unverzichtbares Element des heutigen Arbeitsschutzrechts ist die Partizipation der Beschäftigten. Dazu sieht das Unionsrecht vor, dass die Beschäftigten vor grundlegenden Aktivitäten gehört werden müssen; dies ist in § 14 des heutigen Arbeitsschutzgesetzes ausdrücklich angeordnet, wird in der Praxis aber nur unzureichend beachtet.
14. Das Unionsrecht kennt als wichtiges Element der Partizipation die Benennung spezieller Beauftragter im Gesundheitsschutz. Diese Rolle übernehmen in Deutschland insbesondere die Sicherheitsbeauftragten nach § 22 SGB VII. Vor allem in Ostdeutschland gibt es positive Erfahrungen mit den Sicherheitsbeauftragten im Schulbereich und der unterstützenden Arbeit der Unfallkassen. Damit ist es allerdings nicht vereinbar, dass weiterhin Beamtinnen und Beamte von der Arbeit der Sicherheitsbeauftragten ausgeschlossen sind.
15. Das Unionsrecht verlangt weiter den Ausbau und die Förderung des sozialen Dialogs. Im Mittelpunkt steht hier die Arbeit der Personalräte, denen schon nach § 80 Abs. 1 Nr. 16 BPersVG bzw. den entsprechenden landesrechtlichen Regelungen ein zentrales Mitbestimmungsrecht zukommt, das Lehrerpersonalräte in verschiedenen Fällen in letzter Zeit verwaltungsgerichtlich mit Erfolg durchsetzen konnten. Dieses Mitbestimmungsrecht umfasst nicht nur die Konkretisierung des gesetzlichen Arbeitsschutzes, sondern auch die Organisation der Gesundheitsförderung und eines integrierenden betrieblichen Gesundheitsmanagements einschließlich des Betrieblichen Eingliederungsmanagements. Bundesrechtlich (§ 80 Abs. 1 Nr. 17 BPersVG) und in einigen Landespersonalvertretungsgesetzen (insbes. Baden-Württemberg, Hessen, Sachsen) sind diese Mitbestimmungsrechte mittlerweile ergänzend durch spezielle Mitbestimmungstatbestände abgesichert worden.
16. Zur selbstverständlichen Beteiligung der Personalräte gehört deren ebenfalls vom Unionsrecht verlangte Beteiligung an allen Betriebsbegehungen, die von Aufsichtsbehörden vorgenommen werden. In mehreren Bundesländern mussten wiederum die Verwaltungsgerichte eingeschaltet werden. Ebenso ist es geboten, dass die Begehungen sowie die jeweiligen Berichte der arbeitsmedizinischen, arbeitspsychologischen und sicherheitstechnischen Dienste regelmäßig im Arbeitsschutzausschuss ausgewertet werden. Schließlich ist auch hier eine Koordinierung mit dem Arbeitsschutzausschuss des jeweiligen Schulträgers geboten.

Die gesetzlich vorgeschriebenen Gefährdungsbeurteilungen sind das zentrale Instrument zur Vermeidung von (vor allem auch psychischen) Belastungen und zur Verbesserung der Arbeitsbedingungen.

17. Seit 1996 sind an allen Schulen regelmäßige Gefährdungsbeurteilungen der physischen und psychischen Belastungen vorzunehmen. Dies ist in einigen Bundesländern bis heute nur an einer Minderheit der Schulen und Arbeitsplätze erfolgt. Eine solche Beurteilung ist aber für eine systematische Arbeit im Gesundheitsschutz unverzichtbar. Sie ist zu dokumentieren, den Beschäftigten zur Kenntnis zu geben und wiederum vor allem im Hinblick auf die zu treffenden Maßnahmen im Arbeitsschutzausschuss zu beraten.
18. In den letzten Jahren hat die Quote der Gefährdungsbeurteilungen in den Schulen zugenommen, als aktuelles Problem hat sich herauskristallisiert, dass die sich aus der Beurteilung ergebenden erforderlichen Maßnahmen nicht immer systematisch ermittelt und tatsächlich realisiert werden. Dazu ist eine regelmäßige Berichterstattung im Arbeitsschutzausschuss sicherzustellen. In geeigneten Fällen können auch mitbestimmungsrechtliche Initiativanträge gestellt werden.
19. Eine wichtige Rolle spielt die Gefährdungsbeurteilung im Lärmschutz. Nach der Lärmvibrationsarbeitsschutzverordnung und der Arbeitsstättenverordnung (Anhang 3.7) muss sie regelmäßig vor Aufnahme der Arbeit erfolgen, damit die Rechtspflicht zur Minimierung des Lärms umgesetzt werden kann. Diese Pflicht ist – wie neuere arbeitswissenschaftliche Untersuchungen zeigen – gerade in der Schule unverzichtbar.
20. Ein weiteres Feld des zeitgerechten Arbeitsschutzes in der Schule betrifft die Gestaltung der Arbeitsstätte sowie das Einhalten der hygienischen Standards. Aktuelle Berichte zeigen, dass die finanziell motivierte Senkung der nach dem Stand der Hygiene gebotenen Reinigungszeiten kontraproduktive Wirkungen hat und dass Ausfallzeiten durch die von Feinstaub verursachten Krankheiten negative Konsequenzen haben.
21. Aktuelle Fragen werfen die verschiedenen Formen von Gewalt und Belästigung in der Schule auf. Sie bewirken physische und psychische Belastungen des Lehrpersonals, die auch ein Arbeitsschutzproblem sind. Das Ziel der gesunden Schule fördert daher zugleich auch die heutigen pädagogischen Anstrengungen einer toleranten Schule, so dass die notwendige Verbesserung des Arbeits- und Gesundheitsschutzes in der Schule auch mit den Interessen der Schülerinnen und Schüler sowie den offiziell erklärten Zielen der Schulpolitik im Einklang steht. Nach der Ratifizierung des ILO-Über-

einkommens 190 (Übereinkommen über Gewalt und Belästigung) ergeben sich auch neue rechtliche Möglichkeiten, die zusammen mit den Gleichstellungs- und Frauenbeauftragten in Angriff genommen werden können.

22. In der Praxis hat sich bewährt, dass das Verfahren der Suchtprävention im Wege der Mitbestimmung geklärt und mit dem BEM-Verfahren kombiniert werden kann. Auf diese Weise können auch suchtförderliche Arbeitsbedingungen verringert werden.